KB148632

우리가 알던
가족의 종말

우리가 알던 가족의 종말 오늘날 일본가족의 재구조화

초판1쇄 펴냄 2010년 04월 15일
초판4쇄 펴냄 2023년 07월 25일

지은이 야마다 마사히로
옮긴이 장화경
펴낸이 유재건
펴낸곳 (주)그린비출판사
주소 서울시 마포구 와우산로 180, 4층
대표전화 02-702-2717 | **팩스** 02-703-0272
홈페이지 www.greenbee.co.kr
원고투고 및 문의 editor@greenbee.co.kr

편집 이진희, 구세주, 송예진, 김아영 | **디자인** 권희원, 이은솔
마케팅 육소연 | **물류유통** 유재영, 류경희 | **경영관리** 유수진

ISBN 978-89-7682-735-7 03300

독자의 학문사변행學問思辨行을 돕는 든든한 가이드 _(주)그린비출판사

우리가 알던
가족의 종말

오늘날 일본가족의 재구조화

야마다 마사히로 지음
장화경 옮김

그린비

옮긴이 서문

이 책은 일본의 가족사회학자 야마다 마사히로山田昌弘(주오대학中央大學 사회학 교수)의『家族のリストラクチュアリング』(新曜社, 1999)을 한국어로 옮긴 책이다. 일본사회에서 가족에 관련된 민법 조항의 개정에 관한 논의가 활발히 전개되고 있는 가운데, 새로운 논점을 제기한 논의로 여론의 주목과 호평을 받은 바 있다.

일반적으로 가족은 사적 영역이고, 여성의 영역이라는 고정관념이 강한 것이 사실이었다. 동서고금 이 세상에서 살아가는 사람들은 사회적·개인적 환경 속에서 자신의 삶을 영위하고 있다. 개인의 삶이란 자신에게 허락된 시간과 공간의 틀에서 허용된 자유의 행사를 통해 구체적인 모습을 형성하게 된다. 산업화가 추진되는 가운데 친족 중심의 전통가족이 소규모 핵가족으로 전환되었고, 최근에는 핵가족이 사회적 변동 요인과 상호작용을 하면서 가족의 구조와 기능, 가족관계 및 역할 등에 변화 양상이 표출되고 있다. 가족은 사회의 유의미한 단면이므로, 가족의 현황 파악 및 전망은 미래 사회에 대한 전략적 대응을 가능하게 해준다.

야마다 교수는 인류 역사상 가장 오래된 사회제도인 가족을 구성원의 관계성 및 현실적 구조, 심리적 측면 등으로 나누고 관련 요인들을 객관화시켜서 조망하였다. 근년 일본에서는 사회적 변동의 맥락에서 가족에 관한 공식적·비공식적 규제들도 변화의 조류에 직면하고 있다. 이 책의 도입부에서는 민법개정에 관한 논의를 소개하면서 가족의 동향에 대한 진단과 분석을 서술하였다. 민법개정은 현재도 법안이 제출된 상태로 계류 중이고, 2009년 9월에 민주당이 집권하면서 사회적 논란은 증폭되고 있다. 그에 관한 논쟁점 및 경위는 다음과 같다.

1996년 2월 법무성 자문기관인 법제심의회는 결혼 및 이혼에 관한 민법개정 요강을 답신으로 제출하였고, 여러 정당에서도 개정안을 국회에 제출하였다. 개정 요강의 주요 내용은 선택적 부부별성제의 도입, 여성의 결혼 최저연령을 만 16세에서 만 18세로 상향 조정, 여성의 재혼금지기간을 180일에서 100일로 단축, 5년 이상 별거는 이혼으로 인정, 혼외자녀의 법정 상속분 평등화 등이다.

민법개정 운동을 전개하고 있는 사람들은, 양성평등과 개인의 존엄성을 지키고 헌법의 이념을 일상생활 속에 정착시켜 민주주의를 실현하기 위해서 반드시 필요한 법 개정이라고 주장하고 있다. 그런데 가족의 유대를 손상시키고 가정의 해체 위험성을 높인다는 강한 반대의견에 부딪쳤고, 정부는 여론의 지지가 부족하다는 이유로 입법을 보류하였다. 민법개정안은 2000년 5월 25일 참의원 법무위원회에서 처음으로 심의되었으나 2000년 12월 1일 임시국회 폐회로 폐안이 되고 말았다. 2001년 1월 통상국회 중의원과 참의원에 의원입법의 형태로 재차 제출되었다.

일본 내각부에서 2001년 5월에 「선택적 부부별성제도에 관한 여론조사」를 실시하고 그 해 8월에 조사결과를 발표하였는데 찬성파가 다수로 나타났다. 2010년 현 정부의 하토야마 유키오鳩山由紀夫총리는 민법개정에 적극적 태도를 취하고 있지만, 민주당 내부의 반대의견과 대규모의 반대집회 등도 있어서 난항이 예상된다. 민법개정을 요구하는 국회의원들은 법무대신에게 개정안을 수차례에 걸쳐 제출하고 있다. 가족에 관련된 구조조정, 감정의 자유화는 이미 현실 속에서 진행되고 있지만, 사회의식 면에서의 강한 저항이 엄연히 존재하고 있는 것이 현실이다.

일본사회가 경제대국이 되는 과정에서 가족은 안정적 질서에 기초하여 효율성을 중시하는 집단으로 정착되었다. 전후 가족에서는 애정 이데올로기가 질서를 보강하는 기능을 수행했던 것이다. 고도경제성장기에 성별분업형 부부관계가 확립되었으나, 경제가 저성장기로 전환된 다음에는 제도적 틀을 유지하던 기본 조건이 동요하고 있다. 경기 침체로 상승일로였던 경제적 여건이 붕괴되자 가족의 내부에도 변화의 바람이 불고 있는 것이다. 일본사회에서 가족의 개인화는 사회 전체가 개인화하는 추세와 맞물려서 나타나고 있는 현상이다. 가족의 개인화는 기존 가족규범의 약화로 나타난다. 이로 인해 기존의 가족구조 자체에 의문이 제기되고, 새로운 의미에서 상대적 강자와 상대적 약자가 출현하게 된다. 가족 영역에 자유주의가 도입되면 감정 표현이 자유화되고 가족규범을 통해 유지되었던 부부관계에 대한 규제가 점차 약화된다. 바야흐로 '가족불확실성의 시대'가 도래하고 있는 것이다.

이제 가족의 개인화가 개인에게 파급되는 긍정적·부정적 측면이 구체적 사회현상으로 드러나고 있다. 일본은 2005년에 '인구감소사회'로 전환되었다. 인구규모가 축소되면 경제력과 노동력이 축소하고 수요 감소로 인해 경제성장률이 둔화되며, 고령자의 증가로 연금부담금이 증가한다. 인구감소의 주된 원인으로 지목되고 있는 것이 미혼자의 증가인 '미혼화'이다. 미혼화 현상은 단순히 합법적으로 자녀를 출산하는 사람이 감소하는 것이 아니라 결혼하고 싶어도 상대가 없는 사람이 많아지고 있다는 것이다. 특히 1990년대 이후에 경제 불황으로 남성의 임금 상승이 둔화되자 결혼을 미루는 사람이 증가하였다. 부모와 동거하면서 경제적으로 풍족한 생활수준을 누리는 '기생적 싱글'이 출현하게 된 것이다. '기생적 싱글'이란 성인이 되었어도 경제적 독립을 하지 않고 기본적 생활조건을 부모에게 의존하는 미혼자이다.

이러한 상황이 지속되면, 향후 전업주부인 기혼여성은 점차 줄어들어서 거의 없어질 것이며, 미혼여성이 주로 담당하던 회사의 일반직은 남녀 모두에게 개방될 것이다. 여성은 결혼 후에도 전업주부로 가정에 안주할 수 없게 되므로 취업을 통해 소득을 얻으려는 각오가 필요하다. 따라서 저출산의 해결책은 청년층의 수입을 안정화하여 장래의 예상 수입을 상승시켜서 미혼화를 해소하고, 직장 내의 성별·연령별 차별을 철폐하여 남녀 모두 평등하게 자신의 능력을 인정받는 노동환경을 조성하는 것이다. 또한 기존의 가족규범에서 여성이 가사와 육아·개호介護 등 돌봄노동을 담당하고 있는데, 이러한 돌봄노동의 실태는 고정적 성역할 규범의 경직적 정체를 의미한다. 집안일을 노동이 아니라 애정의 표현이라고 여기고, 노약자의 개호와 육아를 여성의 모성적 친밀성으로 인정하는 사회인식이 뿌리 깊은 현실에 대한 직시가 필요하다.

최근의 가족 동향은 경제의 구조 전환과 가족의 운명이 연동되어 있었다는 사실을 입증해 주고 있다. '표준가구 모델'이 허구가 된 오늘날, 제도적인 가족의 안정에 안주하려는 '가족원리주의'가 대두하고 있다. 이러한 저항적 반발이 있지만, 이 시점에서 '감정표현의 자유화'를 공식적으로 인정하고 양성평등적 직장환경과 청년층의 사회보장제도를 구축하는 '가족의 재구조화'가 요청되고 있다. 재구조화의 이행과정에서는 부작용이나 문제점이 표출되기도 하겠지만, 가족의 새로운 질서가 구조화되면, 개인의 진정한 자기실현 및 상호존중형 가족관계를 지향하는 미래적 희망이 실질적으로 구축되는 것이라 전망할 수 있다.

* * *

이 책의 번역은 일본가족의 현황을 분석한 사회학 전문서적으로 일본사회를 이해하는 데 도움이 되고, 한국가족에 대한 분석 및 고찰에도 시사점을 제공한다. 일본은 한국에 비해 경제수준이 높고, 고령화의 비율도 높다. 마찬가지로 한국사회도 선진국에 진입하면서 다양한 사회적 변화를 겪고 있고, 고령화와 저출산현상의 진행 및 정책적 대응에 관한 논란도 활발히 진행되고 있다. 일본가족의 현황 분석은 오늘날의 한국가족을 이해하고 전망하는 데 유용한 참고사례가 된다. 일본가족의 현주소에 대한 객관적 관심은 일본사회와 일본사람들의 구체적 현실에 대한 이해를 도모하는 데 일조하리라 기대된다.

한국과 일본의 역사·문화적 맥락은 인접성으로 인한 상호영향력을 전제로 하지만, 서로 다른 사회구조를 형성한 국민국가의 틀은 이질적 집단문화를 창출하였다. 근년에 한국과 일본의 교류에서 접촉 범위가 확대되면서, 서로의 문화에 대한 관심이 커지고 문화의 동질성과 이질성의 애매한 경계에 대한 인식이 싹트기 시작했다. 지난 10여 년간 한국과 일본사회에서는 양국 간의 인적·물적 교류뿐 아니라 정보의 교류도 증대되고 있다. 특히 대중문화 영역의 교류가 증가하면서 일반 사람들이 살아가는 모습을 담고 있는 드라마·영화·소설 등에 대한 인기도 높아져서, 일본에서는 '한류현상'이, 한국에서는 '일류현상'이 나타나고 있다. 직접적 인적 교류는 개인적 경험이라는 개별 형태로 남게 되지만, 소설이나 드라마·영화 등은 다수의 사람에게 동일한 내용과 이미지가 전달된다는 점에서 파급효과가 훨씬 크다.

그런데 한국사회에서는 일본의 역사나 정치·경제·대중문화 영역에서 편향되고 표피적인 정보가 넘쳐나고 있다. 한국이 미래지향적 관점에서 한일관계를 열어 가기 위해서는, 주체적인 개방성을 갖추고 일본사회에 관한 검증된 정보와 분석적 지식을 생산하고 전달하는 학문적 작업이 필요하다. 일본사회가 어떠한 변화 과정을 거쳐서 오늘날에 이르렀는지, 그리고 일본사회의 각 영역의 현황에 관한 고찰이 요청된다. 우리의 시각에서 일본사회를 분석하는 지역연구를 추진하고, 이와 더불어서 일본사회의 자체적 분석 및 논의에 관한 소개도 다각적으로 진행되어야 할 것이다.

* * *

나는 이 책이 출판된 당시에 일본에 있었다. 서점의 사회학 코너에서 신간을 둘러보다가 『가족의 재구조화』라는 이색적 제목이 매우 인상적이어서 보게 되었다. 일본가족의 현주소를 설명하는 명쾌한 논의와 리듬감 있는 전개에 감응하면서 읽었던 기억이 생생하다. 이 책은 사회학 분야의 전문 서적임에도 불구하고 저자의 날카로운 분석력과 경쾌한 필치가 적절한 조화를 이루고 있다. 사례를 풍부하게 제시하여 현실감이 넘치면서도 학문적 논리성을 갖추고 있다. 개성적인 문체는 독자로 하여금 지루함을 느끼지 않고 진지한 관심과 논의에 빠져들게 하는 매력이 있다. 핵심을 찌르는 통찰력이 돋보이는 이 책은 일본사회에 관심이 있는 사람이라면 누구나 흥미롭게 읽을 수 있는 유익한 교양서적이기도 하다.

저자인 야마다 마사히로 교수는 일본의 소장파 사회학자로 왕성한 저술작업으로 다수의 저작을 펴내고 있다. 연구활동뿐만 아니라, 정부기관의 자문·저술·강연 등 다방면에서 활발한 활동을 전개하고 있다. 지금까지 가족사회학 분야에서는 여성학자가 대부분이었는데, 남성전문가의 분석 시각은 기존의 논의들과는 분명한 차별성을 보이고 있어서 참신한 논객이라는 평가를 받고 있다.

* * *

마지막으로 이 책이 한국에 소개되도록 해준 그린비출판사의 여러 분들에게 진정 어린 감사 인사를 전한다. 특히 이 책의 편집을 맡았던 강혜진 씨는 책의 내용에 적극적 관심을 보여 주었고, 젊은 감각과 출판인으로서의 남다른 열의로 용어 및 문장표현, 구성 등등 세심한 작업을 통해 독자에게 편안하게 다가갈 수 있는 책을 만들어 주었다.

어느 시대에나 사람들이 살아가는 모습에 관련된 사실이나 상상력, 생각 등의 내용을 글로 표현하고 책으로 만들어 내는 과정은 사회의 지적 담론 형성에 기여한다. 오늘날 복합적 미디어가 쏟아져 나와서 사람들을 유혹하는 정보화시대에 오래된 매체인 출판물은 위기를 맞고 있다고들 한다. 그러나 새로운 지식을 생산하고 축적하여 인식의 폭을 확장하는 사회적 과정에 종사하는 출판인들이 있다. 그들은 사명감과 열정으로 내실 있고 접근성이 높은 책을 만들어서 저자와 독자를 매개하는 가치 있는 작업에 자부심을 느끼는 귀한 존재들이다. 그들에게 아낌없는 감사와 격려의 박수를 보낸다.

2010년 3월

옮긴이 장화경

차례

제4부 개호·가사·육아에 지금 필요한 것

제5부 일본가족의 향후 전망

| 일러두기 |

1 이 책은 山田昌広, 『家族のリストラクチュアリング : 21世紀の夫婦親子はどう生き残るか』(新曜社, 1999)를 완역한 것이다.

2 이 책의 주석은 지은이주와 옮긴이주로 구분되어 있다. 지은이주는 글에 언급된 문헌의 출처를 밝혀 놓은 인용주로 일련 번호 1), 2), 3)……으로 표시되며, 후주로 처리되어 있다. 본문의 이해를 돕기 위한 옮긴이주는 별표(*)로 표시되며, 각주로 처리되어 있다.

3 단행본, 전집, 정기간행물 등에는 겹낫표(『 』)를, 논문이나 기사, TV프로그램에는 낫표(「 」)를 사용했다.

4 외국 인명이나 지명, 작품명은 2002년에 〈국립국어원〉에서 펴낸 '외래어 표기법'을 따라 표기했다.

제1부
가족의 규제완화

1장 '부부관계의 구조조정'이 시작되었다
—민법개정 시안의 의미

1) 가족을 둘러싼 고민들

나는 전공이 가족사회학이어서, 가족에 관해 상담을 해달라는 요청을 받는 경우가 많다. 강의나 강연회가 끝난 다음에 학생이나 주부, 노인까지 여러 종류의 사람들이 이야기를 하고 싶다며 찾아온다. 대부분의 사람들은 가족이나 연애의 고민거리를 털어놓고는 홀가분한 표정으로 돌아간다. '중년이 된 부모의 이혼으로 고민하고 있다, 좋아하게 된 사람에게 애인이 있다, 중학생 아들이 공부를 안 해서 걱정이다' 등등의 이야기이다.

이런 것들은 가족에 관한 소소한 불안이나 기대에 근거하는 고민거리들이다. 정말로 심각한 문제가 있는 사람은 나의 강의나 강연을 들으러 올 여유가 없을 것이므로 결국 나는 정신 건강에 도움이 되는 '푸념 들어주는 사람'의 역할을 한 것이다.

사회학자의 입장에서 이런 이야기들을 듣다 보면, 사소한 것들 속에 중대한 문제를 해결할 수 있는 힌트가 들어 있는 경우가 있다. 대수롭지 않은 푸념에서도 광채가 뿜어져 나오니 신기한 일이 아닐 수 없다. 가족의 사회적 변동을 고찰할 때 가족의 사소한 고민거리에서 출발해 보는 것도 괜찮은 방법이다.

어떤 여성이 이런 고민거리를 털어놓았다. 그녀의 남편은 결혼 전에는 아주 다정하게 대해 주었는데, 결혼하자마자 자기중심적인 사람으로 변했고 아이가 태어난 다음에는 다정함은 아예 없어져 버렸다는 것이다. "이제 남편을 사랑한다고 할 수 없어요. 그렇다고 이혼해서 어떻게든 살아보겠다는 건 아니고……"라고 말한 다음에 생뚱맞게도 "그래도 남편은 분명 우리 가정이 애정 넘치는 행복한 가정이라고 생각하고 있을 거예요"라고 덧붙였다.

그녀는 별로 생활이 어렵지도 않고 장래가 그다지 불안하지도 않다. 그냥 보면 열심히 아이를 키우고 친구도 많은 행복한 부인임에 틀림없다. 그러한 주부가 그저 '푸념'을 늘어놓은 것인지도 모른다.

그러나 만약 일방적으로 이혼이 인정되는 법률이 있다면 어떻게 될까? 결혼한 후 남편의 태도가 완전히 바뀌었을 때에 부인이 이혼하자고 했을지도 모르고, 그보다 먼저 남편의 태도가 변하지 않았을지도 모른다. 어디까지나 추측이지만, 그녀는 아름답고 매력적이므로 남편은 결혼 전에 교제할 때에는 다른 남자에게 그녀를 빼앗기지 않으려고 필사적이었을 것이다. 이제 결혼해서 내 것이 되었다고 생각하여 남편은 안심하고 부인에게 제멋대로 굴기 시작했는지도 모른다.

또는 만약 복지제도가 완벽하여 이혼해도 생활에 문제가 없다면 어떨 것인가? 부인은 이혼을 감행했을지도 모르고, 남편은 부인이 도망가지 않도록 자신의 태도를 개선했을지도 모른다.

2) 민법개정 시안과 '감정 표현의 자유화'

이혼 조건의 완화

이러한 '만약'을 현실로 만들지도 모르는 일이, 화제가 되고 있는 '민법개정 요강 시안'이다. 1996년 7월, 법무성 대신의 자문기관인 법제심의회가 '혼인제도 등에 관한 민법개정 요강 시안'을 발표했다(이하 '개정 시안'으로 약칭). 개정 시안의 내용은 혼인 외 출생자가 혼인 내 출생자에 비해 절반 정도의 상속분을 받는 현행 규정의 차별을 해소하는 것, 여성의 결혼 최저연령 16세를 상향 조정하여 남녀 모두 18세로 일치시키는 것, 여성의 재혼금지 기간을 180일에서 100일로 단축시키는 것 등 다양하다. 그 중에서 많은 논란을 불러일으켰던 것은 '부부별성 선택제'*의 도입과 '이혼 조건의 완화'이다.

'개정 시안'에 대해서는 여러 가지 논평이 계속 나오고 있다. 예를 들면, 변호사인 후쿠시마 미즈호福島瑞穂는 개정의 핵심은 '남녀평등'과 '개인의 존엄성 존중'이라고 하였고, 『아사히신문』朝日新聞은 '이혼의 규제완화'라고 보도하였다.[1] 나는 개정 시안을 만들어 낸 사회적 경향성을 '감정 표현의 자유화'라는 말로 파악하고자 한다. 즉 이전의 가족 틀에서는 수용되지 않았던 감정을 인정하는 방향이다. 예를 들면, 부부별성의 용인은 결혼한 다

---

* 부부별성(夫婦別姓)이란 결혼 당시에 두 사람의 성씨를 통일하지 않고 부부가 자신의 성씨를 결혼 후에도 사용하는 제도이다. 일본에서는 2010년 현재 민법 750조(부부는 혼인 시에 정하는 바에 따라 남편 또는 아내의 성을 따른다)에서 결혼 당시에 남편이나 부인이 어느 한쪽의 성씨를 선택하는 「부부동씨원칙」(夫婦同氏原則)을 규정하고 있다. 이 규정은 부부가 모두 일본 국적을 가지고 있는 경우에만 적용된다. 근년에 부부동씨원칙의 완화를 요구하는 여론이 있어서 부부별성의 선택제, 즉 750조 개정안이 제기되었다. 그러나 아직도 합의에 이르지 못하고 논쟁이 계속되고 있다.

음에도 본래의 성을 사용하고 싶다는 '감정'을 인정하는 움직임인 것이다.

별거 5년이면 이혼 OK

'감정 표현의 자유화'라는 사회적 경향성은 이혼 조건의 완화에 전형적으로 나타나 있다. '개정 시안'에는 이혼을 인정하는 원인으로 '부부가 5년 이상 공동생활을 하지 않았을 때'라는 항목이 새로 첨가되어 있다. 신문에 '별거 5년이면 이혼'이라는 표제로 보도된 바와 같이 부부가 5년간 별거한 사실이 있으면, 상대방이 협의이혼[2]에 동의하지 않더라도(즉, 한쪽이 이혼하지 않겠다고 거부하더라도), 부부관계가 파탄된 것으로 보아 이혼 청구를 인정하겠다는 조문이다. 이것을 '감정 표현의 자유화'라고 보는 것은 배우자가 싫어진 이유에 제한을 두지 않는다는 점에 기인한다. 감정을 법률 조문에 넣기 힘들기 때문에, 싫어졌다는 '감정'을 공동생활을 하지 않는다는 '사실'로 인정하는 것이라 할 수 있다. 즉 개정 시안은 어떤 이유에서건 '배우자가 싫어졌다'라는 감정을 '정당한 사유'로 인정하겠다는 방침인 것이다. 지금까지의 민법에서는 부부생활을 파탄시킨 이유가 어느 한쪽에 있는 경우에 일방적 이혼은 인정되지 않았다. 부부 사이에 있어서는 안 될 부정행위를 상대방이 저질렀을 경우, 당한 쪽은 이혼을 청구할 수 있지만, 부정을 저지른 쪽은 이혼 청구를 할 수 없었다. 이것은 부부관계를 파탄시킨 책임자의 이혼 청구를 인정하지 않는다는 의미에서 '유책주의'有責主義라고 한다.

유책주의에서 파탄주의로

이번 개정에서는 예를 들어 상대방에게 아무 잘못이 없더라도 배우자 이외에 애인이 있거나 단지 상대방과 함께 있는 것이 싫어졌다는 이유만으로도, 이혼을 원하는 쪽이 일방적으로 이혼할 수 있게 된다. 즉 부부생활이 파탄되었다면, 그 사실만으로도 이혼을 인정한다는 입장인데, 이를 '파탄주의'破綻主義라고 한다. 이혼제도가 유책주의에서 파탄주의로 이행되는 것은 선진국의 일반적 추세이다. 이러한 경향은 다름 아닌 '자유주의'와 연관되어 있다(이 점은 나중에 상세히 해설하겠다).

별거 5년이라는 조건이 있긴 하지만, 일방적으로 이혼할 수 있게 되었다는 점에 대해 전문가에서 일반인에 이르기까지 각양각색의 의견이 제기되고 있다. 예를 들면 "애인이 생겼다고 해서 아무 잘못도 없는 처자식을 버리는 것은 용서할 수 없다"고 흥분하는 의견이 있는 반면, "남편의 폭력을 견디다 못해 별거하고 있는 상황에서 남편이 이혼을 거부하고 있는 여성을 구제할 수 있다"는 문제해결형 의견도 있다. "헤어진 후에 누가 전업주부인 부인의 생계를 부양할 것인가?"라는 염려도, "부부의 공동생활이 파탄되었다면 아예 깨끗이 이혼하는 것이 낫다"는 반응도 있다. 요컨대 "새로운 제도가 성립되면 억울한 사람이 생긴다", "아니다. 새로운 제도가 성립되면, 억울한 사람이 구제된다"는 두 논의가 대세를 이루고 있다.

'어느 한쪽이 억울하다'는 논의는 무의미

그러나 '어느 한쪽이 억울하다'는 논의는 그만두었으면 좋겠다. 이런 논의를 계속하면 개정 시안이 갖고 있는 본래의 의미가 퇴색되어 버리기 때문이다. 개정 시안은 결코 억울한 사람을 구제하기 위해서 제출된 것이 아니다. 경제나 정치를 포함한 사회의 구조 변동 속에서 이번 개정 시안이 등장했다고 보는 시각이 필요하다. 그렇게 보아야 다양한 논의 속에서 본래의 대립점이 분명히 드러나기 때문이다.

물론 '어느 한쪽이 억울하다'는 논의 자체를 덮어 두자는 것은 아니다.

그러나 '이혼할 수 없는 쪽이 불쌍한가? 이혼당하는 쪽이 억울한가?'라는 논의로는 문제의 본질을 알 수 없게 된다. 어떤 제도 개혁에서든 반드시 유리한 사람과 불리한 사람이 생기는 것은 당연한 일이다.

경제 분야에서의 규제완화 조치를 대입해 보면 쉽게 알 수 있다. 경제 분야에서는 규제를 한 가지만 완화해도 관련 업계에는 커다란 파급효과가 발생한다. 지금까지 규제 덕분에 별다른 노력을 하지 않고도 이익을 챙기던 기업이 특권을 상실하게 되고, 퇴출되었던 기업이 새로운 사업 기회를 획득한다. 새로운 유형의 다양한 기업이 출현하기도 하고 아무리 노력해도 이익을 내지 못했던 우량기업이 성공하게 되는 한편, 보호 속에서 생존하였던 나태한 기업은 도산의 위기에 내몰리게 된다. 과잉경쟁으로 부당한 이익을 획득했던 기업의 퇴출도 예상할 수 있다. 그렇다고 해서 경제 분야에서는 '어느 쪽 기업이 더 억울하다'라는 논의는 하지 않는다. 규제완화의 경우, 국민 경제 전체의 측면에서 타당한가 그렇지 않은가라는 논의가 먼저 제기되고, 약자의 보호와 부당한 이익의 배제는 2차적인 문제, 즉 대책을 통해 해결되어야 할 문제로 인식된다.

제도 개혁을 추진할 때는 보호되어야 할 약자의 구제 조치와 부당한 특권을 획득한 사람을 배제하는 조치를 강구하면 된다. 물론 약자와 특권 수혜자의 구분 문제는 남게 되지만, 약자가 생긴다고 해서 규제완화 자체를 부정하는 근거는 될 수 없는 것이다.

3) 싫어진 상대방과 헤어질 자유

가족과 경제의 유사성

가족 영역에서도 경제의 규제완화와 동일한 문제 정리 방식이 적용될 수 있을 것이다. 경제 영역에서 법률과 행정으로 규제되어 있는 것은 경제 활동의 자유이다. 이혼의 규제완화로 문제가 되는 것은 싫어진 상대방과 헤어질 자유이다.

기존 제도에서 특권을 누렸던 사람은 이혼에 응하지 않는 폭력적인 남편의 경우인데, 이런 사람은 이혼당하지 않을 거라며 배우자에게 미움을 받으면서도 뻔뻔하게 버티고 앉아 있는 사람이다. 보호를 받고 있는 약자는, 남편이 애인과 결혼한다고 하면 아무런 경제적 보상도 받지 못한 채 이혼당해야 하는 처자식과 같이, 파탄의 책임이 전혀 없고 배우자에게 생계를 의존하고 있는 사람이다. 이익의 수혜자는 애인에게 달려가는 남편의 경우로 싫어진 배우자와 헤어지고 나서 자신이 좋아하는 사람과 다시 결혼할 수 있는 사람이다. 예를 들면 결혼사기단은 부당한 특권을 얻는 사람이라 할 수 있다. 재산을 노리고 결혼해서 5년 동안 별거한 다음 이혼하면 되기 때문이다(이혼 시에 재산은 반씩 분할한다).

가혹조항

제도의 변경으로 출현하게 되는 약자를 보호하기 위해 개정 시안에는 '가혹조항'이 첨가되어 있다. 이혼으로 인하여 부부 중 한쪽 또는 자녀가 정신적·사회적·경제적으로 상당한 가혹상태에 놓일 경우에는 이혼을 인정하지 않는다고 되어 있다. 또한 경제적 보상 등의 사회 정책에 따라 일방적 이혼으로 발생하는 약자(자녀양육 중인 전업주부 등)를 보호하는 조치를 강구할 수도 있다. 물론 그럼에도 불구하고 구분 기준은 문제로 남는다. 예를 들면, 전업주부를 약자로 보는가, 아니면 특권 향유자로 보는가는 입장에 따라 다를 것이다. 가족의 감정을 경제에 유추하여 설명하는 것에 심리적인 저항이 있을지도 모르겠다. '가족의 감정은 자연적으로 생기는 것'이라는 사고방식에서는 '상대방이 싫어졌으니 이혼하고 싶다는 것은 이해할 수 없다'는 의견도 나올 수 있다. 그러나 가족의 감정은 좋아하는 사람과 함께 만들어 가는 것이라는 의식이 점차 강해지고 있는 것도 사실이다.

부부라면 애정이 생기는 것이 당연하다는 말을 그대로 믿으려 해도 현실은 그렇지 않다. 부부라도 어떤 계기에 의해 싫어지는 경우도 있고, 따로 좋아하는 사람이 생기는 경우도 있다. 애정관계 형성에 성공한 가족이 있는가 하면, 실패한 가족도 있는 것이다. 가족을 '애정관계를 창조하는 기업'으로 본다면, 경제와 가족의 유사성을 추론해 보는 것도 의미 있는 방법이다. 그렇게 본다면 가족에 관한 법률이나 관습은 가족 내부의 자유로운 감정 표현을 규제하는 제도라고 할 수 있다.

가족 영역의 자유주의

앞에서 개정 시안이 제기한 문제가 '감정의 자유화'에 관련된 문제라고 하였다. 그것은 가족 영역에 자유주의를 적용할 경우에 어떠한 방향을 선택하는가라는 문제이다. 여기에서는 자유주의를 '행복의 자유로운 추구가 최대한 존중되는 사회를 지향하는 사고방식'이라고 해둔다. 자유주의를 신봉하는 국가에서는 경제적으로 풍요로운 생활을 누리기 위해 좋아하는 것을 만들거나 팔거나 사거나 할 수 있다는 인식이 전제되어 있다. 개개인이 자유로운 경제 활동으로 경쟁하여 풍요로운 생활을 실현하는 것이 이상적이다. 이러한 자유주의를 가족 영역에 적용하면 어떻게 될까? 가족에서 감정적인 행복이란 좋아하는 사람과 함께 생활하고 싫어하는 사람과 헤어지는 것에 있다. 서로 좋아한다면 함께 있고, 어느 쪽이 싫어지면 헤어진다는 것과 같이 자유로운 감정 표현으로 애정 넘치는 생활을 실현하는 것이 이상적인 삶인 것이다.

4) 가족의 규제완화

가족에 대한 네 가지 정치적 입장

경제 활동과 마찬가지로 가족 영역에서도 자유의 추구는 공공의 복지를 침해하지 않는 한도에서 인정된다는 조건이 붙는다. 경제 영역에서는 과도한 경쟁으로 강자가 약자를 착취하는 것은 바람직하지 않다. 그런 까닭에 공정과 평등의 관점에서 경제적 자유의 일정한 규제가 허용되는 것이다. 그러나 자유로운 경제 활동을 지나치게 규제하면 예전의 사회주의 국가의 경우와 마찬가지로 경제의 정체停滯를 초래한다. 따라서 현대 국가의 역할은 다음의 두 가지 과제를 동시에 달성하는 것이 된다.

①경제 활동의 자유를 규제한다(공정, 평등 그리고 경제의 활성화 관점에서 자유의 규제 정도를 결정한다). ②자유경쟁이 야기한 약자를 구제한다(약자의 범위를 정의하고, 어느 정도의 구제 조치를 강구할지를 결정한다. 소위 안전망). ①과 ②의 균형을 결정하고 구분하는 것이 정치인 것이다. 그렇다면 ①, ②를 둘 다 수행하는 것이 강력한 정부, ①을 중심으로 하는 것이 관료주도주의, ②를 중심으로 하는 것이 신자유주의,* ①, ②를 둘 다 하지 않는 것이 자유방임주의라는 4가지 유형으로 구분할 수 있을 것이다.

---

* 신자유주의에는 new liberalism과 neo liberalism이 있는데, 여기에서는 new liberalism의 의미로 사용되었다. new liberalism은 고전적 자유주의의 반성으로 등장했는데, 자유를 '적극적 자유'로 해석하여 교육과 복지를 자유주의의 틀 안에 포함시켰다. 영국에서는 new liberalism으로 영향으로 일찍이 복지국가의 기반이 마련되었다. neo liberalism은 1980년대 이후에 영국에서 복지국가가 정부의 비효율화 및 비능률화, 개인의 도덕적 해이 등의 문제점이 발생하자 이를 해결하기 위해 과도한 복지예산을 삭감하고 민영화를 추진한 것을 의미한다. 한국에서는 주로 통용되는 신자유주의라는 용어는 neo liberalism의 번역어로, 노동시장의 유연화, 작은 정부, 자유시장 경제의 중시, 규제완화, 자유무역협정의 중시, 의료·방송·공기업의 민영화 등으로 나타나고 있다.

가족제도에 관한 다양한 문제도 같은 틀에서 논의할 수 있을 것이다. Ⓐ 가족 영역에서 감정 표현의 자유로운 추구를 어느 정도 제한해야 하는가? Ⓑ 감정 표현을 자유롭게 추구하는 가운데 발생하는 약자를 어떻게 보호하는가? 이 두 가지이다. Ⓐ와 Ⓑ의 조합으로 가족에 대한 '정치적 입장'을 4가지로 나누어 볼 수 있다.

Ⓐ와 Ⓑ를 둘 다 수행하는 것은 전통적 가족을 고수하는 동시에 가족에서 탈락한 사람을 복지제도에 의해 구제하려는 입장이다. 이것은 가족에 관한 '보호주의' 입장이라 할 수 있다. Ⓐ를 중심으로 하는 것은 이혼의 자유 등 감정 표현의 자유를 규제하면서 복지제도를 최소한으로 제한하는 '전통적인 보수주의' 입장이다. Ⓑ를 중심으로 하는 것은 이혼의 자유 등 감정 표현의 자유를 인정하고, 나아가 그에 따라 출현하는 약자를 복지제도에 의해 구제하려는 '복지적인 자유주의'이다. Ⓐ, Ⓑ를 둘 다 수행하지 않는다면 감정 표현도 자유지만, 그 결과도 모두 자기책임이 되므로 가족에 관한 '자유방임주의'가 된다. 개정 시안이 기초로 하는 입장은 이 중에서 세번째에 해당한다고 할 수 있다.

'감정 표현의 자유화'는 방종이 아니다

물론 '감정 표현의 자유화'가 지나치면 방종이라는 폐해를 초래할 수 있다. 성적 매력을 무기로 하여 여러 명의 이성과 동거한다든가, 오늘은 결혼, 내일은 이혼이라는 식으로 '좋다/싫다'라는 상반된 행동을 빈번하게 반복하는 것은 사회질서상 바람직하지 않다(일부다처제, 일처다부제 문화라면 몰라도 여기에서는 일부일처제 문화를 전제로 하고 있다). 나는 감정 표현에 일정한 규제가 필요하다는 것을 부정할 생각은 없다.

그러나 규제가 지나치면 '좋아하는 사람과 함께 있을 수 없다', '싫어진 사람과 헤어질 수 없다'는 경우가 늘어나고 사회의 정서적인 활력이 사라져 버린다. 예를 들어 과거의 사회주의 국가에서 경제적 규제가 너무 많아서 보통사람이 성실하게 일할 의욕을 상실해 버린 바와 같이, 감정의 규제가 지나치게 강하면 가족을 꾸려 나갈 의욕이 상실되어 버리는 것이다. 오늘날 청년층의 결혼 연령 상승도 과도한 규제가 요인으로 작용한다는 점을 부정할 수 없다. 독신 시절에는 애인을 바꿀 자유를 누렸는데, 결혼하는 순간 자유가 제한되어 버리기 때문이다.

'감정 표현의 자유화'를 '방종'이라고 볼 수만은 없다. 만약 '싫어진 사람과 헤어지고 싶다'는 것이 방종이라면 '좋아하는 것을 사고 싶다', '풍요로운 생활을 하고 싶다'는 것도 방종이 되어 버린다. '자유주의 사회'를 표방하는 한, 자유롭게 활동하는 것은 좋은 일이다. 감정 표현을 특별한 것으로 취급할 수는 없다는 것이다.

이번 민법개정 시안이 제출되었다는 것은 법제심의회에서 기존 가족제도가 '감정 표현의 자유화'를 지나치게 제한하였다고 판단한 것이라고 생각할 수 있다. 다름 아닌 가족의 규제완화인 것이다.

페미니즘의 영향

그렇다면 다음으로 왜 이 시점에서 가족의 규제완화라는 주제가 출현하였는가에 대해 분석할 필요가 있다. 그 이유 중의 하나는 페미니즘 운동으로 여성의 권리가 인정되었다는 것이고, 그 배경에는 기존 가족 내부에서 감정 표현의 자유가 억제되었던 사람은 주로 여성이었다는 사정이 있다. 그러나 가족에서 '감정 표현의 자유화'라는 경향은 여성의 권리 확대에 한정하여 설명할 수 있는 사안은 아니다. 더구나 이혼 조건의 완화는 상대적으로 여성보다 남성에게 유리하다는 의견이 많이 있다. 따라서 여기에서는 가족에서 감정 표현의 자유화를 가속시킨 요인의 하나로 페미니즘의 영향을 살펴보기로 한다. 우선은 가족의 규제완화, 즉 '감정 표현의 자유화'가 오늘날 필요하게 된 이유, 그 다음으로는 '감정 표현의 자유화'가 야기한 효과를 중심으로 논의하기로 한다.

5) 애정의 고도성장과 경제의 저성장

싫어진 사람과 함께 있어야 한다는 불합리성

오늘날 가족의 규제완화가 필요하게 된 이유는 경제 '저성장'과 관련 있다. 결론부터 말하자면, 경제의 고도성장기는 가족에서 '감정 표현의 자유화'가 성장한 시기이기도 하였다. 그리고 저성장기에 들어서자 이제는 사회의 활성화를 위해 '가족의 규제완화'도 동시에 필요하게 되었다. 경제의 규제완화나 전후 정치의 변혁이 필요하게 되었다는 것과 동일한 배경이 있는 것이다.

먼저 전후의 고도경제성장부터 설명해야 한다. 일본의 『니혼게이자이신문』日本經濟新聞이 '가족의 55년 체제', 혹은 사회학자 오치아이 에미코落合惠美子가 '가족의 전후체제'라고 한 바와 같이,[3] 전후의 고도성장기 사회는 '애정으로 성립된 가족-근대가족*'의 실현 및 안정기였다. 경제가 성장하고 있어서 어제보다 오늘이, 오늘보다 내일의 생활이 풍요로워진다고 믿을

---

* 근대가족이란 산업화 이후에 출현한 가족의 형태를 가리킨다. 산업화가 진행되면서 경영체로서의 '이에'(家)는 쇠퇴하고, 남성은 밖에서 일을 하고 여성은 가사를 담당하는 역할분업이 진전되었다. 이로써 가족의 기능은 노동력의 재생산과 자녀양육으로 한정되었다. 한편 가족은 지역공동체나 친족으로부터 독립하여 의사결정의 자율성을 획득하게 되었다. 자녀중심주의나 모성관념의 성립 등으로 정서적 관계를 강조하는 것이 근대가족의 특징이다. 2세대로 구성된 핵가족 형태가 일반적이다.

수 있는 시대는 가족의 애정도 성장기였다. 1960년대 중반에 연애결혼이 중매결혼을 상회했고, 애정을 기반으로 하는 결혼이 실현되었다. 좋아하는 사람과 자유롭게 결혼할 수 있게 된 것이다(상대방도 좋아해야만 되지만). 생활이 풍족해져서 자녀가 태어나도 부부가구에서 자녀를 양육하는 것이 가능하였다. 당시에는 '가족'—특히 남편은 가족 부양을 위해 일을 하고, 아내는 남편과 자녀를 보살피는 분업형 핵가족—이 '사랑이 있는 가족'의 상징이었고, 사실 이러한 형태의 가족이 증가했던 것이다. 전후戰後의 민법개정은 남성과 여성의 합의에 기초한 부부가족을 전제로 하였기 때문에, 확실히 그 당시 민법은 가족의 '애정 고도성장'에 아주 적합한 제도였다고 할 수 있다.

물론 그 당시에도 가족에 수렴되지 못하는 감정의 문제는 있었다. 불륜이나 이혼도 있었고, 시어머니와 며느리의 갈등은 드라마의 단골 메뉴였다. 그러나 전자는 이상한 사람이라고 무시할 수 있었고, 후자는 전전戰前의 유물이라고 치부할 수 있었다. '가족은 애정이 넘치는 존재'라는 이데올로기 자체는 흔들리지 않았다. 그리고 '좋아하는 사람과 함께 있을 수 있는' 기회가 사람들 사이에서 증가하고 있을 때에는 조금 '불편한 심기'는 허용되었던 것이다. 그러나 경제가 저성장기에 들어서면 양상이 달라진다. 좋아하는 사람과 결혼하여 함께 있을 수 있다는 것이 일반적으로 당연한 일이 되면, 이번에는 싫어진 사람과 함께 있어야 하는 불합리성이 두드러지게 되는 것이다. 결혼 연령이 상승하기 시작한 것, '가정 내 이혼'** 이라는 말이 생긴 것, '아내들의 사추기'***라는 현상이 시작된 것, 그리고 중년 이혼이 보도되기 시작한 것도 사실은 1970년대 후반에서 1980년대, 경제의 고도성장이 일단락되고 저성장기에 들어서면서 나타난 현상이다.[4]

가족도 구조조정이 필요

이 시점에서 볼 때, 이전의 가족제도에서 '감정 표현의 자유화'의 효용은 한계에 도달했다. 더 나아가서 자유화를 추진하기 위해 제도 자체를 바꾸는 가족의 규제완화가 필요하게 된 것이다. 경제에 비추어서 추론해 본다면, 비효율 부문을 구조조정하여 효율 부문으로 전환하는 시도를 추진할 필요가 생겼다고 할 수 있다.

다시 말하면, 감정적으로 비효율적인 가족(싫어졌다는 감정이 발생한 가족)을 구조조정하여 감정 면에서 효율적인 가족으로 재편하는 것(좋아하는 사람과 함께 있는 것)이 필요하게 되었다. 이를 위해서는 가족의 인원 정리, 또는 도산이나 합병의 필요가 생기게 된다.

물론 구조조정에는 고통이 동반된다. 그러나 가족의 내부에서 '싫어졌다는 감정'을 갖고 있는 상태에서 함께 생활하는 것보다는 어느 정도의 희생을 감수하더라도 구조조정을 수행하는 편이 가족의 활성화를 위해서

** 가정 내 이혼 : 1985년에 출간된 하야시 이쿠(林郁)의 소설 『가정 내 이혼』(『家庭内離婚』, 筑摩書房, 1985)을 통해 유행어가 되었다. 이 소설은 부부 및 가족관계의 붕괴상황을 그린 것이다. '가정 내 이혼'이란 실제로는 부부관계가 파탄되었지만 표면적으로는 동거하면서 부부관계를 유지하고 있는 상태를 말한다. 이런 상태의 부부는 같은 집에 동거하고 있지만, 침식은 따로 하고 대화도 거의 나누지 않는다. '가정 내 이혼'을 선택하는 이유는 이혼을 원하지만 경제적 이유나 자녀, 주위의 시선 때문에 별거를 하지 못하기 때문이다.

*** 아내들의 사추기(妻たちの思秋期) : 아내들의 사추기는 1982년에 출간된 사이토 시게오(斎藤茂男)의 『아내들의 사추기 : 르포 일본의 행복』(『妻たちの思秋期 : ルポルタージュ 日本の幸福』, 共同通信社, 1982)이 베스트셀러가 되면서 유행어가 되고, 1983년에 드라마로 제작되어 방송되었다. 여성이 결혼하여 주부가 되었고 아이들이 초등학생, 중학생이 된 다음에 자신의 존재에 대해 막연한 불안감을 갖게 되는 것을 사추기로 표현하였다. 드라마의 여주인공들은 행복한 삶을 위해 결혼을 했지만, 남편은 단신부임으로 해외 근무를 하고 아들은 등교 거부를 하고 있어서 당황과 번민에 쌓이게 되고, 이런 외로움과 괴로움을 다른 남자에게 털어놓으면서 불륜에 이른다. 여성의 생생한 심리 묘사로 많은 반향을 일으켰다.

는 유익한 경우도 있다.

되돌아보면, 가족의 구조조정이 제일 먼저 추진된 곳은 3세대가족이었다. 이 변화는 남편의 부모에 대한 부인의 감정 표현이 자유화된 결과이다. 이전에는 부인은 남편 '집안'의 며느리였기 때문에, 남편의 부모를 보살피고, 시부모의 명령이나 의향에 당연히 따라야 한다고 '애정이 강제'되었다. 부인은 남편의 부모가 싫다고 말할 수 없었던 것이다.

그런데 며느리의 입장에서 시부모가 싫어졌으니 어쩔 수 없다는 의식이 점차 확산되고, 그 결과 자녀 부부와 부모의 사이가 원만하지 않은 가족에서는 구조조정이 이루어졌다. 즉 기업 분할과 마찬가지로 싫어지면 별거하면 된다, 참으면서 함께 살 필요가 없다는 것이다. 인원 정리라는 형태로 부모가 양로원에 간 경우도 있을 것이다. 기업합병과 같이 부인의 부모부부와 동거하며 잘 지내는 경우도 있을 것이다.

이런 현상들은 자유화된 결과가 긍정적 방향으로 진전된 사례라고 평가할 수 있다. 자녀 부부와 부모 사이에 합리적인 관계가 맺어지고 있는 것이다. 구조조정되면 곤란하므로 서로 좋아하는 존재가 되려고 쌍방이 노력해 관계가 개선된 경우도 증가할 것이다.

또한 서로가 싫다는 감정을 가진 상태로 불편한 동거를 하거나 부인에게 자신의 부모를 돌보라고 강제하기보다는 구조조정하는 것이 서로의 감정생활에 있어서 도움이 되는 경우가 많다고 생각된다.

물론 구조조정에 의해 발생한 약자를 보호해야 하는 일이 생기는 것은 어쩔 수 없는 일이다. 이를 위한 정부, 지자체의 고령자 대책은 현재로선 충분하다고 할 수는 없으나 부인 쪽의 감정 표현의 자유를 억제하는 근거가 될 수는 없다.

6) 부부관계의 구조조정이 목표

바야흐로 '부부관계의 구조조정' 시대에 돌입한 것이다. 통계를 보아도 최근에는 결혼 후 5년 미만과 20년 이상 된 부부의 이혼이 특히 증가하고 있다. 이것은 자녀가 없거나 성장한 경우, 즉 부부 가구의 경우에 부부관계의 구조조정이 진행되고 있다는 증거다.

서로가 좋아해서 연애결혼을 한 경우에도, 싫어지거나 다른 사람을 좋아하게 된 경우가 있다. 이것은 아주 자연스러운 일임에도 불구하고, 전에는 안 좋은 일, 윤리에 반하는 일, 실패라고 여겨졌다. 그러나 오늘날에는 싫어한다는 감정을 억제하면서까지 무리하게 결혼을 유지할 필요가 없다는 의식이 확산되고 있다. 1992년 총리부 조사에서는 '상대방에게 만족할 수 없다면 이혼해도 된다'는 항목에 찬성하는 사람의 비율이 거의 반수가 되었고, 젊은 층일수록 찬성율이 높았다.[5]

현행 민법의 협의이혼제도에서는 서로가 합의하는 즉시 이혼할 수 있는 반면, 서로가 싫어해도 자녀가 있다든지 체면 때문에 어느 한쪽이 거부하면 법적인 이혼은 불가능하다. 그런 경우에는 '가정 내 이혼'이나 별거상태가 된다. '가정 내 이혼'이나 별거상태가 가족의 감정 면에서 바람직한 상태라고는 결코 말할 수 없다. 그리고 노력하면 반드시 좋아질 수 있다는 것은 안타깝게도 환상에 지나지 않는다. 아주 드물게 그런 사례가 있을지도 모르지만, 사람을 좋아하도록 강제할 수는 없는 것이다. 규제완화를 통해서 이러한 가족이 구조조정하기 쉽도록 하는 것이 이번 개정 시안의 본래 의도인 것이다.

싫어진 상대방과 헤어지고 좋아하는 다른 사람을 찾는다. '감정 표현의 자유화'가 존중되는 사회에서는 너무나 당연한 권리가 아닌가. 그런데 진부한 말이지만 '자유에는 책임이 수반된다'. 가족은 감정을 규제하는 제도인 동시에 생활을 보장하는 제도이기도 하다는 점을 잊어서는 안 된다.[6] 서로가 헤어져도 각각 자립할 수 있다면, "좋아요, 안녕!"도 괜찮은 방법일 것이다. 그러나 현실에서는 부부 중 어느 한쪽이나 자녀에게 가혹한 상황이 발생할지도 모른다.

그렇다면 ①자유에 대해 보상으로서 책임을 지는 시스템(충분한 경제적 보상을 하지 않으면 이혼을 인정할 수 없다는 등) 혹은 ②결과적으로 발생한 약자를 구제하는 시스템(여성의 자립 지원이나 복지제도) 중 하나 또는 둘 다를 확립할 필요가 있다.

여기에서 ①을 엄격히 적용하면 감정의 자유를 제한하는 것이 되고, '부유한 남성'일수록 이혼하기 쉽다는 폐해가 발생한다. ②는 정부와 지자체의 경제적 부담을 증가시킨다. ①과 ②의 대책 중 어느 쪽을 중시하고 어떤 조합으로 할 것인지는 정치적으로 해결해야 하는 과제이다. 그러나 향후 어떤 대책을 선택하더라도 가족의 구조조정에 수반된 '감정 표현의 자유화' 경향은 피할 수 없다. 이 경향성의 앞날에는 어떠한 사태가 기다리고 있는지 조금 더 고찰해 보기로 하자.

7) 가족 규제완화의 앞날

가족이라도 안심할 수 없는 시대

가족이 점점 더 안심할 수 없는 존재가 되어 가는 것은 어쩔 수 없는 일이다. 과거에는 결혼해서 자녀가 태어나면 생활과 정서 면에서 안정된 생활을 할 수 있었다. 배우자나 자녀들이 자신의 생활을 보살펴 줄 것이고, 가족 구성원과는 일상생활에서 보통 정도로 접촉하면 미움을 받지는 않기 때문이었다. 그러나 감정 표현이 자유화되면 배우자나 자녀들에게 미움을 받게 될 위험성을 반드시 고려해야 된다. 미움을 받지 않기 위해, 또는 만에 하나 미움을 받게 되었을 때에 문제 상황의 진전을 방지하기 위해 가족의 안팎에서 생활과 인간관계에 대한 '자조 노력'이 요구된다.

이것은 경제상의 변화와도 연동되어 있다. 종신고용제에서는 일단 기업에 취직하기만 하면 생활의 안정감을 확보하는 것이 가능했다. 그러나 규제가 완화되어 자유 경쟁이 격화되면서 대기업이 도산하기도 하고, 혹은 대폭적 인원 정리의 위험 상황이 발생하면서 대기업에 들어가도 안심할 수 없는 시대가 되었다. 이와 마찬가지로 더 이상 가족도 결코 안심할 수 있는 터전이 아니게 된 것이다.

'인기 없는 사람'에게는 가혹한 사태

다음으로 언급해 두어야 할 것은 인기 있는 사람과 인기 없는 사람의 계층 분화이다. 이혼이 용이해지면, 재혼 수요가 발생하게 된다. 여기에서 매력적인 사람이라면 재혼의 기회가 찾아오지만, 그렇지 않은 사람이라면 매우 어렵다.

예전에는 결혼할 때까지만 성적 매력이 있으면 되었지만, 가족의 규제 완화가 진행되면 배우자에게 미움받지 않기 위해서 또는 이혼 후에 재혼하기 위해서 인간적 매력을 계속 갈고 닦을 필요가 생긴다. 이러한 세상에서는 일할 능력이 있는 사람과 아무리 노력해도 일에 적응하지 못하는 사람이 있는 바와 같이, 이성에게 인기가 너무 많아서 주체할 수 없는 사람이 있는가 하면, 아무리 노력해도 인기가 없는 사람도 존재한다는 것이다. 현재도 이미 결혼난이 문제가 되고 있지만, 감정 표현이 자유화되면 인기 없는 남성/여성의 경우에는 더욱더 결혼의 기회가 멀어질 것이다.

배우자 선택의 불일치

성적 매력의 기준에는 남녀 차이가 있어서 남녀 쌍방이 배우자를 선택할 때 불일치가 발생할 우려도 있다. 예를 들면, 남성은 젊고 용모가 아름다운 여성을 선택하는 경향이 있고, 여성은 연상이면서 경제력이 있는 남성을 선택하는 경향이 있다. 감정 표현이 자유화된다면, 이러한 불일치는 수정될 것인가? 아니면 더욱 박차를 가할 것인가? 이 점에 대해서는 남녀평등의 견지에서 한번 검토해 볼 필요가 있다.

'감정 표현의 자유화'는 인간관계가 원만하고 인기가 있는 사람에게는 환영할 만한 일이다. 또한 경제력이 높은 사람도 걱정할 것이 없다. 그러나 경제력도 없고 이성에게 인기도 없는 사람에게는 너무나 힘겨운 미래가 기다리고 있다. 게다가 '감정 표현의 자유화', 즉 '좋아하는 사람과 함께 있고 싶다, 싫어하는 사람과 헤어지고 싶다'는 소원이 정당한 것으로 인정된다면 이러한 경향은 피할 수가 없다. 왜냐하면 그것은 개인의 행복 추구를 존중하는 자유주의의 귀결이기 때문이다. 지금은 이러한 경향을 고려해 서서히 '감정 표현의 자유화'를 진전시키면서 약자의 구제 조치를 강구하는 방책을 논의해야 할 때이다.

추기(追記)

1996년 2월 26일, 법제심의회가 '민법개정 요강'이라는 답신을 내놓았다. 내용은 개정 시안과 거의 같았다. 부부별성에 관해서는 자녀의 성姓을 사전에 신고하는 것으로 하였고, 이혼에 관해서는 소위 '가혹조항'(5년 이상 별거했더라도 이혼으로 한쪽에게 가혹한 상황이 발생한다면 이혼을 인정하지 않는다)을 추가하였다.

그러나 답신이 나온 직후에, 부부별성을 인정하면 이혼이 증가할 것이라는 반대론이 강하였고, 당시의 무라야마 도미이치村山富市 총리 내각에서는 당내 조정이 이루어지지 않아서 결국 법안을 제출하지 못했다. 1999년에는 답신에 대해 많은 비판이 제기되어 법안 제출과 심의 전망이 불투명했다. 민법개정 보류에도 불구하고 이혼은 계속 증가하고 있고, 1998년에는 이혼 건수 24만 3,102쌍, 이혼율 1.94(인구 1,000명당 이혼 건수)로 전후 최고치를 기록하였다(1994년에는 19만 5,106쌍, 이혼율 1.57). 이제 법률로는 이혼을 억제할 수 있는 시대가 아니다. 이혼 후의 약자 구제 조치로는, 예를 들면 스웨덴에서는 자녀의 양육비를 국가가 먼저 지급하고, 지불해야 할 사람한테 추후에 징수를 하는 시스템이 있다. 이 제도를 일본에 도입하는 것은 어렵겠지만, 어떠한 형태로든 유사한 시스템을 고려할 필요가 있을 것이다.

2장 연애결혼의 함정
—쓰쿠바 처자식 살해 사건에 나타난 현대부부의 위기

1) 처자식을 살해하게 된 배경

사건의 개요

우리는 흉악한 범죄가 일어나면 범인은 보통사람과 관계가 없는 성격이상자일 것이라고 생각한다. 범인이 자란 환경에 어떤 수상한 점은 없는지, 일상생활에서 상식을 벗어난 점은 없었는지 등, 여러 가지를 알려고 파고드는 것은 그러한 이유에서이다. TV의 '와이드쇼'* 나 연예 주간지의 '사건' 제기 방법은 대개 그런 내용이다.

여기에서 다루는 것은 1994년 11월, 요코하마항横浜港에서 발견된 자루 속의 시체 사건으로 매스컴을 뜨겁게 달구었던 '쓰쿠바筑波 처자식 살해

* '와이드쇼' : 일본의 TV 방송국에서는 버라이어티 쇼(variety show)를 '와이드쇼'라고 부른다. 버라이어티 쇼는 음악과 대화·코미디 그리고 경우에 따라서는 게임까지 포함하는 복합 장르의 쇼 프로그램을 가리킨다. 버라이어티 쇼는 일반적으로 사회자가 진행하는 다양성과 복합성을 체계화한 형식으로 정착되었는데 무대에서부터 라디오를 거쳐 TV에 도입되었다. 상업적 색채가 짙은 버라이어티 쇼는 정규 프로그램보다는 특집 프로그램의 비중이 높다.

사건'이다(사건 직후에는 '요코하마항 모자 살해 사건'이라고도 하였다). 다행인지 불행인지 용의자의 자백이 늦게 나왔기 때문에, TV의 '와이드쇼'나 주간지의 취재가 쇄도하였고, 용의자와 살해된 부인 각각의 성장과정과 결혼 경위, 사건 직전의 생활상까지 세세하게 보도되었다. 고백하건대 나도 가족사회학자로서의 관심을 넘어서 매일 와이드쇼를 흥미진진하게 보았다. 알고 있는 사람들도 많이 있겠지만 사건의 내용을 정리해 본다.

보도에 따르면, 용의자인 A의사는 당시 29세. 부유한 농가에서 태어나서 공부는 물론, 스포츠도 잘하는 엘리트 학생으로 학교 생활을 하였고, 쓰쿠바대학 의학부를 졸업하였다. 29세에 민간 병원의 의국장이 되었다. 아르바이트를 포함하여 연수입이 2천만 엔이나 되었으며, 의사로서 평판도 좋았다고 한다. 그러고 보면 자신의 실력으로 젊은 나이에 지위와 경제력을 획득한 사람이다. 대체로 '엘리트'라는 표현을 쓰기에 무리가 없다고 하겠다. 한편, 피해자인 B부인은 당시 31세. 도쿄東京의 평범한 가정에서 태어나서 고등학교를 졸업하고 복지 관련 전문학교를 중퇴한 다음, 같은 해에 자영업자인 남성과 결혼하여 아이 둘을 두었다. 남편이 사업에 실패하자 협의이혼하였다. 아이들을 친정과 전 남편에게 맡기고 병원에서 일하다가 A의사와 연인관계가 되었다. B는 미모가 뛰어났고, 자신의 매력과 여성적 분위기로 많은 남성의 주목을 끌었다고 한다. 30세가 넘어서도 술집에서 아르바이트를 했다는 사실이 그런 점을 증명한다.

B가 임신하고 출산하게 되자 두 사람은 결혼하였다. 출산 후의 결혼이었다는 점, A의사에게는 결혼하고 싶어 하는 다른 여성이 있었다는 점, 의사의 부모가 결혼을 반대했다는 점 등, 결혼 당시에는 약간의 문제가 있었다고 보도되었는데, 결혼하고 나서 둘째 아이가 태어난 점을 고려하면, 결혼 초기의 생활은 순조로웠다고 볼 수 있다.

그러나 몇년 후 두 사람의 결혼은 파탄이 나고 말았다. 보도에 따르면 남편의 여성관계와 폭력, 부부의 경마 취미, 부인의 명품 취향, 거품경기* 시기의 고급 아파트 투자 실패, 자녀교육을 둘러싼 대립 등, 여러 가지 부부 불화의 원인이 있었다고 한다. 남편이 먼저 이혼하자고 했더니 부인은 고액의 위자료와 양육비를 요구하였고, 부부관계는 점점 나빠졌다. 자택에서 부부싸움을 하다가 남편은 부인과 자녀를 살해하고, 시체를 자루에 넣어 차로 요코하마항에 가져가서 유기하였다. 며칠 후에 모자의 시체가 발견되어 사건은 세상에 알려졌다.

'엘리트의 좌절이 원인'일까?

이 사건도 예외 없이 체포된 A의사가 엘리트였다는 점과 B부인의 낭비벽 등이 사건의 원인이라고 강조되었다. 주간지에서도 하나같이 '진정한 좌절을 모른다'든가, '입시 경쟁은 이겨 냈지만 사람을 사랑하는 방법을 배우지 못하고 자랐다', '쓰쿠바대학의 의사 양성 시스템' 등,[7] 용의자나 피해자의 성장 환경, 엘리트 교육으로 인한 성격 특성에서 사건의 원인을 찾으려고 하였다.

그러나 여기에서 다시 생각해야 할 점은 성장 과정에서 좌절하지 않는 사람은 없다는 것, 흠잡을 것 없이 완벽한 생활을 하는 사람은 없다는 당연한 사실이다. 냉정하게 생각하면, 대입시험에서 한 번 재수하고 대학에 들어간 용의자에 비해 아무런 좌절도 경험하지 않은 엘리트는 이 세상에

---

* 거품경기 : 일본에서 1980년대 후반에서 1990년대 초엽에 걸친 호경기를 가리킨다. 부동산 투기가 과열되어 자산가격이 일시적으로 급등하였고, 그 후에 투기열이 냉각되자 급속하게 자산가격의 수축 현상이 일어났다. 이 현상을 거품이 일어났다가 꺼지는 모양에 빗대어 거품경기(버블경제)라고 하였고, 경기후퇴기를 거품붕괴라고 표현하였다.

얼마든지 있고, 입시 경쟁을 이겨 내고도 진정한 사랑을 할 수 있는 사람은 많이 있을 것이다. 용의자와 같은 대학을 졸업한 훌륭한 의사도 많이 있다.

만약 내가 범죄를 일으켰다면 '이러한 가정에서 자랐기 때문에, 평소부터 이러한 이상한 점이 있었기 때문에'라고 쉽게 이유를 붙이는 것과 똑같다. 반대로 생각하면, 내가 범죄와 인연이 없는 생활을 한 것은 우연히도 양호한 환경에서 놓여 있었기 때문임에 불과하다. 평상시에는 선량하고 상냥한 마음을 가진 사람도 특이한 상황에 놓이면 흉악한 행위를 하게 된다는 것은 전쟁이나 대혼란 상태 등의 예를 보아도 분명하다. 비극을 반복하지 않기 위해서는, 범죄의 원인을 개인이 성장한 환경이나 특이한 성격에서 찾거나 자신과 관계없는 세계에서 일어난 일이라고 치부해 버려서는 안 된다. 사건이 일어난 사회적 조건(역사적 문맥과 사회적인 배경)을 꼼꼼하게 추적하는 것이 필요하다.

내가 특히 이 사건에 흥미를 갖는 이유는 사건에서 명백하게 드러난 부부의 모습이 현대 사회에서 부부의 애정 양상을 고찰하는 데 매우 좋은 소재가 되기 때문이다. 이 사건을 '엘리트의 좌절' 등의 도식적인 해석으로 정리해 버리면 안 된다. 전후 50년, 부부의 모습에도 변화 조짐이 나타나기 시작하고 있다. 결론을 먼저 말한다면, 이러한 전환기에 일어날 만하여 일어난 사건이라는 것이 나의 감상이다.

2) 인기 있는 사람들끼리의 말로

'엘리트 의사'와 '미인 부인'

쓰쿠바 살해 사건이 이렇게 매스미디어에서 크게 다루어진 이유는 '엘리트'와 '미인'이라는 수식어가 붙어 있기 때문이고, 이 사건의 본질도 사실은 여기에 있다고 할 수 있다. '엘리트 의사'는 이상적인 결혼 상대로서 여성에게 '인기 있는' 직업의 대표이고, '미인'이란 조건은 여성의 지위를 상승시키는 자질이다. 그리고 현실적으로 A의사는 여러 여성들과 동시에 교제를 하고 있었고, B부인도 '이혼 경험자임에도 불구하고' 엘리트 의사의 부인이라는 지위를 획득할 수 있었다.

이와 같이 '이성에게 호감을 주는 자질'을 갖고 있는 사람들끼리의 결혼에 문제가 생기게 되면 도대체 어떤 일이 일어날까? 이 사건은 바로 이러한 상황을 상징적으로 보여 주는 사건이었다. '부부 사이가 나빠졌다'는 것 자체는 특별한 일이 아니다. 연애결혼이 일반화된 오늘날, 좋아하는 상대방과 결혼했다고 하더라도 싫어지는 일이 영원히 없을 것이라는 보증은 없다. 두 사람의 사이가 나빠진 원인은 여기에서는 접어 두기로 하자.

싫은 사람은 싫다

좋아지는 데 이유가 필요 없는 것과 마찬가지로 싫어지는 것에도 구구한 이유는 필요 없다. '싫다'가 먼저이고 이유는 나중에 따라붙는 것이다. 주변 사람들이 수근대는 의사의 여성관계나 부인의 명품 소비가 지나쳤다 하더라도, 또 부부 사이가 나빠진 다음에 남편이 다른 여성한테 편안함을 구했더라도, 금전 문제나 교육 문제로 의견이 대립되었던 경우에도, 서로 좋아했다면 어떻게든 타협하여 합리적인 해결을 이끌어 냈을 것이다.

일반적으로 부부 사이가 나빠진 '원인'이라고 하는 것이 단순히 '계기'에 지나지 않거나, 아니면 사이가 나빠진 '결과'인 경우가 많다. 계기로 작용했던 문제는 해결된다고 해도 다시 서로를 좋아하는 상태로 돌아간다고 보증할 수 없으므로 더욱더 어렵다. 요컨대 서로가 싫어져 버린 부부 사이에 대해 어느 쪽이 잘못했다고 하는 것은 무의미한 일이다. 부부 관계가 악화된 책임이 명백하게 한쪽에 있는 경우에도 다시 상대방을 억지로 '좋아하게' 만들 수는 없다. 싫은 사람은 싫은 것이다.

그런데 '좋아한다'는 기분으로 성립된 관계라고 해도, 친구나 애인관계에서 서로 싫어졌을 경우에는 그대로 헤어지면 그만이지만, 부부는 그리 간단하지가 않다. 부부가 서로 싫어진 경우에는 어떻게 하는가? 어떻게 되는가? 무엇을 할 수 있는가? 비극을 반복하지 않기 위한 고찰은 여기에서부터 출발한다.

이 사건에 대한 많은 사람들의 의문은 '살해할 정도라면 왜 더 빨리 헤어지지 않았을까?', '서로 의논하여 합리적으로 해결할 수는 없었을까?'라는 점일 것이다. A의사는 '우발적으로 죽였다'고 진술하였다. 그 정도로 관계가 악화될 때까지 왜 그대로 두었던 것일까? 이제부터 이 사건을 '사회학적'으로 해석해 보기로 하자.

3) 연애결혼의 비극

결혼생활의 두 가지 욕구

연애결혼이 일반화된 사회에서 결혼 생활은 애정 충족과 생활의 보장이라는 두 가지 측면을 가지고 있다. 서로 사랑하는 사람들끼리 결혼하여 공동생활을 하는 것은 당연한 일로 보이지만, 애정이 파탄된 경우에는 애정에 기반을 둔 결혼의 불안정성이 당장 드러난다. 인간에게는 각각 욕구가 있기 때문이다. 인간은 두 가지 욕구를 가지고 있다. 하나는 보다 나은 생활을 하고 싶다는 경제적 욕구이고, 또 하나는 좋아하는 사람과 함께 생활하고 싶다는 감정적인 욕구이다.

현대에서 경제적 욕구의 충족은 생활수준이 향상되는 감각에 따라 유지된다고 할 수 있다. 어제보다 오늘이, 오늘보다 내일의 생활이 적어도 나빠지지는 않는다는 전망이 있는 경우에 사람들은 거의 불만을 갖지 않는다. 반대로 오늘보다 생활수준이 나빠지는 것은 가장 피하고 싶은 일이다.

한편 감정적인 욕구에는 다른 사람에게 호감을 주고 싶다든가, 좋아하는 사람과 함께 있고 싶다는 욕구 외에 싫어하는 사람과 헤어지고 싶다는 욕구도 포함되어 있다.

생활수준을 낮출까? 헤어지지 말고 견딜까?

근대 사회에서 연애결혼이라는 제도는 쌍방을 만족시키는 것이라고 기대되었다. 다시 말해서 좋아하는 사람과 함께하면서 두 사람이 보다 나은 생활을 영위하는 것을 목표로 하는 제도이다. 그러나 이 제도는 부부가 서로 싫어진 경우를 상정하지 않고 있다.

여기에서 연애결혼의 비극이 발생한다. 특히 남편이 일을 하고 부인이 전업주부(아니면 파트타임 취업자)인 중류계층에 속하는 부부의 경우, 양쪽 또는 한쪽이 상대방이 싫어지게 되었을 때, 즉 두 가지 욕구 중 어느 한쪽을 희생시키는 선택을 해야 한다.

선택지 중 하나는 '생활수준의 유지를 우선시하고 감정적인 욕구를 단념한다'. 즉 '가정 내 이혼'으로 대표되는 바와 같이 생활수준이 떨어지는 것을 원하지 않으므로 싫어진 상대방과 형식적인 부부관계를 지속하는 것이다. 또 하나는 '감정적 욕구를 우선시하여 경제적 욕구를 단념한다'. 즉 '싫어진 사람과 헤어지고 이혼하는 대가로 생활수준의 저하를 감내한다'는 선택이다. 일본 민법에 쌍방의 합의가 필요한 협의이혼제도가 있는 이상, 어느 한쪽이 이전의 생활수준을 그대로 유지하는 상태로 이혼하는 것은 거의 불가능하다(재판이혼의 기준은 아주 엄격하다).

이혼이라는 선택은 부부 쌍방에게 생활수준의 저하를 초래한다. 부인은 생활의 보장책이었던 남편의 수입을 상실하게 되고, 남편은 위자료와 양육비를 부담해야 한다. 주거비나 교육비가 비싼 일본에서는 두 사람이 함께 사는 경우 절약 효과는 상당히 크다. 생활을 우선시할까? 아니면 자신의 감정을 우선시할까? 어느 한쪽을 선택해야 하는 상황에서 B부인은 '생활'을 선택하려고 하였다. 그러나 A의사는 어느 한쪽을 버리지 못하고 둘 다 얻으려고 했다가 둘 다 잃어버리게 된 것이다.

세간의 관심을 거의 끌지 못한 요인으로 계층의 문제가 있다. 만약 두 사람이 '상류계층'이든지 '서민계층'에 속한다면 이러한 선택을 할 필요가 없었을 것이다. 남편이 상류계층이라면 자신의 감정을 우선시하여 이혼을 했더라도 자신과 전 부인 두 가구의 생활을 충분히 유지할 만한 경제적 여유가 있기 때문이다. 역으로 고액의 위자료나 양육비를 지불하고, 헤어진 처자식에게 충분한 생활을 보장해 줄 경제력이 있는 계층은 '상류계층'이라고 할 수 있다(그러한 의미에서는 빈번하게 이혼·재혼을 반복하는 연예인이 여기에 해당된다). 또한 이런 이들은 이혼하지 않고서도 이른바 '애인'이라는 형태로 '좋아하는 사람과 함께 있고 싶다'는 감정을 만족시킬 수 있다.

다른 한편 부인 쪽에서 보면, 자신의 친정이 상류계층에 속하는 경우에는 싫어진 남편과 헤어지고 친정에 돌아오더라도 생활은 보장된다. 어떻든 어느 쪽이든 상류계층이라면 '좋다/싫다'는 자신의 감정을 우선시하고도 생활수준을 저하시키지 않으면서 문제를 해결할 수 있다.

흥미로운 것은 돈이 아주 없는 서민이라면 이번에는 반대의 의미에서 자신의 감정을 우선시할 수 있다. 결혼하든 이혼하든 마찬가지로 생활이 어렵다면, 싫어진 상대와 이혼하는 편이 정신 건강상 좋은 것은 분명하다. 복지제도의 수혜자가 되는 방법도 있을 것이고, 일을 해서 돈을 벌어도 된다. 사실 B도 전 남편이 사업에 실패하자 곧 아이 둘을 데리고 이혼해 버리고 나서 일을 하면서 생활을 유지하였다.

4) 중류계층 부부가 이혼할 수 없는 이유

왜 '가정 내 이혼'이 증가하는가?

오늘날 애정 상태가 가장 불안정해진 것은 '남편-일, 부인-전업주부'라는 조합으로 구성된 중류계층 부부이다. 싫어지면 헤어지면 된다고 하지만, 결혼하면서 일을 그만두었던 부인이 자녀를 데리고 직장에 다닌다고 해도 이혼 전의 생활이 보장되는 것도 아니고, 남편에게 위자료를 받더라도 중류생활을 유지할 수 있을 정도의 액수는 아닐 것이다.

물론 복지제도에 의지한다고 해도 중류생활을 기대하기는 어렵다. 생활수준이 낮아지는 것을 피하기 위해 그냥 현재 상태를 참는다는 선택을 하여 '가정 내 이혼'이 많아진다면, 가족 밖에서 감정적인 안식을 찾는 방법으로 이른바 '불륜'이 늘어나는 것도 어쩔 수 없다. 이 사건의 부부를 포함하여 현대 일본의 많은 부부는 이런 의미에서 힘겹게 중류층에 머물고 있는 것은 아닐까.

사람은 한 번 맛본 생활수준을 낮추는 일은 어떻게든 피하려고 한다. 이 책의 제2부에서 논하는 바와 같이, '경제생활과 애정'이 결합된 현재의 사회 상황에서 여성은 결혼할 때 자신의 부친보다 수입이 높은 남성을 선택하지 않으면 생활수준이 낮아지므로 구조적으로 결혼난(미혼화)이 발생하는 것이다.

마찬가지로 중류층 사이에 '가정 내 이혼'이 증가하는 일본 부부의 상황도 '경제와 애정'의 관계에 의문을 제기하기 때문이라고 생각해 볼 수 있다. 현재 결혼 5년 미만과 20년 이상인 부부의 이혼율이 크게 상승하고 있는 것도 이것을 증명하는 현상이다. 이들은 자녀가 아직 없거나 이미 성인이 되어 돌보지 않아도 되므로, 과감하게 이혼해도 생활에 큰 영향을 미치지 않고 마무리되는 것이다. 출산 전이라면 부인도 취업을 통해 자립할 수 있는 사람이 많을 것이고, 재혼도 어렵지 않을 것이다. 자녀가 독립한 다음이라면, 재산을 분할하더라도 중류 생활을 유지할 수 있다는 예측이 가능하기 때문이다.

'모 아니면 도'라는 도박

다시 '쓰쿠바 처자식 살해 사건'으로 돌아가 보자. A·B 부부는 중류층 부부에 관련된 문제에 취약한 사회계층에 속하였다. 더구나 후술하는 바와 같이 이 사건의 부부는 우연히도 부부의 양상이 변화하는 시대의 전환점에 놓여 있었다.

그렇다면 이것은 A의사 한 사람만의 문제가 아니다. '부부는 사이좋게 지내야 한다'든가, '살인은 하면 안 된다'든가, '어떻든 밝혀질 것이므로 살인을 하는 것은 바보짓'이라는 도덕적인 설교로는 설명되지 않는다. 머리가 좋은 A의사는 이 모든 것을 잘 알고 있음에도 불구하고 범행을 저지른 것이다.

전쟁이 '손쓸 방도가 없을' 때의 특효약인 것같이, 이 사건의 범인은 꼬이고 꼬여 비참해진 '가정 내 이혼'을 계속하거나 거액의 위자료와 양육비를 지불하고 '여성에게 인기 없는' 가난한 의사로 전락하는 것보다는 '모 아니면 도'라는 도박으로 한순간 살의가 번뜩인 것이라고 해도 이상할 것은 없다. 이 점에서 본다면 A의사의 행동은 충분히 이해할 수 있는 일이다.

물론 이해가 된다고 해서 처벌하지 말자는 것은 아니다. 자신이 일으킨 결과에 대하여 책임을 지는 것은 당연한 일이다. 단지 A의사가 이상한 성격의 소유자도 아니고 냉혹한 살인마도 아니고, 어디에나 있을 수 있는 보통사람이라는 점을 나는 주장하고 싶은 것이다.

5) '경제와 애정'의 관계

가족 역사의 3단계

오늘날 문제가 되는 것은 전후 일본에 정착한 '연애결혼'제도에서 '경제생활과 애정'의 결합방식이다. 전후 일본의 결혼–부부의 양상은 대체로 '남편–일, 부인–전업주부'라는 경제상의 역할 분담과 '남성은 미모의 여성에게, 여성은 경제력 있는 남성에게 매력을 느낀다'는 연애감정(성적 매력)의 조합이었다.

이런 의미에서 본다면, 사건의 부부는 전후 일본의 전형적인 연애와 결혼의 양상을 구현한 부부였던 것이다. 더욱 엄격하게 말한다면 '의사라는 경제력 이외에는 여성에게 매력적이지 않은 남성'과 '미인이라는 용모를 이용하여 결혼이라는 방법 이외에는 자신의 생활을 향상시키는 수단을 가지고 있지 않은 여성'의 조합이었다. 사건은 이 조합이 제대로 이루어지지 않았다는 점을 말해 주고 있다. 도대체 왜 그런 것일까? 나는 가족의 경제생활과 애정의 관계를 역사적으로 3단계로 구분한다.

①전근대 사회 : 인간의 경제생활과 감정생활(이하 '경제와 감정'이라고 축약한다)이 분리되어 가족이 경제상의 제도로 한정된 시대. ②근대 사회 : '경제와 감정'이 결합하여 가족이 경제상의 제도인 동시에 애정의 제도이기도 한 시대. ③포스트모던 사회 : '경제와 감정'이 재분리하여 부부는 애정만으로 성립되는 제도가 된 시대.

내가 보기에는 현대 일본사회는 ②에서 ③으로 이행을 시작한 시기에 해당한다. 이행기에 발생하는 왜곡 현상의 하나로 이 사건을 파악할 수 있지 않을까?

경제와 애정의 분리·결합

전근대 사회는 좋든 싫든 경제생활과 부부의 애정이 분리되어 있던 시대였다고 할 수 있다. 상류계층은 가문이나 재산에 따라서 결혼 상대를 정하였고, 농업 등을 주업으로 하던 서민계층에서는 부부 둘 다 노동력이라는 점이 결혼의 조건이었다. 그렇다고 해서 자유로운 감정 표현이 완전히 무시되었던 것은 아니고, 특히 상류계층의 남성은 '애인' 등의 형태로 결혼 외에 자유로운 연애관계를 만들었다. 결혼 상대는 경제관계를 기반으로 하지만, 애정의 상대는 자유로이 선택할 수 있다는 구분이 있었던 시대라고 할 수 있다. 서민계층의 남녀도 비교적 자유로운 연애관계를 형성하였다고 생각된다.

애정, 특히 성적인 감정을 포함한 애정은 변하기 쉬운 것이다. 언제, 누구를 어느 정도 좋아하게 될지 예측할 수 없고, 언제 싫어질지도 예측할 수 없다. 그렇기 때문에 중세 유럽에서는 결혼이 애정을 기반으로 성립하는 것은 위험한 일이라고 여겨지기도 하였다. 전전의 일본에서도 인텔리계급을 제외하면, 일반적으로 결혼 상대로 인기 있는 이성의 기준과 연애 상대로 인기 있는 이성의 기준은 달랐다고 한다.

근대 사회가 되면서, 결혼은 애정을 기반으로 해야 한다는 의식이 보급된다(연애결혼 이데올로기). 좋아하는 사람과 결혼하여 함께 있을 수 있는 기회가 증대했던 것은 분명하지만, 자유로운 감정 표현이 결혼이라는 틀 속에 갇혀 버리는 측면도 있었다. 결혼의 외부에서 맺어지는 남녀의 애정관계는 혼전이나 결혼 후를 막론하고 바람직하지 않은 것으로 인식되었고, 결혼을 하면 평생 서로를 사랑하도록 요청받았던 것이다.

6) 연애결혼의 제도화

'사랑받아야 한다'는 압박감

전후 일본에서 이러한 연애결혼이 보급된 배경에는 농촌사회가 붕괴되는 한편, 도시에서는 고용노동이 일반화되고, '남성-일, 여성-가사·육아'라는 성별역할분업이 정착된 사회 상황이 있다. 서민 여성에게는 밖에서 일을 하지 않아도 생활할 수 있는 전업주부가 동경의 대상이었다. 남성의 경우, 전업주부를 부인으로 둔다는 것은 그 정도로 수입이 높은 중류층에 속한다는 증명이었다. 이 책의 제2부에서 다룰 내용인, '집안살림을 잘하는 귀여운 여성이 남성에게 인기가 있고, 충분한 수입을 벌어 들이는 남성이 여성에게 인기가 있다'라는 남녀의 연애-결혼의 구조가 성립되었던 것이다.

우리가 당연하게 생각하고 있는, ①연애를 통한 결혼, ②남성은 일, 여성은 가정이라는 성별역할분업, ③남성은 귀여운 여성을, 여성은 경제력 있는 남성을 좋아한다는 애정의 구조, 이 3가지 요인의 세트는 오래된 전통이 아니라, 일본에서는 불과 몇십 년 전인 전후에 보급되었던 것이다.

이 제도는 결혼 후의 연애 감정을 엄격하게 제한하였기 때문에, 부부에게 커다란 압력으로 작용하였다. 좋아하는 사람과 결혼할 수 있는 것은 좋지만, 결혼한 상대를 평생 동안 사랑해야 한다는, 그리고 다른 이성을 사랑해서는 안 된다는 규범을 부과하기 때문이다. 이는 부부가 동시에 생활 보장의 동반자라는 점에 기인한다. 밖에서 일하는 남성은 가사와 육아에 많은 시간을 할애할 수 없고, 전업주부로 집안을 지키는 여성은 생활비를 벌 수단을 갖지 않고 있기 때문이다.

나는 사회학적 관점에서 '감정'을 연구하고 있다. 감정사회학에서 핵심적 주제는 '느끼는 것'과 '느껴야만 하는 것'의 격차에 관한 문제이다. 현대 사회에는 '다른 사람의 불행을 슬퍼해야만 한다', '파티에서는 즐거움을 느껴야만 한다' 등, '느껴야만 하는 것'이나 '느껴서는 안 되는 것'의 규칙이 아주 많이 존재한다. 사회가 순조롭게 운영되기 위해서는 감정에 관한 최소한의 규칙은 필요하겠지만, '느껴야만 한다'는 것이 많을수록, 실제로는 자신이 느끼고 있는 것을 알 수 없게 되기도 하고 솔직하게 감정을 표현할 수 없게 되기도 한다.[8)]

연애결혼 이데올로기에서는 '부부는 애정을 느껴야만 한다', '남편(부인) 이외의 사람에게 애정을 느껴서는 안 된다'는 압력이 가해진다. 그것은 도덕에 얽매여 있기 때문이기도 하지만, 생활을 고려할 때 이혼할 수 없다는 점에 기인하는 압력이기도 하다. 즉 '이혼하면 살아갈 수 없기 때문에, 싫어지면 안 된다'라는 감정적 압력인 것이다.

가족을 불안정하게 하는 두 가지 요소

고도경제성장기에 연애결혼이 보급되었고, 그것이 일단락된 1975년 이후에 부부의 애정관을 불안정하게 하는 두 가지 요소가 나타났다. 하나는 남녀의 접촉 기회 증대이고, 다른 하나는 부부의 애정 수준 상승이다.[9)]

여성의 사회 진출이 많아지면서 직업뿐 아니라 여가와 사회활동에 남녀가 함께 참여하고 만나는 기회도 증대되었다. 인간의 성적 감정은 흔들리고 움직이는 것이다. 배우자 이외의 이성을 보고 '멋있다'고 생각하는 정도로 끝나면 괜찮지만, 그 중에는 '계속 함께 있고 싶다'고 생각하는 사람이 생기기도 한다. 상대가 있기 때문에 대부분의 경우에는 그 소원은 실현

될 수 없겠지만, 다른 이성에게 매력을 느끼는 사람의 경우에는 서로 사모하고 서로 사랑하게 되는 기회가 늘어날 것이다.

또 한편, 부부의 애정에 대한 관심도 높아졌다. 중매결혼이 대부분이었던 시절에 결혼한, 현재 60세 이상 된 부부라면 선물을 주거나 데이트를 하는 사람들은 소수이다. 서로가 일과 가사·양육의 의무를 수행하는 부부라면 그것으로 충분하다고 인정하던 시대였다.

그러나 연애결혼이 보급되고, '잉꼬부부'라고 보일 정도로 사이좋게 여가활동을 하거나 서로 선물을 주고받는 부부가 최근에는 증가하고 있다. 그렇다면 여러 가지 이유로 그것을 할 수 없거나 하지 않는 부부의 어느 한쪽이 불만을 갖게 된다. 즉 배우자가 싫어지는 기회가 증가하는 것이다.

애정관계로 보면, 부부의 친밀도가 양극으로 분해되는 경향이 강해진다. 사이가 좋은 부부는 함께 행동하는 기회를 늘려 더욱더 사이가 좋아지고, 어떤 계기로 서로 싫어지게 된 부부는 더욱더 소원해진다.

1980년대 중반, 언론에 '가정 내 이혼'이 보도될 즈음에는 자녀양육을 마친 후의 중년 부부가 문제의 대상이 되었다. 자녀를 양육할 시기에는 부인은 육아에 바쁘고, 남편은 한창 일할 때여서 조금 싫어졌다고 해도 '가정 내 이혼'을 감행할 여유조차 없었기 때문이다.

싫어진 부부관계의 구조조정

쓰쿠바 살해 사건이 상징하는 것은 가정 내 이혼의 가능성이 자녀양육 중인 젊은 부부에게까지 확산되었다는 점이다. 이 사건의 부부는 1965년 전후에 태어났고, 성인이 된 무렵에 이미 연애열풍으로 남녀교제가 한창이었던 때이다.

두 사람은 각각 '경제력'과 '미모'라는 이성에게 인기가 있는 자질을 가지고 연애 경쟁에서 승리했었고, 결혼하고 출산한 후에도 당초에는 생활에 여유가 있는 층이었다. 그렇기 때문에 그 연령에도 '다른 이성이 좋아졌거나', '서로가 싫어질' 여유가 있었을 것이다. 향후에는 자녀를 양육하는 기간인 '소극적' 안정기에도 사이가 나빠지는 부부가 늘어날 가능성이 아주 많다.

여기에서 서로가 싫어진 부부의 구조조정이 향후 해결해야 할 과제로 부상하게 된다. 민법개정 시안에 포함된 이혼 조건의 완화도 이 점에 착안하고 있다는 것은 앞서 1장 「부부관계의 구조조정이 시작되다」에서 서술하였다. 남편-일, 부인-전업주부라는 조합으로 성립된 중류계층 부부는, 파국을 맞았을 때, 실상은 상당히 취약한 관계였음을 이 사건은 여실히 보여 주고 있는 것이다.

7) '좋다'/'싫다'는 감정을 자유롭게 표현할 수 있는 관계로

'경제와 감정'을 분리하는 포스트모던 사회

문제가 되고 있는 것은 부부 애정이 변화하기 쉽다는 것만이 아니고, '남편-일, 부인-가사·육아'라는 성별역할분업 시스템 및 이와 일체를 이루고 있는 연애감정(성적 매력)의 구조이다.

용모를 무기로 하여 경제력이 있는 남성과 결혼을 하려는 여성은 이제 전업주부로는 생활보장이 되지 않는다는 것을 확실히 알아야 한다. 남성은 경제력만으로 부인을 붙들어 두려 하다간 부인에게 미움을 받을 가능성이 있다는 것을 알아야 한다.

오늘날 부부관계는 '경제와 감정'이 분리되는 포스트모던 사회로 이행하고 있다. 이제 부부는 서로의 매력으로 연결되어 있으므로 '좋아한다'

또는 '싫어한다'는 감정이 충분히 존중되는 관계가 될 것이다. 그 전제로서 부부는 각자가 경제적으로 자립해야만 한다. 남녀의 매력과 각자의 경제생활이 '결혼'을 매개로 하여 결합되어 있는 상황을 바꾸어 나가야 한다. 그렇게 되지 않는다면 안심할 수 없는 것이다.

그렇다고 해서 '아름다운 여성이라도 나태해져서는 안 된다, 능력 있는 남성을 좋아하는 것은 나쁘다'고 말하는 것은 아니다. '좋아한다/싫어한다'는 감정을 금전과 결합하는 것, 노골적으로 말하자면 돈에 집착하여서 '좋아한다/싫어한다'는 감정조차도 자유롭게 말할 수 없는 상태가 되어 자연스런 감정 표현이 왜곡될 위험성을 지적하고 싶은 것이다.

진부한 표현이지만, 앞으로 남녀 모두가 자립할 수 있는 상황, 즉 여성도 직업을 갖고 남성도 가사와 육아를 부담하는 사회적 환경으로 정비되는 것이 중요하다. 남녀 모두 경제적으로나 생활 면에서 자립하게 된다면 '좋아한다/싫어한다'는 자유로운 감정을 표현할 수 있는 기회가 절대적으로 증가할 것이기 때문이다.

이 불행한 사건에서 배워야 할 교훈은 사실은 이 점일지도 모른다.

3장 현대부부의 행방

1) 이혼 규제완화로 시작된 부부의 구조조정

허울뿐인 안정적 부부관계의 속사정

부부의 원만지수라고 할까, 친밀도라고 할까, 그런 것을 측정할 수 있다면 아마 재미있을 것이다. 언제나 둘이 붙어 있고 함께 있는 것만으로도 행복하다는 부부를 한쪽 끝에 놓는다면, 반대쪽 끝에는 서로 말도 하지 않는 이혼 직전의 부부가 있을 것이다. 그 사이에는 그럭저럭 사이가 좋은 정도의 부부에서부터 사실은 싫어하지만 다른 방도가 없어서 함께 있는 경우까지 죽 늘어서 있어, 원만지수를 도표로 나타낸다면 스펙트럼 분포와 같이 펼쳐져 있을 것이다.

그 중에서 가장 문제가 되는 것은 '친밀도가 낮은' 부부, 즉 금슬이 좋지 않은 부부이다. 종래에 일본의 부부는 아무리 사이가 나빠졌더라도 부부로 있기 위해 대부분 이혼을 하지 않는다는 특징이 있었다. 통계를 보면, 최근에 상승 조짐이 있다고는 하지만 일본의 이혼율은 선진국 중에서 놀라울 만큼 낮았다.

단순히 평균 이혼율을 보면, 1993년에는 연간 약 1.5‰(인구 1,000명당 1.5쌍 이혼)으로 미국의 약 1/4, 영국과 프랑스의 약 1/2이었다.[10] 유럽이나 미국에서는 혼인신고서를 제출하지 않는 사실혼도 많다는 것을 고려하면, 일본의 실제 이혼율은 통계숫자보다 낮을 것이다.

그러나 1980년경부터 일본 부부의 낮은 친밀도를 문제시하는 논의가 눈에 띄게 되었다. '가정 내 이혼'이라는 말이 등장한 것은 1985년경이었다. 그 즈음 TV에서는 불륜을 주제로 한 드라마 「금요일의 부인들에게」*가 유행하였다.[11] 남편은 가정에서 머물 곳을 잃어 '귀가거부 증후군'에 시달리고, 자녀를 다 키운 주부는 남편이 관심을 가져 주지 않자 '아내들의 사추기'를 경험하고, 퇴직한 남편은 아내들이 관심을 가져 주지 않는 '대형폐기물' 또는 '물에 젖은 낙엽'으로 표현되었다.

그리고 최근에는 '섹스 없는 커플'sexless couple, 즉 성관계가 없는 부부가 관심을 모으기 시작하고 있다. 본래는 친밀한 관계였던 부부가 언제부터인지 친밀하다고 할 수 없게 되어 버렸고, 그러나 이혼을 하지는 않고 마지못해 부부관계를 유지하고 있는 모습이 매스미디어에 등장하게 되었다.

그러나 이것은 사이가 나쁜 부부가 최근에 급증했다는 것을 의미하는 것은 아니다. 변화한 것은 부부의 친밀도가 아니라 우리의 의식이다. 최근 수년간 '부부의 애정 넘치는 생활=인간의 행복'이라는 의식이 강해졌기 때문에, 20년 전이라면 거의 주의를 끌지도 못했을 문제인 친밀도 낮은 부

---

*「금요일의 부인들에게」(金曜日の妻たちへ) : 1983년에 TBS에서 방송되어 화제가 되었던 드라마. 학생운동을 경험한 베이비붐 세대 부부 3쌍이 등장하는데, 이들 사이에서 생겨난 불륜을 소재로 하였다. 이 드라마가 대히트하면서 불륜 드라마 열풍이 일어났고, 같은 시리즈로 2탄, 3탄이 제작되었다. '금요일의 부인'은 불륜의 대명사가 되었다. 드라마의 무대가 되었던 도쿄도 다마지구(多摩地区)와 가나가와현(神奈川県)의 도큐전원도시선(東急田園都市線) 주변의 신흥주택가가 화제가 되기도 하였다.

부가 사회문제로 부상하게 된 것이다.

연애결혼이 중매결혼보다 많아진 것이 1965년경이었고, 1980년경에는 연애결혼 부부가 주류를 형성하게 되었다. 중년이 되어도 연애 시절과 같은 친밀한 관계를 유지하려는 부부가 증가하고 있다. 거기에 매스미디어가 부채질을 하였다. 함께 취미 생활을 즐기고, 자녀를 함께 양육하고, 남편이 퇴직한 다음에는 부부동반 여행을 하는 등, 부부가 함께 행동하는 사이 좋은 모습이 TV나 잡지에 이상적인 부부의 모델로 그려지는 것이 많아진 것이다.

한편 친밀하지 않은 부부의 현실도 명백해졌다. 보통사람의 '가정 내 이혼'이나 불륜의 실태, 부부문제 등이 거론되었고 다큐멘터리나 예능 프로그램에도 등장하였다. '사이 좋은 부부'가 강조될수록 친밀도가 낮은 상태를 견딜 수 없어서 '이런 부부관계는 싫다'고 생각하는 부부가 증가한 것이다.

금슬이 안 좋은 부부의 결말

그렇다면 친밀도가 낮은 부부는 어떻게 할까? 어떻게 하는 게 좋을까? 처음에 제기했던 문제로 되돌아가 보자.

노력해서 친밀해질 수 있다면 이야기는 간단하다. 그런데 인간이 느끼는 '좋다/싫다'라는 감정은 노력해서 바꾸려 해도 쉽게 바뀌지 않기 때문에 어렵다. 부부 간에 대화를 많이 하고, 함께 여행을 해보라는 제안을 여러 번 하지만, 그런 것이 가능한 부부는 이미 그렇게 하고 있다. 게다가 한 번 마음이 떠나 버린 상대와는 관계를 회복하려는 '노력'도 하고 싶지 않은 것이 현실이다. 그렇다면 아예 더욱더 멀어지라고 해도 그것도 그리 간단히 되는 일은 아니다.

어떤 여학생이 이런 이야기를 한 적이 있다. 처음에는 애인이 멋있어 보였는데, 지금은 상대에게 매력이 느껴지지 않는다고 했다. 그렇다고 좋아하는 다른 사람이 있는 것도 아니고, 애인이 그녀를 위해서 여러 모로 마음을 써주고 있으니까 가끔 데이트하면서 교제를 지속하고 있다고 한다.

나는 이 이야기를 들으면서 경제학에 나오는 '파레토의 최적이론'[12)]을 떠올렸다. 현재가 그다지 바람직한 것은 아닐지라도 현재 상태를 깨뜨리는 것이 아주 나쁜 상황을 야기한다면 지금 수준으로 안정을 유지한다. 이것을 여학생의 경우에 적용시켜 보면 이렇다. 현재의 애인을 아주 좋아하지는 않지만 지금으로서는 새로운 애인이 생길 전망도 없으므로 그와 헤어지면 혼자가 되어 버린다. 좋아하지 않는 애인이라도 없는 것보다는 있는 것이 낫기 때문에 이 상태에서 당분간은 안정을 유지한다.

부부의 경우에도 사정은 마찬가지일 것이다. 아무리 서로가 싫어졌더라도 헤어져서 현재보다 나은 상태가 될 수 있다는 전망이 없는 한, 이혼을 결단할 수는 없다. 또한 애인과는 달리 부부는 일방적으로 헤어질 수가 없다. 현재의 일본 민법에서는 쌍방이 이혼에 동의하면 간단히 이혼할 수 있지만(이것을 협의이혼이라고 한다), 어느 쪽이라도 반대하면 가정재판소에서 조정을 받아야 하고, 조정이 제대로 되지 않으면 재판으로 가게 된다.

그런데 현행 민법에서는 단지 상대방이 싫어졌다는 이유만으로는 이혼을 인정하지 않는다. 상대방에게 상당한 잘못(부정이나 폭력 등)이 없는 한, 이혼을 하지 않으려는 상대방에게 일방적으로 이혼을 강권할 수가 없도록 되어 있다.[13)] 부부 중 어느 한쪽이 헤어지는 것이 자신에게 손해가 된다고 판단한다면 이혼은 성립하지 않는다는 것이다.

'애정이 넘치는 결혼=행복'이라는 이데올로기가 보급되면 이혼의 규제는 장애물로 여겨진다. 관계가 좋지 않은 부부 중 어느 한쪽이 새로이 좋아하는 사람을 찾았다면 좋아하는 사람과 다시 결혼하여 '행복'해지고 싶어 한다. 그런데 그 '행복'을 이혼 규제가 방해하는 것이다.

5년 별거면 이혼 OK

1996년에 법제심의회가 제출한 민법개정 시안에는 일방적으로 이혼할 수 있는 조건이 포함되었다. 즉 '이혼의 규제완화'를 목표로 삼고 있는 것이다. '5년 별거=이혼'이라고 보도된 바와 같이, 5년 이상 공동생활을 하지 않은 부부라면, 일방적으로 이혼을 인정한다는 개정안이다.

이 안이 통과되면, 상대가 싫어졌을 경우 별거하고 5년을 기다리면 일방적으로 이혼할 수 있게 된다. 이것으로 구제를 받는 것은 현재 부부관계가 좋지 않은데 이미 재혼 상대를 찾았거나 찾을 가능성이 있는 사람일 것이다. 5년이라는 유예기간이 있다고는 하지만, 싫어지면 이혼할 수 있다는 것은 동시에 상대방이 싫어하면 이혼을 당하게 된다는 것이다. 상대방과 헤어지고 싶지 않다면 연애 시절과 마찬가지로 여가를 함께 즐기거나 대화에 힘쓰고 늘 부부가 친밀하게 지내려는 노력을 게을리 하지 않아야 한다는 압력이 가해진다.

만약 상대방이 싫다고 하여 이혼을 당하게 되더라도 생활이 곤란하지 않도록, 여성은 경제적 자립을 남성은 가사 능력을 갖추어 둘 필요가 절박해지게 되면, 남녀평등의 지향이 진전될 것이다. 이혼한 후에 재혼하기 위해서 성적 매력을 향상시키거나 이성 친구를 많이 만드는 사람도 나올 것이다. 개정안은 부부에게 일종의 검증 수단을 부여한 것이다. 어중간한 친밀도인 부부는 도태되고 금슬이 좋은 부부와 이혼을 하게 되는 부부의 양극으로 분해되는 경향이 강해질 것이다. 부부라고 해서 안심하고 있을 수만은 없는 시대가 도래한 것이다.

2) 가족불확실성의 시대가 도래하였다

애인으로는 안심할 수 없다

운 좋게도 결혼한 두 사람의 친구(여성)의 이야기에서 시작해 보자. A씨는 귀엽고 얌전한 타입. 학생 시절에는 같은 동아리의 남자친구와 안정적 교제를 계속하였다. A씨는 전업주부를 희망하였고 남자친구와 사이도 좋았기 때문에 주위의 친구들은 두 사람이 당연히 결혼할 거라고 생각했다. 그런데 졸업 직전에 친구의 소개로 알게 된 도쿄대학 졸업생인 엘리트 회사원에게 프러포즈를 받았고 졸업과 동시에 결혼하였다. 이전의 남자친구와 헤어질 때 '은혜도 모른다'며 맞았다고 한다.

B씨는 미인이고 일을 열심히 하는 타입. 학생 시절 동급생과 7년간 교제를 하였고, 역시 친한 친구들은 두 사람이 결혼할 것이라고 예상했다. 그러나 27살 때 갑자기 남자친구가 'B씨와 결혼할 수 없다'고 하여 헤어졌다. 2년 후에 새로운 남자친구가 생겼고, 그가 '결혼해도 되겠지'라고 말한 바로 다음 날 B씨는 혼자서 결혼식장을 예약하고 1주일 후에 신혼집 계약을 하고 그에게 보고했다. 그는 놀랐지만 자신이 먼저 결혼하자고 한 체면도 있어서 그만두자고 할 수 없었다. 현재는 맞벌이를 하면서 행복하게 자녀를 기르고 있다.

이 두 사람의 사례에서 '애인관계가 결혼을 보증하는 것은 아니다'라는 교훈을 이끌어 내는 것이 나의 의도이다. 연애결혼이 주류인 요즘, 애인관계가 발전하여 결혼에 이르는 확률은 분명히 높아졌지만, 확실하다고는 말할 수 없다. 아무리 사이가 좋아도, 결혼하기로 약속했더라도, 동거를 하고 있어도, 섹스를 하는 관계여도, 실제로 혼인신고서를 제출할 때까지는 안심할 수 없는 시대가 된 것이다.

얼마 전까지만 해도 연애는 결혼에 이르는 과정이었다. 내가 선배 교수한테 들은 이야기에 의하면, 그가 젊었을 때(1960년대)에는 남녀 두 사람이 같이 차를 마시러 갔다면 이미 두 사람은 결혼을 전제로 교제를 하고 있다고 생각되었다고 한다. 즉 '둘이서 데이트=애인=약혼자'라는 도식이 성립되어 있었던 것이다. 애인관계도 아닌 남녀가 둘이서 데이트를 하는 사람, 애인인데도 결혼을 목표로 하지 않는 사람, 나아가 혼전에 섹스를 하는 사람은 건달이거나 행실이 나쁜 사람으로 보였고 '평범한' 사람으로 인정되지 않았던 것이다. 그와 같은 시대에는 데이트를 하는 것은 애인관계라는 것을 의미했고, 애인관계라면 충분히 결혼을 보증하는 것이었다.

그러나 남녀교제가 일반화된 오늘날, 데이트를 했다고 해서 애인이 되는 것은 아니고, 애인이라고 해서 반드시 결혼을 전제로 한 것도 아니다. 애인이 있어도 그 사람과 결혼할 수 있다는 보증이 없어졌다. 애인관계가 불확실한 시대가 된 것이다.

일단 결혼했다면 이제는 마음을 놓아도 되는가?

이러한 불확실성이 애인의 영역에 한정된다면 사회적으로 커다란 문제가 되지는 않을 것이다. 실제로 앞에 등장했던 두 여성은 불확실하게 된 애인관계를 결혼이라는 확실한 제도에 의해 안정시키려 하였다. 즉 '결혼만 한다면 두 사람의 관계는 확실한 것이 된다'라는 것이다.

그러나 애인의 영역에 나타난 불확실성이 부부나 부모-자녀의 영역에도 서서히 침투해 들어온다면 어떻게 되는가? 결혼하여 부부가 되었다고 해서 그 관계가 일생 동안 계속된다는 보장을 할 수 없다면? 자녀를 키운다고 해도 노후에 부양해 준다는 보장이 없다면? 이러한 일들이 현실화되고 있다.

이야기를 부부관계에 한정해 보기로 하자. 결혼이 애정의 보증이 되지 않는다는 것은 주지의 사실이다. '부부이므로 애정이 솟아나는 것이 당연하다'라는 사고 방식은 더 이상 통용되지 않는다. 최근의 어느 조사에 의하면, 서로를 '가족'이라고 생각하지 않는 부부가 전체의 10% 이상이나 된다고 한다. '가정 내 이혼'이나 '섹스 없는 부부'가 화제가 된 바와 같이 결혼했다고 해서 두 사람의 애정이 지속된다고는 보증할 수 없다.

더욱이 민법개정 작업이 진전되면서, 결혼하면 경제생활이 보장되는 것도 아니게 되었다. 현행 민법에서는 한쪽이 이혼에 반대하면 조정과 재판을 거쳐서 이혼해야 하는데, 이로 인해 쌍방에 경제적·정신적 고통이 발생한다. 애정이 식었다고 해서 일방적으로 간단히 이혼할 수 없다는 사실이 적어도 결혼생활의 '안정'을 유지해 주고 있었다.

그러나 이번 개정 시안에서는 '별거 5년이면 이혼'이라는 말과 같이, 간단하다고 말할 수는 없지만 일방적인 이혼 성립이 전보다 용이해졌다. 아무런 과실이 없더라도 갑자기 '이혼'을 하자는 말을 듣고 별거한 지 5년이 되면 이혼당할 가능성이 생긴 것이다. 결혼은 애정을 보증하는 것도 아니고, 안정된 경제생활을 보증하는 것도 아닌 것으로 변해 가고 있다.

결혼의 불확실화는 '전업주부'의 지위를 위협한다. 이혼에 의해 경제적으로 불리해진 것은 비취업 주부이다. 그렇기 때문에 남편의 불확실한 '애정'에 의지할 수 없어진 주부는 위험성이 높고 불리한 입장에 놓이게 된다.

더군다나 현대 일본에서 나타나고 있는 경제시스템의 변동으로 '전업주부 신분'에 위험성이 더욱 증대하고 있다. 전업주부의 지위는 전후의 연공서열-종신고용 시스템(대기업 그룹, 관공서)에 의해 유지되었다. 남편이 실직하지 않고 임금이 지속적으로 상승한다는 보증이 있어 부인은 안심하고 전업주부의 역할을 수행할 수 있었던 것이다. 경제가 저성장으로 전환된 1970년대 중반에 '주부의 시간제 취업'이 증가한 것은 남편의 정체된 임금을 보완하기 위한 것이었다.

현재 종신고용제가 재검토되고 있다고 한다. 그 이전에 구조조정 등으로 남편이 갑자기 실직하거나 전직하여 수입이 저하될 위험성도 충분히 예상할 수 있다. 남편의 애정이 계속된다는 보증, 또는 남편이 구조조정의 대상이 되지 않는다는 보증이 없는 이상, 전업주부라는 신분은 일종의 '도박'이라는 요소를 수반하는 것이 된다.

남녀의 전략 분기점

가족의 불확실성에 대응하여 젊은 여성의 결혼 전략에 서서히 변화가 나타나고 있다. 하나는 결혼한 다음에도 직업을 유지한다는 전략이다. 불황기에는 여성들 사이에 교원이나 공무원 등 장기 근속할 수 있는 직종의 인기가 높고, 주부를 대상으로 한 창업 세미나에 상당히 많은 사람이 모여든다고 한다. 또 한 가지는 친정과 긴밀한 관계를 유지하는 전략이다. 이혼해도 자녀를 맡기고 직장에 나갈 수 있고, 부모가 경제적으로 여유가 있다면 도움을 받을 수도 있다. 평상시부터 친정과 긴밀한 관계를 유지하는 것이 만약의 경우에 '보험'이 되는 것이다. 「사자에상」*식으로 딸부부와 부모가 동거하는 것이다. 최근에 도시에서 부인의 부모와 가까이에 거주하는 경향도 불확실해진 부부관계의 반영인 것이다.

이렇게 여성은 가족의 불확실성을 극복하려고 노력하거나 보험을 들기 시작했는데, 남성 측은 어떤가? 공부를 열심히 하여 좋은 대학을 나오고 좋은 회사에 들어가기만 하면, 가사·육아·노후의 보살핌을 보장하는 부인을 얻을 수 있다는 생각에 변화가 없다. 그렇기 때문에 자신이 구조조정의 대상이 되거나 부인이 일방적으로 이혼을 요구하는 시대에 적절히 대응하지 못해서 곤혹스러워하는 남성이 증가하고 있다. 애당초 결혼하기 힘든 남성이 증가하고 있는 것이다. 그러나 남성의 대응 전략은 좀체 보이지가 않는다.

3) 부부관계를 지속하는 데 필요한 노력

얼마 전 TV의 법률상담 코너에 주부가 다음과 같은 내용을 문의하였다. '남편에게 친한 여자친구가 있다. 남녀관계는 없다고 하지만, 둘이서 자주 놀러 다닌다. 이것을 못하게 하고 싶다. 상대 여성에게 위자료를 받아 낼 수는 없는지?'라는 사연이었다. 물론 법률상으로는 성관계가 없다면 남편이 누구와 친하게 지내든지 자유이겠지만, 그렇다고 해도 친한 친구가 동성이라면 별반 문제가 되지 않지만, 이성이라면 문제가 생길 소지가 있다.

이 상담에는 오늘날의 '결혼'을 고찰하는 데 중요한 과제가 내포되어 있다. 결혼한 후에 이성인 친구관계를 어디까지 남편(부인)에게 허락할 수 있는 것일까? 1970년 이전에는 결혼했다면 배우자 이외의 이성과 친해서는 안 된다고 믿어졌다. 원래 대학이든 직장이든 남녀가 활동하는 장소가 구분된 경우가 많았고, 여가활동도 여성은 여성끼리 수다를 즐기고, 남성은 마작이나 골프·경마 등으로, 성인의 놀이에도 남녀 구분이 있었다. 허용 여부의 이전에 이성친구가 생길 기회조차 거의 없었던 것이다.

---

*「사자에상」(サザエさん) : 일본 최초의 여성 프로 만화가 하세가와 마치코(長谷川町子, 1920~1992)의 대표 작품이다. 1946년 규슈(九州) 지방 석간 신문『후쿠니치』(フクニチ)의 4컷 연재만화로 시작되었는데, 게재 신문이 여러 차례 변경되면서 6477회 연재라는 대기록을 세운 만화이다. 책으로도 출판되었고, TV애니메이션으로 제작되어 일본에서 가장 친근한 만화로 자리 잡았다. 만화의 내용은 여성 주인공인 사자에가 회사원 마스오와 결혼하여 자신의 부모 및 동생들과 동거하면서 벌어지는 가족의 일상생활을 에피소드 중심으로 유쾌하게 그린 것이다.

그러나 최근 20년 동안 사회 상황이 변화하여 '친한 이성친구'라는 범주를 당연한 것으로 받아들이게 되었다. 여성의 사회 진출이 늘어나서 남녀를 나누는 벽이 없어지게 된 것이다. 4년제 대학이나 남성이 많은 학부에도 여성이 입학하게 되고, 직장에도 미혼이든 기혼이든 다양한 여성이 들어간다. 취미나 스포츠 영역에서도 테니스·노래방 등 남녀가 함께 즐기는 것이 인기가 있고, 경마나 골프를 하는 여성도 많아졌다. 남녀가 대등한 입장에서 커뮤니케이션하는 장소가 늘어난 것이다. 따라서 이야기가 잘 통한다든가 취미가 일치하는 것을 계기로 남녀가 친해질 기회도 증가했다. 중학교나 고등학교 시절의 친구관계가 졸업한 후에도 계속 이어지는 경우도 있다. 따로 애인이 있거나 각각 결혼한 다음에도 친구끼리의 교제를 계속하는 남녀가 있다고 해도 이상한 일은 아니다.

나는 대학생을 대상으로 연애조사를 계속하고 있는데, 애인이 있는 사람일수록 이성친구가 많은 경향이 나타난다. 매력 있는 사람에게는 이성이 많이 모여드는 것이다. 애인이 있는 사람의 반수 이상이 단둘이 차를 마시거나 전화를 오래하는 이성친구를 가지고 있다. 여성의 20%, 남성의 15%가 애인 이외에 이성친구와 데이트를 하고 있다. 섹스 파트너를 갖고 있는 사람은 남녀 모두 15%였다.[14] 애인이 생기면 다른 이성하고는 접촉하지 않는다는 등의 사고방식은 이미 구닥다리가 되어 버렸다. 이와 같은 관계를 그대로 부부관계에 대응시킨 것이 앞 쪽에서 든 사례와 같은 커플이다. 이러한 사례는 젊은 층을 중심으로 점점 더 증가하고 있다. 결혼했어도 이성친구와 교제하는 것을 그만두고 싶지 않고, 배우자가 허락한다면 전처럼 전화를 하거나 가끔은 함께 차를 마시고 싶기도 하다.

물론 친구관계가 발전하여 애인관계가 된다면, 부부 사이가 파탄될 가능성은 있다. 예를 들면 영국의 찰스 왕세자와 다이애나 왕세자비의 경우가 그랬다. 부부관계가 순탄할 때는 각각 이성친구가 있어도 별 문제가 되지 않지만, 부부 사이가 나빠졌을 때는 배우자 이외에 이성친구가 있다는 사실이 문제로 부각된다. 배우자가 유일하게 친한 이성이 아니라는 사실이 드러나면 부부관계는 경쟁 상황에 놓이게 된다. 부부라고 해서 안심할 수는 없게 된 것이다.

이와 같은 사태에 어떻게 대처하면 좋을까? 미국에서는 부부끼리(애인끼리) 함께 교제하여 문제 발생을 회피하는 방식이 있다. 남편(부인)의 친구는 자신의 친구이기도 하므로 함께 즐기는 방법이다. 다만 배우자의 친구와 맞지 않을 때는 이 방법을 사용할 수 없다. 또한 부부는 단지 생활을 함께하는 상대이고, 놀거나 이야기를 나누는 상대는 이성친구로 한다는 사고방식도 성립한다. 이 경우에는 '질투'라는 감정을 어떻게 극복하는가가 문제이다. 어떻든 결혼을 하면 상대를 독점할 수 있다는 사고방식은 이제는 바꾸는 것이 좋을 듯하다. 친밀감을 유지하려는 노력을 하지 않으면 부부관계를 유지할 수 없는 시대가 된 것이다.

4) 이혼보험이란 것은 없는가?

중류가정에서 사용할 수 없는 보험

'이혼보험'이 상품화될 수 있는지에 대해 나는 여러모로 궁리 중이다. 이혼보험이란 말 그대로 이혼에 의한 경제적 손해를 보상하는 보험이다. 예를 들면 남편의 급여 소득으로 생활하는 회사원 가족의 사례를 생각해 보자.

이혼과 동시에 남편이 벌어들이던 급여를 소위 손실이익으로 본다면, 부인은 이에 상응하는 보험금을 받는다. 또한 자녀가 어머니나 아버지 어느 쪽으로 간다고 해도 생활수준이 낮아지지 않도록 자녀에게도 보험금을 지급한다. 남편의 입장에서 부인에게 거액의 위자료 청구를 받은 경우에 일종의 보상책임 보험으로 사용할 수도 있다. 즉 남편이 지불해야 하는 위자료를 보험회사가 대신 지불하는 것이다. 보험의 명의는 가족 단위로 할 수도 있고, 개인 단위로 할 수도 있다. 보증금은 가구 소득이나 가족 구성에 따라서 설정하고, 지불되는 보험금은 설정한 금액의 범위 내에서 산출하는 것으로 할 수 있을 것이다.

이러한 아이디어가 떠오른 이유는 다음과 같다. 중류 정도의 생활을 하는 가족에서 예측하지 못했던 사태가 발생했을 때, 현재의 '복지제도'는 거의 도움이 되지 않기 때문이다. 일본의 복지정책은 최저수준의 생활수준 확보에 중점을 두고 있기 때문에, 최저생활로 떨어질 각오를 하지 않는다면 복지제도의 혜택을 받을 수 없다. 일본의 복지제도는 최저소득층을 대상으로 하는 것이다.

우리 집에 개호*가 필요한 상황이 생겨서 관청에서 담당자가 방문했을 때 다음과 같은 말을 들었다. "댁은 집도 있고, 다른 가족도 있어서, 자원봉사 도우미가 오더라도 '왜 내가 우리 집보다 돈이 많은 집에서 자원봉사를 해야 하지?'라고 생각할 것입니다." 결국 도움을 받을 자원봉사자를 구할 수가 없었다.

또한 1995년에 주목을 받았던 '생활보호대상자—에어컨 사건'의 사례도 있다. 집에 에어컨이 있다는 이유로 생활보호대상자로 인정받을 수

---

* 개호(介護) : 환자나 노약자를 곁에서 돌보아 준다는 의미로 사용되는데, 'care'의 번역어이다. 일본에서는 개호라는 용어를 직접 사용한 법률로는, 1992년 4월부터 시행된 「육아휴업, 개호휴업 등 육아 또는 가족개호를 수행하는 노동자의 복지에 관한 법률」(약칭 「육아개호휴업법」)이 있다. 또한 고령화에 대한 대처하는 사회보험제도인 '개호보험'을 성립시켰고, 2000년 4월부터 시행되었다(제4부 「개호·가사·육아에 지금 필요한 것」에서 구체적인 내용을 다루고 있다).

없었던 것이 문제가 되었다. 이것도 일본 복지제도의 약점에서 생긴 일이다. 혼자 사는 노인이 복지시설을 이용하려면 생활수준이 일률적으로 낮은 공공 양로원에 들어갈 수밖에 없고, 조금이라도 나은 생활을 하고 싶다면 자비로 비용을 부담하고 고급 양로원에 들어가야 한다. 이것은 보험 진료 이상의 치료를 받으려면 법정외라고 인정되는 비용을 지불해야만 하는 의료제도와 같은 구조이다.

최저한도의 생활을 보장하는 것이 복지제도이고, 그 이상의 생활을 원한다면 모든 것을 스스로 부담해야 한다는 시스템이다. 일본에서 발달한 이러한 사회보장시스템은 중류층이 다수를 점하는 현대 사회의 실정에는 적절하지 않다. 만약의 경우에 최저소득층 사람들은 복지제도에 의존하는 것에 저항감이 없다. 그러나 통상적으로 일을 해왔고 유복한 생활을 유지할 수 있었던 중류층은 복지제도를 활용하기 어렵다. 저소득층 수준으로 생활수준이 떨어지는 것이 싫어도 만약을 대비하여 막대한 저축을 할 만한 여유도 없다. 바로 이 지점에서 '보험상품'을 구입할 필요가 생긴다.

복지제도를 보완하는 보험이라는 시스템

전후 50여 년이 지났고 일본의 가족생활이 풍족하게 된 오늘날, 만약의 경우에 대비하고 '중류의 생활수준'을 유지하기 위해서 보험은 불가결한 것이 되었다. 가족에서 생활하면서 발생할 수 있는 여러 가지 위험성에 대비한 보험 상품이 개발되고 있다. 생명보험, 교통상해보험, 주택화재보험, 그리고 고베神戸지진에서 주목을 받았던 지진보험, 거동이 불편해졌을 때를 위한 개호보험 등등.

그러나 세상에는 현행 보험 상품으로 대처할 수 없는 위험성도 있다. 가장 큰 사안은 '이혼'이다. 부부가 서로 싫어져서 이혼하고 싶지만 돈을 버는 배우자와 헤어지면 생활수준이 떨어지는 것이 싫다. 또는 배우자에게 위자료를 줄 여유가 없어서 이혼할 수 없다. 이러한 이유들로 인해 '가정 내 이혼' 상태인 부부가 많이 생기고 있다. 자동차를 사면 반드시 의무보험에 가입해야 하는 것처럼, 결혼할 때는 이혼보험에 가입하는 시스템은 가능하지 않을까? 그렇게 한다면 평생 동안 불행하게 살 수밖에 없는 부부에게 재출발의 기회가 넓어질 것이 분명하다.

그러나 만약 보험회사에서 이런 아이디어를 판매하려고 생각해 보면, 이것은 의외로 어렵다. 대개 결혼하여 행복의 절정에 있을 때는 이혼한 후의 생활비를 걱정하는 사람은 없을 것이고, 이혼을 생각하기 시작할 때 가입하는 것은 병이 걸린 다음에 가입한 생명보험과 같은 것이므로, 보험사는 큰 손해를 입을 것이다. 보험금을 노린 위장결혼이나 위장이혼을 하는 사람도 분명 나올 것이다. 생명보험이나 자동차보험은 '자기 마음대로 병에 걸리거나 사고를 일으키는 사람은 없다'라는 전제에서 만들어졌고, 가입 당시나 보험금 지불 시에는 여러 가지 심사가 있음에도 불구하고 보험금 사기는 계속 발생하고 있다. '이혼하고 싶은 사람은 없다'는 것을 전제로 하여 이혼보험을 만들 수는 있지만 위장이혼을 갈파해 내는 심사는 상당히 어려운 작업이다. 고객의 반발이 만만치 않을 것이다. 이혼보험은 아무래도 그림의 떡으로 끝날 공산이 크다.

제2부
점차 없어지는 전업주부

1장 저성장이 초래한 미혼화와 결혼난

1) 비밀자금 1000만 엔

인터뷰 조사는 사회학자가 누리는 즐거움 중의 하나이다. 나는 일반 사람이나 평범한 가족의 이야기를 듣는 것을 좋아한다. 특별한 사정이 있는 가족을 인터뷰하는 것은 물론이고, 언뜻 보기에 문제가 없어 보이는 가족의 경우에서도 흥미진진한 사례를 발견하는 일이 많이 있기 때문이다.

내가 대학원생이었을 때, 시가현滋賀縣 어느 마을에서 '가족의 생활설계에 관한 조사'에 참여하였다. 신흥주택에 사는 30대 중반 전업주부에게 생활상의 불안이나 불만이 있느냐고 물었더니 "전혀 없어요"라는 대답이 돌아왔다. 이유를 물어보니 그녀의 전용 예금통장에 비밀자금 1000만 엔이 있고, 그 돈에서 지출을 하면 친정 부모님이 계속 채워 넣어 주신다고 했다.

친정은 안정적 자영업으로 유복한 편이었으며, 사실은 결혼하고 싶지 않았지만, 부모님이 간곡하게 권해서 중매결혼을 하였다고 한다. 그때 그녀가 제시한 조건이 친정에서 경제적 원조를 받는 것이었다. 그녀는 간사이關西 사투리로 "아무리 좋은 대학을 나왔어도 회사원의 월급은 뻔하잖아요"라고 말하면서 남편의 체면을 손상시키지 않으려고 예금통장을 비밀로 하고 있다고 하였다. 1980년대 즉 거품경기가 붕괴되기 전이라고 하지만, 두 자녀가 있는 30대 중반 전업주부가 깔끔한 인테리어로 장식된 주택에서 생활하는 것은 아무리 엘리트라고 해도 회사원의 월급으로는 거의 불가능하다. 결혼한 다음에도 생활수준이 낮아지는 것을 원하지 않고 남편의 체면이 깎이는 것도 피하겠다는 두 가지 욕구의 타협점이 비밀 예금통장인 것이다. 그녀는 비밀 통장이라는 '비법'이 없었다면 결혼하지 않고 부모집에 계속 머물러 있었을지도 모른다. 이것은 특별한 경우일 뿐이고, 보통사람에게는 참고가 되지 않는다고 생각할지도 모르겠다.

그러나 현재 이 정도로 극단적이지는 않더라도 부모가 경제적 여유가 생긴 것과, 젊은 여성이 결혼을 망설이는 것에는 관련성이 있다고 생각된다. 이 사례를 통해서 미혼화 현상과 경제의 관련성에 대해 고찰해 보기로 하자.

2) 90% 이상이 결혼을 원한다

관제 중매파티

최근 젊은 층의 결혼난(즉 초혼연령의 상승)은 합계출산율(여성 1인당 평생 동안 출산하는 평균 자녀 수)의 저하와 함께 사회문제로 인식되었다. 출산율 저하의 주된 요인은 결혼 연령 상승(미혼화 또는 만혼화)에 있다고 밝혀졌기 때문이다. 일본 후생성厚生省 인구문제연구소의 조사에 의하면,[1] 결혼한 여성이 출산하는 자녀 수는 지난 20년간 안정되어 있었다. 기혼여성은 평균적으로 평생 동안 아이를 두 명 낳고 있는 것이다. 최근의 출산율 저하 현상의 원인은 무엇보다 결혼하지 않는 여성이 증가하고 있다는 것이다.

결혼난·미혼화는 이미 지역사회에도 영향을 미치기 시작하였고, 특히 농촌의 신부 부족은 문제가 된 지도 오래이다. 지방의 관청 등이 중심이 되어 '농가의 신부 모집 투어' 등이 빈번하게 개최되고 있다. 최근에는 도시에서도 미혼 남녀의 만남을 주제로 한 관청 주최 이벤트가 개최되고 있다. 즉 '관제 중매파티'라는 것인데, '미혼 남녀를 만나게 해주고 → 두 사람이 결혼하여 정주하고 → 자녀를 낳고 → 인구를 늘려야 지역이 활성화된다'는 논리로 구성된다. 이것은 각 지자체의 근시안적이면서도 심원深遠한 계획인 것이다.

그런데 1994년 9월에 카이로에서 개최된 UN인구회의는 세계적으로는 주목을 모았지만, 일본에서는 큰 관심을 끌지 못했다. 이 회의의 주요 의제가 개발도상국의 인구 증가를 억제하는 것이었기 때문이다. 역으로 인구 폭발로 고심하고 있는 개발도상국에서 본다면, 중매파티를 주최하는 고민은 너무나도 사치스러운 것으로 비칠 것이다.

실제로 중국 등에서는 인구 억제를 위해 결혼 연령을 상승시키려고 필사적이라고 한다. 어느 국가에서든 국민은 정부가 상정하는 적정한 인구 규모가 되도록 결혼하거나 자녀를 낳아 주지는 않는다는 것이다.

독신주의라는 오해

아무튼 일본에서는 결혼 연령의 상승(미혼화 또는 만혼화)이 진행되고 있는 것은 분명한 사실이다. 전후 부흥기인 1951년에 남성 25.9세, 여성 23.1세였던 평균 초혼연령이 1993년에는 남성 28.4세, 여성 26.2세까지 상승하였다. 이 숫자는 현재도 상승하는 중이고 통계숫자가 발표될 때마다 '결혼을 원하지 않는 젊은이'라는 내용의 보도가 매스미디어를 떠들썩하게 만들고 있다. 후생성 통계정보부 「인구동태통계」에 의하면, 1998년에는 남성 28.6세, 여성 26.7세로 또 상승하였다.

출산율 저하나 결혼 연령 상승이 화제가 될 때마다 정치가에서 평론가에 이르기까지 다양한 이들의 의견이 빗발치듯 터져 나오고 매스컴은 검증되지 않은 의견들을 큼지막한 활자로 쏟아 낸다. 그러나 그것들 대부분은 주위에서 보거나 들은 소수의 사례를 통한 단순한 유추이거나, 한두 가지의 통계숫자를 임의적으로 해석한 것에 지나지 않는다. 그러한 속설 중의 하나로 결혼을 원하지 않는 여성이 늘어나서 미혼화가 진행되고 있다는 의견이 있다. 분명히 자신의 주위를 둘러보면 결혼하고 싶지 않다고 말하는 독신여성이 증가하고 있는지도 모른다.

그러나 통계 조사를 보면, 독신자의 결혼 희망은 최근 10년 동안 거의 변화하지 않고 있다. 관공서가 실시한 조사를 보더라도 90% 이상의 독신자가 결혼을 원하고 있고, 평생 독신으로 살고 싶다는 사람은 5%를 조금 넘는 정도이다.[2)] 특히 최근에는 30대 독신여성의 결혼 희망이 급상승하고 있다. 자신의 주위에 결혼하고 싶지 않다는 여성이 한두 명 있다고 해도, 그것이 대세에 영향을 미치지 않는다는 것을 알 수 있다. 현재의 결혼난·미혼화는 결혼을 원하는 미혼 남녀가 넘쳐 나는 가운데 발생하고 있다는 사실을 확인해 둘 필요가 있는 것이다.

결혼이나 가족은 많은 사람들이 경험하기 때문에 '조사하지 않아도 안다'고 생각하기 쉽지만, 그것이 바로 함정인 것이다. 요즘 남성은 야무지지 못하고 여성은 건방지다며 미혼 젊은이들을 한심하게 여기기 전에, 통계나 조사에서 읽어 낼 수 있는 사실에 눈을 돌려야 할 것이다. 누구나 잘 알고, 나와 가깝다고 생각하는 문제이기 때문에 주관적인 생각을 배제한 사회학적 분석이 필요하게 되는 것이다.

〈도표1〉 일본의 평균 초혼연령 추이

출처 : 후생성 통계조사부, 『인구동태통계』

결혼에도 시장경기

우선 〈도표1〉을 보기로 하자. 전후에는 대체로 일관성 있게 남녀 모두의 초혼연령이 상승하였다. 즉 남성이 남거나 여성이 남지 않았다는 것이다. 기혼인 중년 남성이 대거 이혼하여 젊은 여성과 재혼한다는 말도 되지 않는 사태가 일어나지 않는 한, 남녀 미혼자의 비율이 크게 달라지는 일은 없을 것이다. 초혼연령의 상승이 최근에 시작된 일이 아니라는 것은 분명하다. 전후 1960년경까지 서서히 상승한 후에 고도경제성장기에 정체하였다가 미세하게 저하하였고, 석유파동 이후인 1970년대 전반에 다시 조금씩 상승세로 전환되고 있다.

사회적인 문제는 이렇게 되었으면 좋겠다는 보통사람들의 의식과 그것을 실현하거나 규제하는 법률이나 경제라는 사회구조적 조건의 쌍방이 함께 작용하여 발생하는 것이다. 따라서 양자가 어떻게 변화하고 관련을 맺는가를 고찰하는 것이 중요한 포인트가 된다. 물론 '결혼'이라는 사적인 문제도 결코 예외는 아니다. 인간은 아무하고나 결혼하는 것은 아니므로 문제가 복잡해진다. 동물의 번식과 달리 젊은 남녀를 함께 있도록 해주기만 하면 결혼해서 아이를 낳지는 않는다. 언제 누구와 결혼할까에 관해서는 반드시 '선택'이 작용한다. 특수한 종교 교단에 들어간 사람은 어떤지 모르겠지만, 배우자의 선택은 '스스로 결정한다'는 것이 자유주의 사회의 원칙인 것이다. 그것도 자신이 상대방을 선택하는 것만으로는 성립하지 않고, 동시에 상대방에게 선택을 받아야 하기 때문에 더욱더 어렵다. 이러한 구조를 간단한 경제에 비유하여 생각해 보자.

물건을 만들었다고 해서 반드시 팔리는 것은 아니고, 사고 싶은 물건이 있어도 가질 수 없는 일이 종종 일어나는 이유는 경제 전체의 경기에 선택이 좌우되기 때문이다. 아무리 좋은 물건을 만들어도 경기가 나쁘면 팔리지 않는 것과 같이, 아무리 훌륭한 인물이라도 '결혼시장'의 경기가 나쁘면 재고로 남는 경우도 있다. 역으로 좀 별 볼 일 없는 사람이라도 주위의 상황에 따라 운 좋게도 쉽게 결혼하는 일도 있을 수 있다.

다시 앞의 〈도표1〉을 살펴보면, 고도경제성장기에 결혼 연령은 크게 변동하지 않았고(즉 결혼을 결정하는 사람이 많았고), 저성장기에 들어서면서 초혼연령의 상승이 시작되었다(즉 결혼을 결정하는 사람이 감소하기 시작한다). 경제의 경기와 결혼의 경기가 연동한다는 단순한 유추를 사회과학적으로 분석을 하기 위해 결혼에 관한 사람들의 의식과 경제적·사회적 조건은 어떤 연관성이 있는지를 고찰해 보자.

미혼화의 원인 : 두 가지 가설

나는 1970년대 이후의 결혼 연령 상승을 초래한 요인을 다음의 두 가지 경향으로 집약하여 분석한다.

첫번째는 석유파동 이후의 저성장이라는 경제적 요인이다. 저성장으로 젊은 세대보다 부모의 경제력이 상대적으로 높아졌고, 여성의 결혼기에 부모의 계층 정도에 해당되는 경제력을 갖춘 남성이 계속 감소한 점, 따라서 경제력이 높은 부모를 가진 여성 및 경제력이 낮은 남성은 결혼하기 어렵게 된 점을 둘 수 있다.

두번째로는 학생운동이 쇠퇴한 후의 청년들의 여가활동 지향이라는 문화적 요인이다. 이성교제가 모든 분야에서 증대하여, 개방적으로 변화된 결과로 인기 있는 층과 인기 없는 층의 양극화 현상이 발생하고, 인기 없는 층의 결혼난이 야기된 점, 또한 결혼 상대의 선택지가 증가하여 인기 있는 층은 결혼의 결단을 늦추고 있는 점을 들 수 있다.

이 두 가지 경향이 결혼 연령을 상승시키고 있다는 것이 나의 가설이다. 이 과정에 대해서는 다음에서 고찰해 보기로 하겠다.

3) 남녀의 결혼관 불일치

결혼 조건은 고전적

페미니즘 등의 영향으로 여성이 취업하는 것에 관한 인식은 상당히 변화하였지만, 결혼관이나 배우자에 관한 생각은 변하지 않았다. 남성의 결혼을 지원하는 '신랑학교'를 시작한 것으로 유명한 니혼세넨칸* 결혼상담소

* 니혼세넨칸(日本青年館): 1921년 설립된 재단법인 니혼세넨칸이 운영하고 있는 복합시설이다. 도쿄도 신주쿠구(新宿区)에 위치하고 있는데, 숙박·식당·연회장·회의장 등의 설비를 갖추고 있어서 각종 회의 ·음악회·강연회·연수 등에 활용되고 있다.

소장인 이타모토 요코板本洋子와 인터뷰한 적이 있다. 특히 인상적이었던 것은 "여성의 사회 진출에도 불구하고 여성이 자신의 배우자에게 원하는 자질은 20년이 넘도록 거의 변하지 않았다"는 말이었다. 4년제 대학을 졸업하고 의욕적으로 일에 몰두하는 진보적인 커리어우먼이라도 배우자를 선택하는 단계가 되면, 상대의 학력이나 다니는 기업 이름에 신경을 쓰는데, 이것은 전문대학을 나와서 전업주부를 희망하는 사무직 여성과 다르지 않다는 말이다. 말하자면 남성을 선택하는 여성의 취향에는 거의 변화가 없다. 또한 남성이 '젊고 귀여운' 여성을 결혼 상대로 원하는 경향도 여전히 계속되고 있다. 남성은 학력이나 수입·연령·신장 등 모든 점이 자신보다 낮고, 물론 체중도 자신보다 덜 나가며, 자신이 원하는 대로 다 들어 줄 것 같은 소극적인 여성을 선호한다.

이타모토 씨에게 들은 이야기로, 어떤 남성에게 4년제 대학을 졸업한 여성을 소개하려고 했더니 "이런 여성은 나 같은 남자에게는 아깝지요. 저는 보통 여성이면 괜찮습니다"라는 반응이었다고 한다. 보통 여성이란 어떤 여성인지 물어보았더니 "전문대학이나 고등학교 졸업자 정도면 괜찮아요"라고 대답했다고 한다. 여성의 대학 진학률이 상승했고 전문대학을 포함하면 1/3 이상이 대학에 진학하는 시대인데, 결혼 시장에서 4년제 대학을 졸업한 여성은 '보통이 아닌 여성'이 되어 버린 것이다.

남자의 결혼은 단지 '이벤트'

남성에게 결혼은 하나의 '이벤트'에 불과하다. 여기에서 이벤트란 직업을 비롯한 인생의 기본적인 코스에 영향을 미치지 않는다는 의미이다. 남성이 결혼했다고 해서 직장이나 직업을 바꾸는 경우는 거의 없다. 그렇다기보다 자신의 일을 바꾸어야만 하는 상대와는 결혼하고 싶어 하지 않는 것이다. 누구와 결혼하든 원칙적으로 직업이나 사회적 지위에 변화는 없다. 물론 유력자의 사위가 되어 신분이 상승하는 경우도 있지만, 원래 신분 상승에 적합한 실력을 갖춘 남성이 아니라면 사위로 선택되지 못하는 것 또한 사실이다. 그렇기 때문에 남성은 자신의 '공적인' 인생을 방해하지 않는 여성을 배우자로 선택하려 한다. '젊고 귀여운' 여성이란 남성이 통제하기 쉬운 여성을 의미한다. 물론 부인으로 삼는 여성에게 뭐든지 내 말을 들으라고까지 하지는 못하더라도 직장에서 돌아왔을 때 상냥하게 시중을 들어주는 여성을 부인으로 삼고 싶다고 희망한다. 그러므로 부인의 경제력이나 처가의 경제력이 자신보다 낮은 편이 바람직하다. 부인의 경제력이 자신보다 높으면 부인에게 일방적으로 가사나 시중을 요구할 수 없을 것이고, 처가의 경제력이 높다면 '친정에 있는 것이 더 낫겠다'라는 싫은 소리를 듣거나 대우가 나쁘다고 친정에 가 버릴지도 모른다.

반대로 말하면, 남성이 부인보다 우위에 있으면서 부인을 통제한다는 조건이 '부인으로 맞아 들인다면 귀여운 사람이 좋겠다'라는 감정 속에 이미 전제되어 있는 것이다.

여성의 결혼은 '다시 태어나기'

한편 여성에게 결혼은 단지 이벤트 따위가 아니고, 다름 아닌 '다시 태어나기'이다. 결혼한다는 것 자체만으로도 그리고 배우자에 따라 인생의 코스는 크게 변화하기 때문이다. 이것은 법률로 강제되어 있는 것은 아닐지라도 기혼여성의 90% 이상이 남편의 성姓을 따르는 것을 보아도 분명하다. 이 사실은 이에제도*의 흔적이라고 간단히 말할 수 있는 것은 아니고, 남녀의 권력관계의 반영이며, 여성이 결혼으로 '다시 태어나는 것'을 상징하는 것이라 할 수 있다.

다시 태어나는 것을 환영하는 사람도 있을 것이고, 다시 태어나고 싶지 않은 사람도 있겠지만, 어느 쪽이든 여성은 결혼하면 세상 사람들에게 '○○씨의 부인'이라고 보이는 것은 분명하다. 그렇다면 '더 좋게 다시 태어나고 싶다'고 생각하는 것이 인지상정일 것이다. 여담이지만, 이전에 미국에 체재할 때 알게 된 주재원의 부인(부부 둘 다 일본 사람)이 "다음에 다시 태어난다면 미국의 백인 여성으로 태어나고 싶다"는 말을 한 것이 떠오른다. 그런데 만약 그녀가 독신이라면 미국의 백인 남성과 결혼하여 현세에서 다시 태어나는 것도 불가능한 일은 아닐 것이다.

그리고 더 좋게 다시 태어난다는 기준은 뭐라 해도 배우자의 사회적 지위에 따른 것이다. 커리어우먼을 지향하는 여성이 증가했다고는 하지만, 독신여성의 전업주부 지향은 여전히 뿌리 깊다. 1992년 인구문제연구소의 조사에서는 결혼하여 출산하면 일을 그만두고 싶다는 전업주부 지향 여성은 30% 정도였다. 또한 출산 후 퇴직하여 아이를 키운 다음에 재취업하고 싶다는 여성은 마찬가지로 30% 정도였다.[3] 이에 비해 결혼한 후 자녀를 키우면서 일을 계속하고 싶다는 독신여성은 20%에 지나지 않는다. 이것은 기혼자를 제외한 조사이므로 현실적으로는 전업주부를 희망하는 비율은

---

* 이에제도(家制度) : 1898년에 제정된 메이지(明治)민법에 규정된 가족제도이다. 에도(江戸)시대에 발달한 무사계급의 가부장제적 가족제도를 기초로 한 것이다. 이에(家)는 친족관계 중에서 호주와 가족성원으로 구성되는데, 호주가 통솔권한을 부여받았다. 이에제도는 호적법을 통해 이에를 파악하고 규제하는 방법으로 관철되었다. 이에의 계승을 중축으로 하여 직계 3세대가족을 전형적인 가족형태의 전제 조건으로 한다. 호주는 가족원을 부양할 의무가 있고 이러한 경제적 기반 위에 가부장의 지배와 가족성원의 복종이라는 관계가 기초가 되었다. 이는 부인의 무권리상태와 남편의 우위성을 법적으로 인정하는 것이었고, 권위주의적 부부관계는 일상생활 속에서의 행동 및 의식에도 깊숙이 침투되었다. 이에제도에서 여성의 존재가치는 매우 열악하였고 무상의 노동력이라는 현실적 의미가 더욱 강해졌다. 1947년에 일본국헌법이 제정되어 여성의 참정권이 시행되면서, 민법이 대폭 개정되어 이에제도는 공식적으로 폐지되었다.

더욱 높다고 추정할 수 있다. 즉 평생 동안 남편의 경제력에 의지하여 생활하기를 원하는 미혼여성이 약 30%, 적어도 자녀를 키울 때는 남편의 경제력에 의지하겠다는 사람이 마찬가지로 약 30%인 것이다.

전업주부를 지향하는 미혼여성이 배우자를 선택할 때 비교가 되는 기준은 자신의 아버지이다. 아버지와 동등하거나, 아니면 그 이상의 경제력을 갖춘(그럴 가능성이 있는) 남성과 결혼한다면 결혼이라는 '다시 태어나기'를 통해 지금까지의 생활수준을 낮추지 않아도 된다. 누구든 생활수준의 하락을 경험하고 싶지는 않을 것이고, 무엇보다 자신의 아이에게는 자신보다 나은 생활을 누리게 해주고 싶어 한다.

물론 이 경우의 경제력이란 남편이 아버지와 같은 연령이 되었을 때를 상정하고 현재의 아버지와 비교할 때의 이야기이다. 예를 들면 지금은 아버지보다 연수입이 적을지라도 장래에 아버지와 같은 나이가 된 시점에 아버지와 동등하거나 그 이상이 되는 것을 예상할 수 있는 남성이라면 좋다는 것이다. 그렇기 때문에 전업주부를 지향하는 여성은 학력, 수입, 기업명 등을 근거로 하여 결혼 상대를 선택하려 한다. 결혼, 즉 다시 태어나기에 의해 생활수준을 낮추고 싶지 않다는 욕구가 부당하다고 말할 수 없으므로, 이것은 어쩔 수 없는 일일 것이다.

손해와 이득 감정의 메커니즘

여기에서 중요한 것은 배우자를 선택하는 기준의 옳고 그름이 아니라, 그 기준이 사실은 상대방에게 이성으로서의 '성적 매력'을 느낀다는 감정 속에 이미 내포되어 있다는 점이다. 이것은 남성이 '귀여운' 여성을 좋아하는 메커니즘의 경우에도 완전히 동일하다. 따라서 연애결혼이 보급되면 학력이나 수입이라는 기준으로 상대를 선택하는 일이 없어질 것이라는 의견은 완전 난센스이다. 물론 좋아하면 학력이나 수입이 낮아도 상관없다는 여성이 있을지도 모른다. 그러나 보통은 좋아지는 요소 속에 학력이나 높은 수입이라는 항목이 이미 포함되어 있는 것이다.

남성의 성적 매력이라고 하는 것은 리더십, 지적 능력, 풍부한 사회 경험, 체격, 운동 능력 등이다. 생각해 보면 이것들은 모두 다 남성이 사회적으로 성공하기 위해서 필요한 자질의 목록이다. 타인을 이끌어 갈 수 있는 사람, 창조적인 일을 할 수 있는 사람, 체력이 뒷받침되어서 박력 있게 일을 해내는 사람에게 매력을 느낀다는 것은 현실 사회에서 사회적 지위가 높은 사람에게 매력을 느끼는 것과 거의 같다고 할 수 있다. 학력이나 수입이 상관없다는 경우에도 결국은 '사회적으로 성공할 능력'을 갖추고 있기 때문에 좋아졌다는 경우가 대부분이다. 여성의 경우에는 좋아하게 된 사람이 결혼한 다음에 '생활수준을 낮추지 않아도 되는' 사람일 확률이 높고, 또한 그것은 당연한 귀결인 것이다.

그러니 언뜻 보면, 자신의 인생을 방해하지 않을 귀여운 여성을 원하는 남성과 사회적 지위가 높은 남성을 원하는 여성의 조합이라면 결혼에 아무런 문제가 없다고 생각되지만, 사실은 그렇지 않다. 개인들의 사이에는 문제가 없을 듯해도 전체적 수급관계의 균형이 맞지 않는 것이다. 오늘날 미혼화가 발생하고 있는 것이 바로 그 증거이다.

4) 경기와 결혼

고도경제성장이 만들어 낸 환상

아주 상식적인 일이지만, 자신의 아버지와 동등하거나 그 이상의 경제력을 갖춘 남성의 수는 한정되어 있다. 아무래도 경제력이 높은 아버지가 있는 여성의 일부와 경제력이 낮은 남성의 일부가 적당한 상대를 찾지 못해 결혼하지 못하는 사태가 발생한다. 이것은 단순히 통계상의 구조적인 문제이므로 예외적 경우가 생기지 않는 한 해결될 수 없다. 유일한 예외적 상황이 '고도경제성장'이었다. 따라서 경제의 고도성장이 일본의 결혼과 가족에 영향을 미친 의미에 대해서 고찰하는 것은 매우 중요한 일이다.

전후 일본의 정치, 외교 혹은 경제의 양상이 냉전이라는 외적인 조건의 산물이었다는 것이 점차 명백히 밝혀지고 있다. 가족의 양상에 대해서도 일맥상통한다고 말할 수 있다. 연애결혼의 보급, 핵가족화, 계획 출산, 낮은 이혼율과 같은 오늘날의 가족 실태는 경제의 고도 성장이라는 외부적 호조건이 있었기에 가능했던 것이다. 냉전 구조가 붕괴되면서 정치나 경제의 양상이 모순적으로 변화될 수밖에 없었던 것과 마찬가지로, 저성장기에 들어선 다음에 현대 가족의 양상에도 변화가 요청되고 있다.

지금까지 당연한 것으로 생각되었던 구조가 사실은 그렇지 않았다는 인식이 다양한 분야에서 나타나고 있다. 자민당自民黨의 일당지배도 그렇고, 종신고용제도 그렇고, 토지신화도 그렇다. 결혼에 관해서도 같은 현상이 일어난다는 것은 별로 이상한 일도 아니다. '원한다면 거의 모든 사람이 좋아하는 사람과 결혼할 수 있다'는 것은 결코 정상적인 상태가 아니고, 전후의 고도경제성장기가 만들어 낸 환상인 것이다. 여기에서 먼저 고도경제성장이 모든 사람의 기혼상태(거의 모든 사람이 원하는 대로 결혼할 수 있다)라는 환상을 만들어 낸 이유를 고찰해 보기로 하자.

결혼으로 생활수준이 높아진다

일반적으로 고도경제성장은 자녀의 경제력이 부모의 경제력을 상회하는 세대적 계층 상승을 실현시키는 것이다. 즉 부모의 입장에서 본다면, 자녀는 자신보다도 출세할 확률이 높다는 것이다.

먼저 학력을 보기로 하자. 1955년에 남자의 대학 진학률은 15%(여자는 5%)였는데, 1975년에는 43%로 상승하였다. 이것은 바꿔 말하면 아버지가 중학교 졸업이라면 자녀는 고등학교 졸업이, 아버지가 고등학교 졸업이라면 자녀는 대학 졸업이 된다는 것이다. 자신의 자녀는 자신보다 더 높은 학력을 갖는 것을 당연히 여기게 되었다는 것을 의미한다. 배우자를 선택하는 여성의 입장에서 본다면, 자신의 아버지보다 학력이 높은 청년이 많이 공급되는 좋은 상황이 된다. 즉 고도성장기에는 자신의 아버지보다 학력이 높은 남성을 만나서 결혼하는 것이 아주 흔한 일이었던 것이다.

직업에 관해서도 극적인 변화가 일어났다. 전전에는 국민이 대부분 농민이었고, 농지개혁 전의 농민은 대다수가 소작농이었다는 것은 역사적 사실이다. 물론 여성의 대부분도 농사일을 했었다. 과도한 노동으로 고생을 하면서 자녀를 기르던 어머니를 보면서 자란 딸이 회사원과 결혼하여 밖에서 취업할 필요가 없는 생활을 하게 되는 것은 '더 좋게 다시 태어나기'의 상징이었다. 전후의 고도경제성장으로 도시에서 노동자를 고용한 것이 이러한 다시 태어나기를 실현시켰다.

결혼으로 생활수준이 높아지는 것을 기대할 수 있는 행복한 시대였던 것이다. 경제 전체가 높은 수준으로 성장하였기 때문에 여성은 '더 좋게 다시 태어나게' 해주는 남성과 결혼할 기회가 증가했고, 남성은 자신이 통제할 수 있는 '귀여운' 여성과 결혼할 가능성도 높아졌다. 실제로 많은 사람들이 비교적 자신의 희망대로 결혼을 할 수 있었던 것이다.

결혼의 쇠퇴기 도래

제1차 석유파동(1973년)을 계기로 경제가 저성장으로 바뀐 다음에 결혼에 관한 이러한 호조건은 붕괴되어 버렸다. 농가의 신부 부족에 관한 보도가 나오기 시작했고, 경작면적 축소정책으로 농촌의 미래가 어두워진 것도 겹쳐졌다. 먼저 학력을 보면, 남성의 대학 진학률은 1975년을 정점으로 한계점에 이르게 되었고, 최근에는 정체 경향이 나타나고 있다. 이는 여성이 자신의 아버지보다 학력이 높은 남성을 만나기 어려워졌음을 의미한다.

직업에 관해서는 더욱 심각한 영향이 나타나는데, 대기업 관리직의 경우에도 인원 삭감이 시작됐다는 풍문이 돌고 있다. 그렇게 되면 만약 남편 후보가 자신의 부모와 같은 수준의 대학을 졸업했어도 부모와 같은 수준의 기업에서 관리직 지위를 얻을 수 있을지는 분명하지 않다. 어머니 세대는 회사원과 결혼하여 전업주부가 되는 것을 통해 확실히 '더 좋게 다시 태어나기'를 이루었지만, 오늘날 딸 세대에게 전업주부는 특별하지도 않고 회사원의 장래성도 밝기만 한 것은 아니다. '더 좋게 다시 태어나기' 위해서 어머니 세대에 비해서 남편에 대한 기준이 더욱 엄격해지게 되었다. 어머니가 전업주부인 딸은 자신이 전업주부가 된다는 것만으로는 만족할 수 없게 된 것이다.

여성은 자신의 생활수준이 낮아질 가능성이 있는 남성과 결혼하는 것이라면 망설인다. 또한 만약 앞에서 말한 '비밀자금 1,000만 엔' 사례와 같이 일단 결혼을 하고 나서 친정에서 경제적 원조를 받게 되면 '남자의 체면'을 손상시키는 일이므로 이번에는 남성 측이 결혼을 원하지 않게 되는 것이다.

당당한 가장은 남성의 뿌리 깊은 동경

생활수준을 낮추지 않으려면 결혼한 다음에도 맞벌이를 하면 된다고 생각하는 사람이 있을지도 모르지만, 그것으로 결혼생활이 순조로울 만큼 문제는 간단하지 않다. 자녀양육기에도 일을 계속하겠다는 독신여성은 약 20%이고, 여성의 대학진학률도 상승일로이기 때문에 남성의 경제력에 의지하지 않고도, 즉 다시 태어나지 않아도 괜찮을 정도의 인생을 위해 직업경력을 지향하는 여성이 계속 늘어나고 있는 것은 명백하다.

그러나 남성과 여성이 각각 이성을 '좋아한다'고 느끼는 기준이 변화하지 않았기 때문에 직업경력을 지향하는 여성도 결혼난에 당면하게 된 것이다. 남성은 자신보다 유능한 여성을 결혼 상대로 원하지 않고, 반대로 직업경력을 지향하는 여성은 자신과 동등하거나 더 유능한 남성에게 매력을 느낀다. 이러한 연애 감정의 구조는 좀처럼 변화하지 않는다.

각계에서 활약하고 있는 여성을 보아도, 독신이든지 기혼자라면 남편이 훨씬 유능한 인물인 경우가 많다. 정치가에 한해서 보면, 일본 사회민주당 당수였던 도이 다카코土井多賀子도 독신 여성이고, 전 문부대신 모리야마 마유미森山眞弓의 사별한 남편은 자민당 간부로 전 운수통신대신이었던 사람이었다. 최근에는 예외도 많아졌지만, '남성의 체면'이라는 말이 상징하는 바와 같이, 남성은 자신보다 유능한 여성을 경원하고, 여성은 자신보다 무능한 남성을 '따분한 사람'이나 '체면을 상하게 하고 싶지 않다'라는 이유로 피하는 것이다.

그 결과, 저성장시대에 결혼난이 심각해지는 것은 부모의 경제력이 높은 여성 혹은 자기 자신의 경제력이 높은 여성, 그리고 경제력이 상대적으로 낮은 남성의 경우인 것이다. 그리고 저성장시대가 길어지면, 이 두 층은 서서히 증가 경향을 나타낼 것이다.

한편에서는 자신의 부모보다도 경제력이 높은 남성을 만날 수 없어서 부모의 재력으로 상대적으로 유복한 생활을 하는 여성이 있고, 다른 한편에는 경제력이 낮아서 자신이 우위를 점할 수 있는 '귀여운 여성'을 만나지 못해서 독신으로 남는 남성이 있다. 그리고 이 양자가 만나서 사랑에 빠져서 결혼할 확률은 거의 제로에 가깝다. 그들은 결혼을 하고 싶지 않은 것은 아니지만, 원하는 상대를 만나지 못해서 결혼을 못하는 것이다.

그리고 배우자를 만날 수 없는 이유는 본인의 노력 부족이나 성격이 고집불통이어서가 아니라 저성장으로 인해 이제까지의 선택 기준에 맞는 결혼 상대의 수가 감소하였다는 '사회구조적 조건' 때문인 것이다.

5) 인기 있는 층과 인기 없는 층

인기 있는 사람은 더욱더 인기가 높아진다

미혼화를 야기한 또 하나의 조건, 학생운동이 쇠퇴한 후의 청년층의 여가활동 지향에 대해서 간단히 언급하고자 한다. 여가의 변화도 사실은 경제와 무관하지 않다. 전공투운동*으로 대표되는 1970년을 전후하여 학생운동이 시들해진 다음에, 학생을 비롯한 청년층의 여가활동 지향이 높아졌다. 여가활동을 하려면 남녀가 함께 즐기는 것이 좋다는 단순한 생각이 명백해지고, 그 가운데에 '연애문화'가 자리잡게 되었다. 여성의 사회 진출이 활발해져서 이성과 접촉하는 기회가 증가한 것도 이성교제의 증대에 박차를 가하였다. 이성교제의 기회가 감소하거나 교제 방식이 미숙해서 결혼

---

* 전공투운동(全共闘運動) : 1960년대 말 일본의 대학분쟁 시기에 도쿄대학과 니혼대학에서 시작되어 전국의 대학으로 확산되었던 일련의 학생운동이다. 처음에는 개별 대학의 문제를 제기하였으나 대학 당국의 경직된 대응 및 정부의 기동대 투입을 경험하면서 대학의 이념과 학문의 주체성을 문제 삼게 되었다. 도쿄대에서는 1969년 10개 학부 중 법학부를 제외한 9개 학부를 장악하고 야스다 강당(安田講堂)을 점거하였다. 기동대에 의해 야스다 강당 점거가 진압되어 마무리되었고, 이후 소수의 주동자들은 무장투쟁을 선언하며 파출소를 습격하여 총기를 탈취하였다. 이른바 연합적군(連合赤軍)이 탄생하게 된 것이다.

하지 못한다는 속설이 있기는 하지만, 이것은 명백한 오해이다. 양적으로나 질적으로나 남녀 교제는 더욱더 개방되고 세련되어졌다. 그 결과로 나타난 것이 인기 있는 사람과 인기 없는 사람의 계층 분화이다. 많은 이성과 접하는 기회가 증가하면 이성에게 인기가 높은 사람이 생기는 것은 어쩔 수 없는 일이다.

후생성 인구문제연구소의 1992년 조사를 보면, 10년 전(1982년)에 비해 애인이 있는 사람이 증가한 한편(남성 17.1% → 23.1%, 여성 18.2% → 31.6%), 이성친구조차 없는 사람도 증가하고 있다(남성 36.8% →47.3%, 여성 30.1% →38.9%).[4] 이러한 변화도 계층 분화의 한 현상이라고 할 수 있으며, 인기가 없는 층의 미혼화는 경제력이 낮은 남성들의 경우에 더 많이 나타난다. 그것은 앞에서 본 바와 같이, 남성의 경우 경제력과 성적 매력 간의 관련성이 높기 때문이다.

남녀평등 요구가 거세진 오늘날에도 데이트를 할 때에는 남성이 돈을 더 쓰는 것이 일반적인 관습으로 남아 있는 것은 이런 의미에서 시사적이다. 경제력이 낮은 남성은 너무나도 불리할 수밖에 없다.

그리고 중요한 것은 이성과 접하는 기회가 많을수록 애인이나 이성친구가 이미 있다. 소위 인기 있는 사람이라도 '더 좋은 사람이 있을지도 몰라', '이 사람과 결혼해도 괜찮을까?'라는 생각으로 결혼을 연기하는 사람이 증가하는 것이다. 인기 있는 층의 미혼화는 물론 경제력의 높은 여성에게도 적용된다. 여성에게 결혼은 다시 태어나는 것이기 때문에 '분명 더 좋은 사람이 있을 거야'라는 생각이 가속되는 것이다.

경제의 저성장과 이성교제의 증대 경향은 틀림없이 이대로 계속될 것이다. 한 번 더 반복하고자 한다. 미혼화는 경제력이 높은 부모를 가진 전업주부지향 여성, 경제력이 있는 직업경력 지향 여성 및 경제력이 낮은 남성에게 전형적으로 나타난다. 그리고 그 층은 점점 더 두터워지고 있고, 앞으로 결혼난은 더욱더 심각해지리라 예상된다.

강한 남성은 영원한가?

내가 미국에 체재할 때 백인 남성과 결혼한 일본인 여성을 여럿 만났다. 직업경력을 쌓아서 미국에서 활약하고 있는 그녀들은 '일본에 있었다면 나는 결혼할 수 없었을지도 모른다'라는 말을 곧잘 했다. 일본에서 결혼 상대를 찾을 수 없는 커리어우먼은 '더 좋게 다시 태어나기'를 원해서 미국이나 유럽 남성을 목표로 하였다.

한편 경제력이 낮은 일본 남성은 아시아 여성을 모집하여 자신이 우위를 점할 수 있는 여성을 부인으로 삼으려 한다. 이렇게 경제·문화적 격차가 있는 상태로 결혼의 국제화가 진행되는 것은 과연 바람직한 현상일까? 또한 자산을 갖고 있는 독신여성이나 독신 커리어우먼층이 두터워지는 가운데 이혼의 규제완화가 추진되면, 이들이 남성의 재혼 상대가 될 가능성이 높다. 그녀들이 성적 매력을 느낄 만한 경제력이 있는 남성은 연장자이거나 이미 기혼자일 가능성이 높기 때문이다.

이러한 사태를 사전에 예방하기 위해서는 진정한 의미의 남녀평등이 필요할 것이다. 그것은 경제력과 이성에 대한 매력의 완전 분리 여부에 전적으로 달려 있다.

예전에 「가미오카 류타로上岡龍太郎가 거침없이!」라는 TV프로그램에서 '부인이 상당히 연상인 부부 50쌍'이라는 특집을 방송한 적이 있다.[5] 거기에서 어떤 남편은 10살 연상인 부인이 '일을 하는 모습'을 보고 좋아졌다고 대답하였고, 부인은 남편을 '보살펴 주고 싶다'고 생각했다고 한다. 일을 잘하는 능력이 있는 여성을 '멋지다'고 생각하는 남성, 일은 잘하지 못해도 자상하고 귀여운 남성을 좋아하는 여성. 이러한 남녀관계가 늘어난다면 미혼화는 단번에 해소될지도 모른다는 느낌이 들었다.

6) 이성에게 호감을 갖는 기준은 변화하는가?

남녀가 서로 좋아지는 기준의 유동화는 여성이 사회에서 남성과 대등하게 활약하는 것과 무관하지 않다. 여성의 자립을 저해하는 것은 '귀여운 여성이 좋다'는 남성의 감정과 '자신보다 능력이 있고, 의지할 수 있는 남성이 좋다'는 여성의 감정이라는 것은 분명하다. 그리고 이러한 연애감정은 좀처럼 바뀌지 않는다는 것도 사실이다.

일을 척척 잘해 내는 유능한 여학생이 있었다. 용모는 준수한데 웬일인지 남자친구가 생기지 않는다는 것이다. 그러더니 내 강의에서 '남성은 자신보다 유능한 여성을 꺼리는 경향이 있다'는 말을 들은 다음에, 남학생 앞에서는 '몰라～'를 연발하면서 '귀여운 여자'를 연기하였더니 남성에게 연이어 데이트 신청을 받았다는 것이다. 나중에 만났을 때 '덕분에 너무나 인기가 많아졌어요'라며 감사 인사를 받고, 나는 조금 착잡한 기분이 되었던 적이 있다. 이대로 귀여운 여성을 계속 연기한다면 분명히 남성에게는 인기가 있겠지만, 한 사람의 사회인으로서는 제대로 인정받기는 어려울 것이다.

미국에서는 이성에게 매력을 느끼는 기준이 여성의 사회 진출과 함께 유동화되고 있다. 남녀 모두 같은 수준의 유능한 상대를 선택하게 되었다는 것이다. 그 대가로 남편은 부인에게 우위를 점하는 것을 포기하고, 여성은 다시 태어나기를 기대하지 않고 경제적·사회적 자립을 희망한다. 그 결과 미국에서는 요즘 구조적인 미혼화가 발생하지 않고 있다.

남녀평등이 진전되고 이성을 좋아하는 기준이 유동화되어 미혼화가 완화될 것인가? 아니면 결혼 못하는 사람이 도시에 넘쳐 나는 사회가 올 것인가? 이 문제는 예측을 불허하는 난감한 상황이다.

2장 일반직과 전업주부의 소멸
—취직 빙하기에 투영된 여성의 미래 인생유형

1) 이미지로 결정되는 취직

전문대 여학생 취직난의 내막

1996년 이래 취직 빙하기의 파도가 바뀌지 않고 취직이 정해지지 않아서 우왕좌왕하는 학생, 취직 재수를 하겠다고 결의하는 학생 등이 해마다 늘어나고 있다. 당시에 지방에 있는 어느 여자전문대학의 교수와 만났는데 "우리 학교에서는 학생의 반 정도만 취직이 된다"는 말을 듣고 놀랐었다. 구조조정에 착수한 은행, 신용금고, 일류기업의 사무직원 삭감의 파도가 직접 덮치는 곳이 바로 별다른 전문 기술이 없는 전문대생이었다.

1996년 1월, 미쓰비시상사三菱商社는 일반(사무)직을 폐지한다는 방침을 발표하였다. 보도에 의하면 전체 사원 9,300명 중에서 약 30%에 달하는 2,800명의 일반사무직(여성 보조직)을 순차적으로 폐지하고, 파견이나 계약사원으로 대체한다는 것이다.[6] 만혼화나 재취업 일자리의 감소로 퇴직하는 일반사무직원이 감소하고 근속 연수가 늘어난 결과, 그녀들의 급여 수준이 높아져서 경영을 압박하기 시작했다는 것이 그 이유였다. 다른 상사나 대기업에서도 여성 일반직원을 삭감하고, 파견사원으로 전환하는 인사방침이 진행되고 있다.

앞에서 말한 전문대학 교수에 의하면, 취직 합격비율이 낮아도 심각하게 고민하는 여자 전문대생들이 그리 많지 않다고 한다. 비교적 수입이 높은 부모와 함께 살고 있고 직업경력을 지향하지 않는 여성들이므로 어떻게든 취직을 꼭 해야 한다는 절박감을 느끼지 않는다는 것이다. 재학 중에 취직자리가 정해지지 않더라도 아르바이트를 하면서 지내다가 부모나 친척의 소개로 1~2년 안에는 '웬만한 기업'에 사무직으로 취직한다.

일반사무직을 목표로 하는 대부분의 여자전문대생에게 취직은 생활을 위한 수단도 아니고 장래의 직업경력을 위한 발판도 아니며, 자기실현을 위한 수단은 더욱더 아니다. 그것은 한마디로 잘라 말하면 중류의 '상징'인 것이다.

그들에게 취직은 부모가 중류이며, 자녀를 전문대학이나 여자대학에 보낼 정도의 경제적 여유가 있고 이름 있는 기업에 연줄이 있는 계층의 상징이라는 것이다. 또한 장래에 자신 있게 중류생활을 보장해 줄 만한 남성과 결혼할 수 있다는 증명이기도 하다. 취직이 상징인 이상, 이미지가 좋지 않은 소비자금융회사에는 취직하고 싶어 하지 않을 뿐 아니라 조건이 까다로운 서비스업이나 영업직, 복지 관련 일도 꺼린다. 1~2년 기다려서라도 이미지가 좋은 기업에 근무하고 싶어 하는 것이다.

아주 평범한 전문대생에게 들은 이야기인데, 취직해서 제일 먼저 하고 싶은 것은 해외여행과 명품 쇼핑이라고 한다. 특히 부모와 함께 자택에서 생활하는 그녀들에게 얼마 안 되는 급여의 많고 적음은 의미가 없다. 결코 불성실한 것은 아니지만, 업무도 일반사무만 담당한다. 남성을 밀어내고 출세하려는 생각은 애당초 없다. 그녀들(그리고 그녀의 부모나 그녀의 장래 남편)에게 중요한 것은 일반적으로 평판이 좋은 기업에 근무하고 있다는 이미지인 것이다. 그런 의미에서 그녀들에게 '직장'은 해외여행이나 명품 쇼핑과 같은 액세서리라고 할 수 있다.

직종이 상징하는 것

따라서 일반직*의 삭감이라는 방향을 단지 '여학생의 취업난'이라는 노동 문제, 또는 더 비약해서 종합직에 여성이 적다는 여성 차별 문제로 파악한다면 현실을 잘못 인식하는 게 된다. 이것을 중류계층 라이프사이클의 성쇠에 관련된 문제로 이해하면, '미쓰비시 상사의 일반사무직'이라는 중류의 상징이 소멸하는 방향으로 가는 것은 여성이 꿈꾸어 오던 라이프사이클의 미래상에 큰 영향을 미치는 것 이상의 문제이다.

최근 2~3년 사이[1994년경]에 화제가 되었던 '계약직 스튜어디스' 문제도 이러한 맥락에서 이해할 필요가 있다. 3년 후에 정사원으로 전환되는 길이 열려 있다고는 하지만, 정규직 스튜어디스에 비해 급여나 대우가 한참이나 열악한 계약직 스튜어디스의 채용이 본격화되고 있다. 정사원인 일반사무직의 삭감이나 계약직 스튜어디스의 도입도, 기업의 논리 즉 비용 삭감의 논리에 따라 움직이는 것은 명백하다. 정사원과 거의 같은 업무를 담당하는데 대우는 열악하므로 어떤 의미에서는 차별적인 대우임이 분명하다.

그러나 그것 이상으로 문제시해야 되는 것은 그렇게 대우가 열악한

---

* 일반직 / 종합직 : 1985년 시행된 「남녀고용기회균등법」으로 노동자에 대한 남녀차별이 금지되어, 여성 노동자를 여성이라는 이유만으로 보조적 업무에 배치할 수 없게 되자 성별 구분 대신에 일반직과 종합직이라는 구분이 도입되었다. 일반직은 일반사무 등 보조적인 업무를 담당하는 정사원이고, 종합직은 관리직 및 장래 관리직을 기대하는 간부 후보인 정사원이다.

일류 상사나 항공사에 유능한 인재가 모여든다는 현상이다. 거기에는 '전문대 여학생의 취직난' 이상의 의미가 있다.

종합상사에 인재를 파견하는 회사의 간부와 인터뷰한 내용을 보면, "누구누구의 따님이 상사에 취직하고 싶어 한다. 정사원은 어렵겠지만 파견회사를 경유하여 고용해 줄 수 있는지?"라는 의뢰가 많이 들어온다는 것을 알 수 있다. 종합상사 측에서도 유능하면서 "일류 기업에 어울리는(용모가 준수하고 부모의 계층이 높은) 따님"의 파견을 요구한다고 한다.

파견이라는 형태더라도 일류 기업에 근무한다는 사실이 곧, '중류계층의 따님'이라는 증거가 된다고 생각하므로 인재는 모여든다. 계약직 스튜어디스도 마찬가지이다. '스튜어디스'라는 직종은 오랫동안 젊은 여성들이 동경하는 직업이었다. 지성과 교양과 미모를 겸비했다는 증명이고, 스포츠 선수 등 '일류 남성'과 알게 되어 결혼할 기회가 생길 수도 있다. 퇴직한 후에도 수입이 좋은 남성과 결혼하여 생활이 보장될 가능성이 높아서 업무 실태보다 높은 평가를 하고 있다는 것을 부정할 수는 없다. 스튜어디스라는 직업의 이미지 때문에 대우가 나빠도 인재가 모여드는 것이다.

그러나 이제는 상징으로서의 여자 정사원이나 스튜어디스를 고용할 경제적 여유가 기업에는 없다. 일류 기업은 우선 이미지만으로 명맥을 유지한다는 전략에 매달렸다. 현시점이라면 이미지가 아직도 유지되고 있으므로 인재의 질적 수준을 낮추지 않고 노동 비용만을 삭감하는 것이 가능하다. 그러나 이것을 반복해서 이미지가 완전히 소진된다면, 즉 일류 기업에 근무하거나 스튜어디스가 된다는 것이 더 이상 '괜찮은 집안 따님'이라는 증명으로 작용하지 않는다면, 기업의 여성 고용 전략은 위기에 처하게 될 것이다.

2) 일반사무직과 전업주부의 세트

종신고용-연공서열

일반사무직이나 스튜어디스의 대우의 변화를 보면, 그것이 '전업주부'의 지위와 관련성이 있다는 것을 알 수 있다. 공통점은 첫째로 전후에 일반화되었고 현재 재검토가 진행되고 있다는 점, 둘째로는 여성들이 동경하기 때문에 '상징'으로 기능하였다는 점, 이 두 가지이다. 일반사무직은 '미혼여성'의 상징이었고, 전업주부는 '아내-어머니'의 상징이었다.

주지하는 바와 같이, 전전에는 여성 노동력 비율이 높았다. 많은 미혼여성은 더부살이 고용인으로 보내든지, 여공이 되든지, 집안의 농사일을 돕든지, 도시에 나가 호스티스가 되든지, 어떻게든 일을 해야만 했다. 결혼한 후에도 자녀를 키우면서 농사일이나 자영업 등에 종사하였다. 인구의 대부분이 농업이나 영세자 영업을 하던 시대에는 많은 여성들이 남성과 마찬가지로 평생 동안 생산 노동에 종사하였던 것이다. 당시에 여학교에 다니거나, 집에서 가사를 도왔거나, 전업주부로서 바깥의 노동을 면제받았던 것은 일부의 상류계층 여성에게 주어진 특권이었다.

그런데 전후의 경제 성장은 많은 여성의 고학력화와 전업주부화를 가능하게 하였고, 이것이 여자 일반사무직을 만들었다. 그것은 전후 일본(노구치 유키오野口悠紀雄의 표현을 빌린다면 '1940년 체제'*라고 할 수 있다)의 대기업 고용시스템의 한 단면인 것이다.

전후에 대기업에서 종신고용-연공서열의 고용체제가 확립되었다. 남성 노동자를 화이트칼라/블루칼라의 구별이 없이, '사원'(샐러리맨)으로 받아들였던 것이다. 일단 입사하면 별 문제 없는 한, 평생 동안 수입이 보장되고 중류 생활을 누릴 수 있는 구조이다. 대기업에서는 장기적 시점에서 인재의 육성이나 배치가 가능하고 충성심도 조달할 수 있다. 종신고용-연공서열 시스템은 기업의 입장에서나 남성 사원의 입장에서나 만족스러운 시스템이었던 것이다. 그런 남성 사원을 뒷받침하는 존재로서 필연적으로 발생한 것이 '전업주부'와 '일반사무직'이다. '전업주부'는 남편에게 경제적으로 부양받는 대신에 가사·육아·개호를 담당하고 남편을 가정에서 지원한다. '일반사무직'은 회사에서 남성들을 지원하는 미혼여성이고, 신부수업 중인 '샐러리맨의 딸'이고, 장래의 '샐러리맨의 아내' 예비군이다.

임금체계도 능력이나 공헌도와는 달리 라이프사이클에 따라서 중류생활을 유지할 수 있는 임금이 남성 노동자에게 지불된다. 이것이 연공서열로 이어진다. 젊고 독신일 때는 능력이 많아도 임금이 낮고, 나이가 들면 별반 능력이 없어도 어느 정도의 지위에 올라가며 처자식에게 중류생활을 유지하게 할 정도의 임금을 받는다. 한편, 일반사무직인 미혼여성은 가족임금을 받고 있는 아버지에게 집에서 부양받는다는 전제하에 임금은 낮은 수준으로 억제되고 결혼퇴직이 요구되었다. 이러한 고용시스템은 남성뿐 아니라 그의 아내와 성인이 된 딸도 끌어안는 형태로 성립된 것이다.

사내결혼으로 동경을 실현

일반사무직과 전업주부는 '사내결혼'을 매개로 연결되어 있다. 일본에서

---

* 1940년 체제 : 1940년 당시의 대일본제국이 전쟁을 효율적으로 수행하기 위해 정치, 경제, 사회를 개혁한 국가사회주의적 전시체제를 말한다. 이 시스템의 대부분은 GHQ(General Headquarters, 연합군 최고사령부) 점령기를 거쳐서 온존하여 관료 통제, 은행본위제 등 고도경제성장을 지탱한 체제로 계승되었다. 경제학자인 노구치 유키오(野口悠紀雄, 1940~)는 『1940년 체제: 전시 체제여 안녕』(『1940年体制: さらば戦時経済』, 東洋経済新報社, 1995)에서 '1940년 체제'에 초점을 맞추어 논의를 전개하여, 전후의 일본사회 체제는 전시총동원 체제에 기원을 둔 전시 체제라고 주장하였다.

는 1960년대에 연애결혼이 일반화되는데, 연애결혼의 절반 정도는 직장 내 결혼이었다. 전후에 민법이 '결혼은 오직 양성의 합의에 기초한다'고 개정되었어도 갑자기 '연애'가 가능한 것은 아니었다. 지금과 같은 연애방식은 없었고 당시에는 이성과 데이트하면 곧 결혼이라고 생각되었기 때문에 '우선 사귀어 보고'라는 것은 없었다. 데이트하기 전에 나중에 결혼한 후의 생활을 의식하지 않을 수 없는 상황이었다. 그런 의미에서 사내결혼은 연애결혼을 원하는 남녀에게 최고의 수단이었다. '여성은 신용할 수 있는 집안의 딸이고, 남성은 연공서열에 의해 장래 출세의 희망이 있다'고 서로에게 회사가 신원을 보증해 주는 것과 같았다 .

그래서 일반사무직은 대기업에는 활용가치가 충분히 있었다. 사무자동화(OA화) 이전에 대량으로 수요가 발생한 단순 사무직에 상대적으로 우수한 학력을 가진 여성을 비교적 낮은 임금으로 고용할 수 있었다. 그리고 2~3년 후 여성들은 급여 수준이 높아지기 전에 사내결혼, 아니면 중매결혼으로 퇴직해 주었다. 또한 남녀교제가 빈곤했었던 시대에 남성 사원에게 연애결혼의 기회를 제공한다는 후생복리 기능도 수행했던 것이다.

아버지는 샐러리맨, 어머니는 전업주부, 이른바 중류가정의 딸로서 전문대학(혹은 고등학교나 여자대학)을 졸업하고 대기업의 일반사무직에 취직하여 같은 직장의 남성과 사내결혼을 하고 전업주부가 된다. 이러한 인생유형은 전후에 여성들에게 동경의 상징에서 실현가능한 목표로 전환되었던 것이다. 이 코스의 특징은 서민 출신이나 지방 출신이라 하더라도 이 경로의 어느 중간지점에 잠입하는 것이 가능하다는 점이다. 영세 영업자의 딸이라도 학력이 된다면 사립여자학교-유명 여자전문대학에서 이 코스에 들어갈 수 있고, 지방 출신자라도 어느 정도의 학력이나 연줄이 있거나 용모가 준수하다면 대기업의 일반사무직이 될 수 있었다. 실제로 고도성장기에는 이러한 중도참가 경로가 많았던 것이다.

지방 도시에서는 대기업의 지점직이나 지방 은행의 일반사무직이 마찬가지 기능을 수행했다. 그녀들에게 일반사무직은 서민의 딸에서 중류가정의 전업주부가 된다는 '계층 상승이동'의 중계점이었던 것이다. 전전이나 전쟁 직전에는 단지 동경의 대상이었던 이러한 인생유형도 고도경제성장기에는 실현 가능한 목표가 되었고, 경제성장과 함께 당연한 코스가 되었다. 전후에서 1975년까지 전업주부의 비율은 계속 증가했던 것이다.

일단 이러한 인생유형이 표준으로 확립되면, 그에 맞는 생활수준이 최저선이라는 의식이 정착되어 버린다. 최악의 경우에라도 일반사무직에 들어가면 전업주부로 '영구취직'하는 것이 중류가정의 딸에게 당연한 '권리'라고 생각되었다. 이것은 남성들이 대기업에 입사만 하면 평생 동안 안정된 수입이 보장되고 연공에 따라 관리직이 되는 것을 '권리'라고 생각하는 것과 유사하다.

3) 일반사무직, 전업주부는 이제는 '사치'

여성의 노동 의식은 천편일률

그러나 최근의 경제나 사회적 상황의 변화는 일반사무직이나 전업주부가 '사치'로 변하고 있음을 보여 준다.

1973년 석유파동 이후에 고도경제성장이 종언을 고하고, 저성장시대가 시작되었다. 그 결과 대기업에서는 남성 노동자의 연공서열이나 종신고용을 고수하기 위해 배치전환을 시행하거나 승진의 속도를 늦추는 인사정책을 추진했다. 손해를 보는 것은 상대적으로 젊은 남성층과 그의 가족이다. 그 결과로 생긴 현상이 '미혼화·만혼화'와 '기혼여성의 재취업'이다.

여성은 장래에 자신의 부모보다도 경제력이 높아질 가능성이 있는 남성과 결혼하기 원하므로 저성장기에는 중류계층의 딸이 미혼화의 덫에 걸려든다(제1부 2장 「연애결혼의 함정」 참조).

그리고 결혼한 후에 승진이 늦어진 남편의 급여로는 부족한 생활비를 보충하고 중류생활을 유지(자택이나 자동차, 자녀의 교육비)하기 위해 시간제 노동을 하려는 주부의 재취업이 증가하였다. 일본에서 여성의 직장 진출 실태의 특징은 사회학자인 우에노 치즈코上野千鶴子가 지적한 바와 같이 가계 보조를 목적으로 하는 주부의 시간제 노동의 증가이다.[7)]

미혼여성의 노동 의식은 「남녀고용기회균등법」이 성립된 지 10년 정도가 지난 오늘날에도 크게 바뀌지 않고 있다. 후생성 인구문제연구소가 1992년에 실시한 조사에 의하면, 35세 이하의 미혼여성 중에서 자녀양육기에도 계속 취업하는 것을 이상으로 하는 사람은 19%에 불과하였다. 이 수치는 1987년 조사의 자료와 비교해도 거의 바뀌지 않았다. 전업주부 희망자가 33%, 자녀양육 후에 재취업이 30%였다.

현실적으로는 어떻게 할 작정인지 앞으로의 예정에 관한 질문으로 바꾸면, 전업주부가 감소하여 19%가 되고, 재취업이 46%로 늘어난다. '결혼한 후에 가능하면 전업주부로 있고 싶지만, 가계보조를 위해 재취업할 수밖에 없다'고 생각하는 여성(약 14%)이 '일을 계속하고 싶지만 출산하면 그만두어야 한다'고 생각하는 여성(약 4%)을 크게 상회하고 있다.[8)]

구조 변동에 따른 외상 청구서

이렇게 보면 여성의 직장 진출은 여성의 의식 변화에 의한 것이라기보다는 1970년대 중반 이후의 경제·사회구조의 변동에 따른 '구조적 필연'에 따른 것이다. 이것은 공업화에 의한 경제성장이 일단락되고, 저성장과 서비스업이 경제의 중심이 되는 경제·사회의 구조적 전환에 직면해 있다는 의미에서, 미국이나 유럽을 비롯한 선진 자본주의 국가와 공통적인 경향이기도 하다. 경제·사회구조의 변동으로 노동의 양상뿐 아니라 '남편-취업, 아내-가사·육아'라는 성별역할분업의 변혁이 필요해졌음에도 불구하고, '기혼 여성이 자녀양육 이후에 파트타임 재취업'이라는 미봉적 대응책으로 문제를 덮어 버렸기 때문에 여러 가지 외상 청구서가 발생했다. 그 외상 청구서를 미혼화·저출산·고령화라는 형태로 지불하고 있는 것이 현대 일본의 모습이다.

미국과 유럽 여성의 퇴로 없는 사회진출

미국이나 유럽에서 발생한 사태와 비교해 보면 일본의 어정쩡한 상태가 더욱 잘 드러난다. 미국이나 유럽에서는 1970년대에 ① 페미니즘의 영향에 의한 의식의 변혁, ② 경제 불황과 기업의 구조조정에 동반된 남성의 임금 저하와 실업의 증대, ③ 이혼의 규제완화가 거의 동시적으로 진행되었다. 남성의 임금이 정체되고, 실업자가 증가하여서 노동자 가족이 중류생활을 유지하려면 아내의 '수입'이 필요해졌던 것이다. 또한 미국이나 유럽에서는 가족법 개정이 추진되어 이혼이 비교적 자유로워졌다. 그러면 남편의 수입이 높은 전업주부라도 이혼할지 모른다는 불안이 늘 따라다닌다. 즉 전업주부도 '실업'할 가능성에 직면하는 것이다.

미국과 유럽에서 여성의 사회 진출은 사회적 필요에 의해 발생한 것이지, 페미니즘이라는 의식 변혁에 의해서만 발생한 것은 아니다. 여성의 자립 이면에는 남성의 직업적 불안정화라는 냉엄한 현실이 있었던 것이다. 남편의 실업이나 이혼에 대한 대비나 보험으로 여성도 직업을 가지려 한 것이다. 그러한 고통이 수반되어 있었고 퇴로가 없는 사회 진출이었기에 미국과 유럽 여성의 자립이나 페미니즘의 침투에는 저력이 있었다.

또한 그녀들의 직장 진출에는 남편이나 아버지의 지원이 있었다. 남편의 입장에서 본다면, 아내가 저임금이라면 중류생활을 유지할 수 없었다. 아버지의 입장에서는 이혼한 딸이 생활하기 위해서는 직장의 여성 차별을 없애야 했다. 미국과 유럽에서 여성의 사회 진출이 받아들여진 것은 남편이나 아버지의 지원이 있었기 때문이라고 나는 생각한다.

'중류' 이미지를 고수한다

그러나 일본에서는 사정이 다르다. 1990년경까지 주로 수출 중심 산업들은 생산설비를 합리화하고 기업의 구조전환을 추진했지만, 호경기인 거품경제 속에서 남성 노동자의 종신고용과 연공서열은 힘겹게나마 지켜질 수 있었다. 다른 한편에서 시간제 취업자인 여성은 저임금에 머물러 있었고, 유능한 여성과 젊은 층이 손해를 보았다. 한편 이혼 조건은 완화되지 않았고, 전업주부의 지위는 무사태평이었다.

그런 가운데 페미니즘에서 제기한 여성의 평등화 지향은 의식만 앞서서 미국이나 유럽과는 달리 고통이 수반되지 않은 '자립 환상'이 확산되었다. 그것의 대표적인 사례가 취업을 통해 자기실현을 할 수 있다는 '커리어우먼 환상'과 자원봉사나 소비자 운동, 교양 활동으로 자기실현을 도모한다는 '활동 전업주부 환상'이다.

나는 이러한 경향이 페미니즘(여성해방) 운동이라고 생각하지 않는다. 말하자면 자신들의 '중류' 이미지를 고수하기 위한 과시용 자립이라고 할 수 있다. 프랑스의 사회학자 피에르 부르디외Pierre Bourdieu는 자신들의 계층 이미지를 고수하기 위한 활동을 '상징투쟁'이라고 하였다. 이러한 활동은 바로 상징투쟁에 해당된다.[9]

중류계층의 딸이나 아내들은 "깔끔하면서도 창조적인 일을 하고 있다" 또는 "사회에 도움이 되는 일을 하고 있다"는 의식을 갖고 싶기 때문에, 커리어우먼을 목표로 하거나 사회 활동에 참가한다. 이것은 단순노동이나 시간제 취업 등으로 '가계보조를 위해 일해야 하는' 여성과 비교해서 자신을 차별화하고 싶어 하는 행위인 것이다.

커리어우먼에게는 업무에 재미를 느낄 만하면 고학력인 남성을 만나서 전업주부로 들어앉던지, 아버지한테 의존하여 일을 그만두고 공부를 하거나 새로운 일을 찾는다는 퇴로가 있다. 전업주부의 사회활동은 고수입의 남편이 있고 연로한 부모를 돌보아야 하는 부담이 없다는 특권이 있기 때문에 가능한 것이다. 서민 여성의 입장에서 보면, 바로 '사치스러운' 행동인 것이다. 그녀들의 인생은 고도경제성장기에 확립된 '일반사무직 → 사내결혼 → 전업주부'라는 중류가정 여성 인생유형의 변형일 뿐이다. 일반사무직을 커리어우먼으로, 전업주부를 자원봉사자 주부로 각각 바꾸어 놓은 것에 불과하다.

이러한 현상은 나쁘다고 할 수는 없지만, 변혁의 힘이 될 수는 없다. 고통을 수반하지 않을 뿐 아니라 결혼이라는 퇴로가 있고, 수입이 높은 남편이 있고, 이혼의 위험이 적다는 특권을 가진 층이 새로운 사회의 비전을 창출해 낼 수는 없다. 이러한 경향을 여성의 자립이라고 칭송하는 것은 일본 페미니즘 운동의 불행 중의 하나가 아닐까 하는 생각마저 들기도 한다.

4) 중류계층 여성의 인생유형은 붕괴된다

이와 같은 여성의 노동 형태를 역사적으로 조망해 보면, 일반사무직의 폐지와 감원이라는 사태는 중류가정 여성의 인생유형 붕괴의 서곡序曲에 해당

될 것이다. 1990년 이후에 지체되기는 했지만 일본에서도 경제·노동·가족의 양상의 구조전환이 필요하게 되었다.

대기업에서 일반사무직이라는 인건비의 사치는 이제 허용되지 않게 되었다. 여성의 취직난 속에서 종합직 즉 커리어우먼의 길도 험난하다. 게다가 결혼이라는 퇴로도 점차 좁아지고 있다. 경제의 저성장기에는 자신의 아버지보다 경제력이 있는 남성은 적어졌고, 결혼하고 싶은 상대도 쉽게 찾을 수가 없다.

또한 전업주부 지위의 불안정화도 시작되고 있다. 구조조정이나 남편의 임금 정체는 어쩔 수 없다고 해도, 민법개정으로 이혼의 규제완화가 시행되어, 남편에게 일방적으로 이혼이라도 당한다면 경제적으로 어려워져서 길거리를 헤맬 각오를 해야 할 것이다. 사회학자인 오치아이 에미코나 경제학자 야시로 나오히로八代尙宏도 지적했지만, 이제 전업주부는 '사치스러운' 존재가 되어 가고 있는 것이다.[10]

젊은 여성의 취업관에도 변화가 나타나고 있다. 유능하고, 장기간 근무하고 싶은 사람은 처음부터 대기업은 상대하지 않고 제도적으로 성차별이 적은 교원이나 공무원 등을 지향한다. 혹은 의사나 약사, 변호사, 시스템 엔지니어 등 연공서열이나 종신고용제도의 영향이 적은 전문직을 목표로 한다. 이를 위해 전문학교나 대학원에 다녀서 기능을 습득하려 한다. '샐러리맨의 아내'라는 지위가 불안정해지는 오늘날 당연한 전략일 것이다.

일반직의 폐지나 여성의 취업난은 현재로서는 여성에게 불리하게 작용한다. 그러나 앞으로 연공서열이나 종신고용을 당연한 권리로 믿고 있는 남성에게 외상 청구서가 돌아오는 날이 반드시 올 것이다. 현재 상태에 종속되어 있는 남성에게 필사적으로 매달리는 전업주부는 더 말할 것도 없다. 유능한 남성이 종신고용을 포기하고 노동력의 유동화가 시작되면,

기업의 종신고용-연공서열 시스템에 의존해 있던 남성 사원은 기업에서 짐스러운 존재가 되어 버린다. 구조전환은 경제 영역에서 남녀평등의 길을 열어 놓은 것이다.

다만 이러한 변화에는 반드시 고통이 수반된다. 고도경제성장을 기대할 수 없는 오늘날, 고통을 수반하지 않고 무언가를 달성한다는 것은 있을 수 없는 일이 된 것이다.

3장 전업주부가 없어지는 날

1) 전업주부는 위험성이 높다

얼마 전에 대학의 사은회 자리에서 어떤 선생님이 "여학생 여러분, 결혼하고 출산한 다음에도 반드시 취업을 계속하세요"라는 이야기를 했다. 나는 그 다음에 "괜찮아요. 전업주부가 되어도. 그런데 남편이 구조조정으로 실직할지도 모릅니다. 민법개정이 성립되면, 일방적으로 이혼당할지도 모르고요. 그제서야 '직장을 그만두지 말았어야 했는데' 하고 허둥대며 후회해도 난 몰라요"라고 덧붙여서 학생들을 위협했다. 여성의 사회 진출이 진행된 오늘날에도 전업주부가 되고 싶어 하는 독신여성은 상당히 많이 있다. 결혼이라는 퇴로를 찾는 커리어우먼도 있다.

그렇다면 다행히도 결혼하여 직장을 퇴직한 여성들은 나중에 어떻게 될까? 다음의 통계 자료를 보자. 일본 총리부의 1995년 조사에 의하면, '자녀를 양육하는 기간에도 직업을 가져야 한다'고 응답한 여성은 20대에서는 29%인데, 30대에서는 41%로 크게 증가한다.[11] 이 격차는 결혼이나 출산을 계기로 일을 그만두어 버린 전업주부의 후회를 나타내는 수치라고 나는 보고 있는데, 어떻게 생각하는가? 연공서열-종신고용 시스템을 전제로 한 일본기업에서는, 아무리 유능해도 중도 입사하면 상당히 불리하기 때문이다.

'남편은 취업, 아내는 가사와 육아'라는 성별역할분업을 '좋다/나쁘다'라고 이분법적으로 파악해서는 안 된다. 종종 남녀평등 선진국으로 스웨덴이나 미국의 사례가 거론된다. 그러나 미국과 유럽에서 맞벌이 가족이 증가한 것은 1970년대에 발생한 경제성장의 정체와 법 개정에 의해 이혼이 용이하게 된 점, 이 두 가지가 원인으로 작용하였다.

경제가 정체되면 수입은 늘지 않고, 해고가 증가한다. 아내가 전업주부라면 중류생활을 유지하기 힘들다. '맞벌이와 가사분담을 통해 중류생활을 유지한다' 또는 '아내가 전업주부인 상태로 생활수준을 낮춘다' 이 둘 중에 하나를 선택을 해야 하는 상황에서 많은 부부가 전자를 선택한 것이다.

어차피 가사를 분담한다면 아내의 급여가 많은 편이 좋을 것이다. 직장에서 여성 차별 때문에 손해를 보는 사람은 사실은 취업여성의 남편인 것이다. 미국과 유럽에서는 부부관계가 일본보다 친밀하고 사이가 좋다. 남편이 직장 다니는 아내를 염두에 두기 때문에 직장에서 남녀평등이 진전된 것이다.

일본에서도 최근에 경제가 정체되는 가운데 연공年功은 있지만 무능한 남성 사원의 정리해고가 진행되고 있다. 회사에 취직했다고 해서 평생 근무할 수 있다는 보장이 없다. 또한 결혼했다고 해서 평생 동안 부부관계가 계속되리라는 보장도 없다. 사회가 유동화되는 가운데, 회사나 결혼이 생활의 보장이 되어 주었던 시대는 가고 있다. 이제부터는 생활의 위험성을 '개인'이 책임져야 하는 것이다. 이런 상황에서 전업주부는 가장 위험도가 높은 존재임에 틀림없다.

생활수준이 낮아지는 위험성을 감소시키기 위해 경제적·생활적으로 자립하고 커뮤니케이션을 원만하게 유지하려는 노력이 부부 쌍방에게 필요해졌다. 생활의 위험성을 함께 나누는 파트너로서 부부관계가 재편되는 날이 가까워지고 있다.

2) 전업주부가 없어질 수밖에 없는 날

남녀평등의 실현은 고통을 수반하지 않고는 불가능하다

미국이나 스웨덴 등 여러 나라에서 1970년대에 여성의 직장 진출이 증가한 배경에는 페미니즘이라는 의식 개혁이 있었던 것은 분명하지만, 산업구조의 전환과 불황에 따른 남성 노동자의 고용 불안정화와 이혼에 대한 규제를 완화하는 방향으로 법이 개정되었던 것도 커다란 요인으로 작용하였다. 남편의 임금이 상승하지 않는 상황에서 중류생활을 유지하기 위해, 남편의 실업에 대응하기 위해, 또한 일방적으로 이혼당했을 때의 대비책으로 부인의 취업이 요청되었다.

지금까지 일본에서는 종신고용–연공서열이 고수되어 일방적 이혼은 인정되지 않았다. 그래서 유능한 여성들은 재취업해도 좋은 직장을 얻을 수 없었고, 남성은 능력이 부족해도 고용이 안정되어 있어서 부인이 직장을 가져야 할 절박감이 없었다. 일방적으로 이혼당할 우려가 없기 때문에, 부부 사이가 냉랭해져서 '가정 내 이혼' 상태가 되어도 전업주부의 자리를 잃는 일은 없었다.

일본에서도 좀 늦은 감은 있지만 불황을 탈피하여 경제를 활성화하기 위해 종신고용–연공서열 시스템의 재검토가 진행되고 있다. '가정 내 이혼'이라는 불행한 상태를 개선하기 위한 민법개정 시안도 논의되기 시작하였다(이 책 제1부 1장 참조). 이 사태는 일하는 능력이나 성적 매력이 있는 여성에게는 낭보이지만, 전업주부 중에서 남편이 구조조정으로 정리해고되든가 자신의 매력을 갈고 닦지 않고 나태하게 있던 사람에게는 심각한 사태를 초래할 것이다. 전업주부라는 것은 위험성이 높아서 도대체 감당하기 어려운 시대가 도래하고 있다.

3) 젊은이들이여 비현실적인 꿈을 버려라

꿈의 파격세일

'꿈'이란 언어가 공식문서 속에 자주 등장하고 있다. 1999년판 『후생백서』의 부제는 '자녀를 낳아서 기르는 꿈을 가질 수 있는 사회를'이었고, 저출산 대책을 위한 전문가회의의 제언 속에도 '꿈이 있는 가정 만들기'라는 말이 있다. 행정이 꿈을 이야기하게 된 배경에는 오차노미즈여자대학お茶の水女子大学 소데이 다카코袖井孝子 교수가 지적한 바와 같이, 오늘날의 일본이 결혼이나 자녀양육에 꿈을 가질 수 없는 사회가 되었다는 현실이 있다.[12)]

고도경제성장기(1955~1973년)에는 젊은이들이 결혼이나 자녀양육에 꿈을 가질 수 있었다. 남성은 취업, 여성은 가사와 육아에 열심히 노력하면 미국과 같은 풍요로운 가정생활을 할 수 있으리라는 꿈이었다. 그것은 당시에 일본사회가 가난했기 때문에 가질 수 있는 꿈이었다. 당시의 젊은 여성은 샐러리맨 남편과 결혼하면 시댁과 친정의 가업을 돕지 않아도 되었기 때문에 전업주부의 생활을 한다는 것은 바로 '동경'이었다. 게다가 사회가 풍요로워지면서 그 동경은 현실이 되었다.

그러나 석유파동 이후에 경제의 저성장시대에 들어서면서 양상은 달라졌다. 이제 젊은이들은 가난하지 않다. 풍족한 가정생활은 꿈이 아닌 현실, 아니 전제조건이 되어 버렸다. 게다가 1980년경부터 커리어우먼, 직업을 통해 자기실현을 하려는 꿈이 등장하였다. 때마침 「남녀고용기회균등법」이 성립되었고(1985년), 거품경제의 파도를 타고 '보람 있는 일'이라는 꿈이 퍼져 나갔다. 나중에 '크루아상 증후군'*이라고 일컬어졌는데 도심의 사무실에서 전문적인 일을 하고, 미식을 즐기는 세련된 사생활이라는 꿈이었다.[13)]

꿈꿀 때가 지났어도

그러나 이러한 여성의 꿈이 현실에서 산산조각 나는 데는 그리 오랜 시간이 걸리지 않았다. 애당초 이 세상에 일 자체가 재미있는 직업 같은 것은 없다. 특히 젊을 때는 다른 사람 밑에서 하는 일이 많고 연공서열제에서 여성 차별적인 직장 환경이 남아 있으므로, 취업은 자기실현이 아니라 자기억압인 경우도 많을 것이다.

남성도 꿈을 가지고 취업을 하고 있다고는 할 수 없다. 생활하기 위해 처자식의 생활을 뒷받침하기 위해 혹은 결혼하기 위해서 '하기 싫은 것이 있어도' 꾹 참고 직장을 계속 다니는 사람이 많을 것이다.

거품경제도 끝났고 세련된 일자리도 없어졌으므로, '하기 싫은' 일을 하지 않을 방도가 있다면 그쪽으로 되돌아가는 여성이 많아지는 것도 이상한 일은 아니다. 이것이 '신新전업주부 지향'이라고 불리는 현상이다.[14)]

---

* 크루아상 증후군(クロワッサン 症候群) : 여성잡지 『크루아상』(クロワッサン)이 1980년대에 당시의 20대 여성의 생활방식에 지대한 영향을 미친 현상을 가리킨다. 1977년에 창간된 『크루아상』은 자립적인 여성, 비상하는 여성 등 적극적 라이프스타일을 제시하여 열렬한 호응을 받았다. 그 결과 이 세대는 훗날 커리어우먼이나 독신 지향이 강한 경향이 뚜렷하다고 평가되는데, 여성잡지 저널리즘의 사회적 파급력을 보여 주는 사례로 일컬어진다.

그러나 현실은 냉혹하다. 전업주부로 풍족한 가정생활을 한다는 꿈의 실현도 불안해지고 있다. 풍족한 생활을 약속해 줄 만한 수입이 있는 젊은 남성의 수가 점차 적어지고 있는 것이다. 이것이 현재 일본에서 미혼화와 저출산이 진행되는 근본적 원인인 것이다.

오늘날 많은 젊은 여성에게 취업을 통해 자기실현을 하겠다는 꿈은 날아가 버렸고, 전업주부로 풍족한 생활을 하고 싶다는 꿈도 시들고 있다. 그리고 내가 '기생적 싱글'parasite single이라고 부르는 사람들은 부모와 동거하면서 목전의 소비를 즐기고 있다. 이러한 상황에 놓여 있기 때문에 자신의 미래상을 계획할 수 없는 것이다.

새로운 꿈의 방향

그러면 『후생백서』나 전문가회의가 제안한 바와 같이 '취업을 계속하면서 자녀를 양육하는' 라이프스타일이 젊은이의 '꿈'이 될 수 있는가 하면, 반드시 그렇지는 않다.

맞벌이화가 상당히 확산된 미국에서도 '남편의 수입이 많다면 육아에 전념하고 싶다'는 아내(어머니)가 반수 이상이다.[15] 미국이나 유럽사회에서는 젊은 남녀가 '취업과 육아를 양립시키는' 일은 꿈이 아니라 현실인 것이다. 여성의 수입과 남성의 가사 참여는 어느 정도의 경제적 여유를 유지하는 데 필요조건이 되고 있다. 이 조건이 충족되어야만 어떤 사람은 취업에서 삶의 보람을 느끼고, 어떤 사람은 사회활동을 열심히 하고, 어떤 사람은 취미활동에 열을 올릴 수 있다. 남녀 모두 '취업을 하면서 자녀를 양육하는 것'은 꿈이 아니라 각자의 꿈을 실현시키는 전제조건인 것이다.

여성의 경우에도 취업이 '현실'이라면 그 현실은 남녀의 노동 조건이 공평하고 능력에 따라 인정받는 것이고, 부부의 풍족한 생활의 절반을 감당할 수 있을 정도로 충분한 보수를 받는 것이어야 한다. 남성도 가사와 육아에 시간을 할애할 수 있도록 구성된 노동시간이 필요조건이다. 그런 다음에야 비로소 자신의 꿈을 위해 취업에 몰두하는 여성도 있을 것이고, 여가시간에 가사를 즐기는 남성도 있을 수 있다. 젊은 여성들은 '결혼하여 전업주부가 된다고 해도 더욱 풍족한 생활을 할 수 있는 것은 아니다'라는 현실에 직면하고 있다. 수입이 많은 남성과 결혼하여 전업주부가 되거나 자신이 하고 싶은 일을 하면서 살겠다는 비현실적인 꿈을 추구할 수 없게 되었다. 맞벌이를 하면서 그럭저럭 생활할 수 있는 정도의 환경에서 각자가 자신의 꿈을 추구할 수 있는 방향으로 사회구조를 정비할 필요가 있다.

제3부
저출산과 기생적 싱글

1장 저출산이 정착된 사회

1) 저출산현상의 올바른 이해

저출산 이미지에 관한 오해

1989년 '1.57쇼크'라는 말이 유행어가 되어, 여성 한 명이 출산하는 평균 출생아 수인 '합계출산율'이라는 인구학 전문용어가 일반인의 입에 오르내리게 되었다. 이런저런 의견이 쏟아져 나왔지만 합계출산율은 계속 낮아졌고, 1998년에는 전국에서 1.38, 도쿄도에서는 1.05까지 떨어졌다.[1] 즉 도쿄도에 거주하는 여성은 평생 동안 자녀를 평균 1명 낳는다는 계산이다. 여기에서 두 가지 오해가 생겼다.

오해 1 : '저출산사회란 자녀가 없는 부부나 1명만 낳는 부부가 증가하는 사회이다.' 이것이 오해라는 것은 출산율의 저하가 시작된 1975년 이래 부부 한 쌍당 자녀 수는 감소하지 않았다는 통계자료를 보면 알 수 있다(1977년 2.23명, 1997년 2.21명). 자녀가 없는 부부의 비율도 감소하고 있고, 이상적 자녀 수가 0 또는 1명인 사람은 5% 이하이다. 소위 자녀가 없는 맞벌이 부부인 딩크족DINKS은 소수인 것이다.

즉 결혼하면 자녀를 2~3명 낳는 라이프스타일은 20여 년간 변화하지 않은 것이다. 저출산의 진정한 원인은 미혼율의 상승에 있다. 즉 결혼하지 않은 남녀의 증가가 전체적으로 자녀 수를 감소시킨 것이다. 미혼화의 사실이 밝혀지면, 이번에는 또 다른 오해가 생긴다.

오해 2 : '저출산사회는 혼자 사는 독신자가 증가하는 사회이다.' 이것이 두번째 오해이다. 분명히 혼자 사는 미혼자, 특히 남성 미혼자의 수는 증가하는 경향이므로 이것을 오해라고 단언할 수는 없다. 그러나 현재 도시부에서 가장 많이 증가하고 있는 것은 부모와 동거하고 있는 미혼자, 특히 여성 미혼자이다.

정답 : '저출산이 정착된 사회는 부모와 동거하는 미혼자가 증대하는 사회이다.' 그러면 왜 이러한 현상이 일어났는지, 한편 남성의 상황은 어떻게 된 것인지, 경제·사회학적인 관점에서 고찰해 보자.

부모와 동거하는 여성의 미혼화

20대나 30대 전반 세대의 평균적인 수입은 도시에서 독립적 생활을 유지하는 데 충분하지 않다. 혼자 생활하는 것보다 두 사람이 생활하는 편이 경제 효율이 높다. 따라서 혼자 생활하는 20대 여성은 결혼하는 경향이 있다. 그리고 결혼을 하면 평균적으로 자녀를 2명 출산하게 된다. 지방에서 도시에 나온 여성은 일시적으로 혼자 생활을 했다가도 대부분은 결혼한다. 한편 미혼인 상태로 있는 사람은 도시에서 부모와 동거하는 여성이다.

현재 대도시에서 부모와 동거하는 성인 자녀의 생활 환경은 더없이 안정적이다. 20대의 월급은 혼자 생활하기에는 부족하지만, 거의 다 용돈으로 쓴다면 상당히 많은 액수이다. 우리의 조사에 따르면, 부모와 동거하는 20대 미혼자의 약 1/3은 부모에게 생활비를 내지 않고, 식비로 3만 엔

〈도표2〉 미혼여성과 부모의 동거 비율 추이

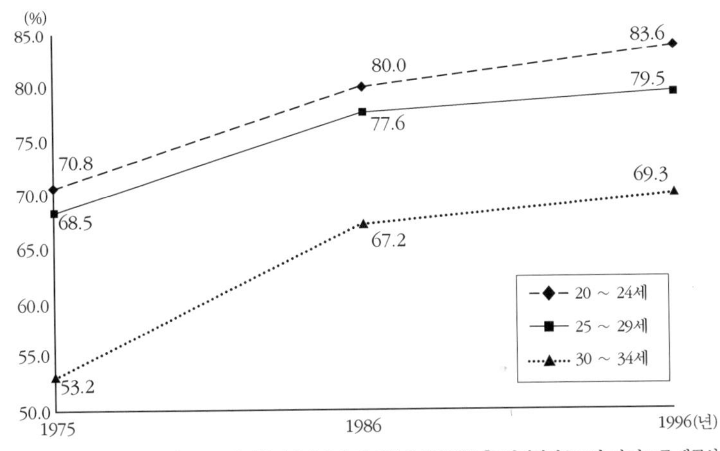

※취업 중인 20~34세 미혼여성의 응답. 후생성 통계정보부, 『국민생활기초조사』의 자료를 재구성.

출처 : 『후생백서』, 1998, 105쪽

정도를 내놓고 있는 경우가 많았다. 사는 집도 저출산의 영향으로 개인 방이 주어지고, 사생활은 확보되어 있다. 주거비는 무료이고, 물론 식비도 거의 무료이며, 무엇보다도 어머니가 집안살림을 거의 다 해주는 것이 제일 큰 이점이다.[2] 다음 쪽의 〈표1〉은 우리가 실시한 전국 조사의 결과이다. 미혼으로 부모와 동거하는 여성은 계층의식이 아주 높았다. 상上이나 중中이라고 응답한 사람을 합하면 40%에 이른다.

현재 젊은이의 생활수준은 '부모와 동거 > 기혼 핵가족 > 1인 단독가구'의 순서이다. 미혼으로 부모와 함께 사는 여성들 중에서 취업에서 삶의 보람을 느끼는 사람은 그다지 많지 않았다.[3] 후생성의 조사에서는 30대 전반으로 연수입 300만 엔 정도인 여성 중에 미혼자가 많았다.[4] 소득이 높은 커리어우먼이라면 결혼하여 출산해도 베이비시터를 고용하거나 가사 서비스를 구매하는 것이 가능하지만, 그다지 수입이 높지 않은 경우에 결혼

〈표1〉 일본 젊은 여성의 계층의식(1995년)

(단위 : %)

조사 대상 \ 계층의식	상층	중상층	중하층	하층
미혼 1인 거주	0	21.1	57.9	21.3
부모와 동거	3.8	36.3	47.5	12.6
기혼 핵가족	0.4	25.7	55.0	18.9

※ 조사 대상 25~34세, 무작위추출, 응답자수 371명.
출처 : 사회계층과 사회이동조사연구회, SSM조사

하고 출산한 후, 가사와 양육을 자신이 하면서 맞벌이를 하는 것은 힘겨운 일이다. 전업주부가 되고 싶어도 상대 남성의 수입이 적으면 생활수준이 낮아진다. 그렇게 되면 경제력이 있는 남성이 나타날 때까지는 부모와 함께 지내는 것이 낫다고 생각하는 것은 이상하지 않다.

현대 일본의 미혼화는 ① 여성의 수입이 중간 수준이어서 혼자 생활하기에는 충분하지만, 가정을 유지하기에는 부족하다, ② 전업주부 지향성, ③ 부모와 동거하면 높은 생활수준 유지 가능이 주된 원인인 것이다. 이 3가지 조건이 갖추어진 것이 일본사회에 저출산화가 정착된 원인이다.

경제력이 낮은 남성의 미혼화·결혼난

역으로 남성은 부모와 동거하거나 1인 독립가구에 관계없이 수입이 낮은 사람 중에 미혼자가 많다.[5] '남성이 처자식의 생활을 책임진다'는 과거의 의식이 강해서 이렇게 되는 것이다. 그들은 수입이 많거나 안정된 직장에 취직하거나 경제적 조건이 확립되거나 저축이 쌓이면 결혼할 수 있다고 생각한다. 분명히 많은 사람의 수입이 증가한 고도성장시대에는 원한다면 거의 모든 남성이 결혼할 수 있었다. 현재의 생활이 풍족하지 않아도 경제가 성장하는 시대에는 미래의 풍족함을 남녀가 꿈꿀 수 있었기 때문이다.

그러나 저성장기가 되면 안정된 수입을 기대할 수 있는 직장에 다니는 남성은 괜찮지만, 실적이 안 좋고 장래 전망이 밝지 않은 업종이나 불안정한 직종에서 일하는 남성은 전업주부 부인과 함께하는 중류생활을 희망하더라도 그 정도의 수입을 기대하기 어렵다.

그렇다고 해서 수입이 높은 여성과 결혼하여 자신이 가사와 육아의 책임을 담당하거나 직업을 바꾸려는 생각은 하지 않는다. 물론 그래도 성격이 적극적이거나 자상한 남성은 어떻게든 결혼을 할 수 있다. 결혼할 수 없는 사람은 경제력이 낮고 성격도 소극적인 남성인 것이다.

얼마 전에 인구가 적은 지방의 사람이 상담을 청해 왔다. 30대, 40대로 결혼하지 않은 농가 후계자 남성이 많이 있다는 것이다. "이렇게 미혼남성이 많으니까 틀림없이 어딘가에는 미혼여성이 있을 거예요. 야마다 선생님은 어딘지 모르세요?"라는 것이다. 이것은 아주 작은 일례이지만, 미혼남성과 여성이 있다면 누구든 좋으니까 남은 사람들끼리 결혼하면 된다는 것이 현실적으로 가능할 리 없다. 오늘날의 결혼난·미혼화는 '만남이 없다'는 단순한 문제가 아니다. 이상에서 본 바와 같이 구조적으로 지역적·경제적 조건을 고려해야 한다.

저출산현상으로 인한 타격을 가장 크게 받는 것은 지방의 농촌과 산촌이다. 인구 과소화가 진행되고 점차 더욱더 확대되리라는 것은 눈에 보인다. 경제적·사회적인 활력이 없는 지역에서는 먼저 미혼여성이 탈출하고 싶어 한다. 도시가 젊은이를 끌어들이는 한 지방에서 태어난 아이가 성인이 되어 대도시로 계속 유입되는 경향은 피할 수 없다. 특히 지방 출신인 젊은 여성이 도시에서 수입이 안정된 남성과 결혼하려는 경향은 지속될 것이다.

2) 저출산이 정착된 사회의 미래

이제까지 분석했던 경향이 지속된다면, 저출산이 정착된 도시의 미래도 밝지 않다. 부모와 동거하는 현재 20대 후반에서 30대 여성은 앞으로 어떻게 될까? 수입이 적은 남성과 결혼하여 생활수준이 낮아지는 것은 싫다고 하다가 어느덧 출산 적령기는 지나가 버린다. 딸의 생활을 유지해 주고 있는 50~60대의 부모도 언제까지나 건재할 수는 없다. 10년 후, 20년 후에는 아마도 거동이 불편한 노인이 되어 있을 확률이 높다.

그때는 딸이 돌보아 줄 테니 괜찮을 것이라고 하기도 어렵다. 왜냐하면 결혼하여 전업주부가 되었다면 친정부모 집에 다니면서 돌볼 여유가 있겠지만, '부모와 동거하는 미혼 딸'은 중류생활을 유지하려면 취업을 계속해야 한다. 부모의 개호와 취업 지속의 딜레마에 빠지게 되는 것이다. 부모가 장만한 집이나 맨션도 점점 낡아 버린다. 연로한 부모를 부양하면서 집을 개축할 경제력이 과연 그녀들에게 있을까? 이러한 층에게 어떠한 서비스가 필요하게 될지 행정 당국은 대비해야 할 것이다.

미혼남성의 상황은 더욱 냉혹하다. 남성에게 직업이란 '가족을 위해서, 자녀를 위해서'라는 동기 부여가 차지하는 부분이 크다. 직업에서 삶의 보람을 얻을 수 없게 되거나, 결혼도 못한다면, 그 대신에 다른 삶의 보람을 찾을 필요가 있다.

미혼인 이유는 '커뮤니케이션이 미숙하기 때문'이라고 생각하는 남성이 많다.[6] 즉 다른 사람과 이야기하는 것이 서툴기 때문에 여자친구가 안 생겨서 결혼할 수 없다는 것이다. 경험이 없기 때문에 더욱더 말을 잘하지 못한다는 악순환이 작동하기 시작하는 것이다. 고도경제성장기에는 중매 등으로 일찍 결혼할 수 있어서 일부 남성의 서툰 커뮤니케이션 능력이 문제되지는 않았지만,[7] 앞으로는 이러한 남성을 위해 커뮤니케이션 방식을 가르치고, 사람과 만날 기회를 제공하는 서비스가 필요해질 것이다.

저출산사회에서 태어난 자녀세대는 어떻게 되나?

정말로 심각한 것은 이제부터 태어나는 세대이다. 그들이 성인이 되었을 때에는 초고령사회가 기다리고 있다. 거기에는 고부담(세금이나 각종 사회보험료가 높다)으로, 일을 해도 생활이 풍족해지지 않는 현실이 기다리고 있을지도 모른다. 그런 경우에 그들은 '일할 의욕'이 생길까?

특히 현재 눈에 띄게 나타난 것은 부모가 풍족한 계층의 자녀와 부모가 가난한 계층 자녀의 불평등 문제이다. 저출산의 결과, 풍족한 부모는 더욱더 자녀에게 교육 투자를 하고, 재산을 상속하려 할 것이다. 그러한 부모를 가진 젊은이는 억척스럽게 취업을 하지 않아도 여유 있는 생활이 가능할 것이다. 한편 부모가 가난한 젊은이는 고부담으로 언제나 생활이 궁핍하여 유능하고 능력이 많아도 의욕이 약화되는 구조가 생길지도 모른다.

저출산의 문제는 단지 자녀가 적어져 쓸쓸해진다는 단순한 문제가 아니다. 생활수준의 문제이고 공평성의 문제이다. 저출산(및 그것에 수반되는 생산노동인구의 감소)으로 인해 초래되는 경제의 침체 및 공적 서비스의 저하에 어떻게 대응할 것인가? 부모의 경제력과 주거 상태에 따른 자녀의 불공평을 어떻게 시정할 것인가? 불공평의 결과로 초래되는 심리적인 불안정을 회피하고, 젊은이에게 직업적 동기부여를 제공하는 자극이나 장려책을 어떻게 확보할 것인가? 이러한 문제들이 행정 과제로 부상하는 날이 멀지 않았다.

2장 헤이세이 불황*과 미혼화·저출산의 관계
—기생적 싱글로 나타난 현대의 위기

1) 불황과 미혼화의 긴밀한 관계

왜 아이가 증가하지 않는 것일까?

얼마 전에 1997년의 합계출산율(여성 1인당 평균 자녀 수)이 1.39가 되었다는 보도가 나오면서, 저출산 경향이 더욱더 심각해졌다는 것이 명백해졌다. 그리고 얼마 후에 1997년도의 경제성장률이 − 0.7%로 석유파동 당시보다 낮아졌고, 종전 이후 최대 불황이 심화되고 있다는 보도가 나왔다. 아직 아무도 알아채지 못하고 있는 것 같아서 큰 소리로 말하는데, 현재의 저출산과 불황은 매우 깊이 관련되어 있다고 나는 보고 있다.

저출산의 직접적 원인은 미혼화에 있다. 결혼한 부부는 평균 2.2명의

---

* 헤이세이(平成) 불황 : 일본에서 급속한 금융 총량 규제를 계기로 신용 수축과 재고 조정이 겹쳤던 거품경기 붕괴 후인 1990년대 중반부터 2000년대 전반에 이르는 불황시기를 가리킨다. 경기가 급속하게 후퇴하면서 재무 당국의 실정, 엔고(円高), 세계적인 경기악화 등의 복합적 요인이 작용하여 불황이 장기화되었다. 은행이나 증권회사 등 거대 금융기관의 도산이 금융불안을 야기하는 등 일본경제에 커다란 타격을 주었다.

자녀를 낳아서 양육하고 있으므로, 젊은 층이 좀처럼 결혼하지 않게 되었다는 사실이 여성 1인당 출산율을 끌어 내리고 있는 것이다. 25~29세 여성의 미혼율은 1970년에 18.1%였는데, 1999년에는 48.0%까지 상승하였다. 30~34세의 미혼율도 8.2%(1970년)에서 19.7%로 상승하였다.

바로 이 점이 불황과 관계가 있다. 일본에서는 미혼자의 대부분은 부모와 동거하고 있다.[8] 특히 20대 미혼여성의 80% 남짓, 30대 전반 미혼여성의 70%가 부모와 동거하고 있다(1998년).[9] 근년의 미혼화는 혼자 생활하는 독신족의 증가가 아니라, 부모와 동거하는 미혼자가 증가했기 때문에 발생한 것이다. 1970년경에는 연간 100만 쌍 이상이었던 결혼 건수가 근년에는 60~70만 쌍까지 감소하였다.

젊은이가 부모 슬하를 떠나서 혼자 생활하기 시작했거나 결혼하여 가구를 형성하려면 먼저 아파트를 빌려야 한다. 독립적 생활을 시작하려면 세탁기, 냉장고 등 가전제품과 가구를 갖추어야 한다. 자가용 차도 갖고 싶어진다. 부모를 떠나서 생활하는 만큼 생활 필수품의 실수요 및 잠재수요가 형성된다. 그러나 20대는 물론 30세를 넘어서도 부모와 계속 동거하면 새로운 주거지는 필요하지 않다. 가전제품은 공유하고, 차도 부모의 것을 빌리면 된다. 휴대전화나 컴퓨터, 명품 등 사치품의 수요는 있지만 소비경제에 미치는 영향은 상대적으로 적다.

근년에 나타난 불황의 중대한 요인은 '주택 건설'의 침체에 있다고 한다. 1인 가구나 결혼하여 신혼집을 마련하는 사람이 줄어들면 임대아파트는 남아돈다. 자녀가 결혼하지 않으면 2세대주택으로 개축할 필요가 없다. 무엇보다도 잠재적인 자택 수요가 감소한다. 개인 소비가 침체하는 것은 구매 억제로 인한 것만은 아니라, 젊은이가 부모와 동거를 하게 된 점에 원인이 있다고 할 수 있다.

1999년도 『후생백서』에서는 저출산을 주제로 설정하고, 인구 구성의 변화에 의해 고령화가 진전되고, 노동력 부족과 연금·개호 부담 등 장래의 경제 및 사회에 미치는 영향에 우려를 표명했다.

왜 젊은이는 결혼하지 않는가?

그러면 왜 결혼하는 젊은이가 감소하는 것일까? 일반적으로는 여성이 사회 진출을 시작하고(그래서 자기중심적이 되어), 결혼하지 않고 취업을 계속하고 싶어 하는 사람이 증가했기 때문이라고 이유를 설명하는 경우가 많다. 묘하게도 '여성이여, 가정에 돌아가라'라고 하는 소위 '보수파'와 '취업과 가정이 양립하는 환경 조성'을 주장하는 '페미니즘'(여성해방론자)의 양쪽이 이 해석에서는 일치하고 있다.

그러나 나는 그들의 논리와는 달리 '여성의 직장 진출'이 미혼화의 원인이라고 생각하지 않는다. '취업을 계속하고 싶기 때문에 결혼을 포기한다'는 여성을 만난 적도 없고, 대개 학생이나 주위의 젊은이를 보아도 직업에 몰두하는 여성이 많아졌다는 생각이 전혀 들지 않기 때문이다. '결혼해도 직장에 계속 다니고 싶다는 여성이 증가했으므로 미혼화가 발생했다'는 것은 맞지 않는 논리인 것같다.

2) 의식조사에 나타난 현대 여성의 결혼관과 자녀양육관

젊은 여성이 다시 전업주부 희망

그러한 문제의식을 가지고 연금복지 종합연구기구는 1996년도 사업의 일환으로 후생성의 협력을 받아 '저출산의 사회·심리적 요인에 관한 조사연구회'를 조직하였다. 몇몇 대학과 연구소의 심리학자, 경제학자 그리고 사회학자가 모여서, 미혼화 및 만혼화에 동반되는 저출산의 원인을 통계조사에 나타나지 않는 심리적 측면에서 분석하고 검토해 보자는 것이었다.

조사 방법으로는 20~42세 남녀 166명(남성 43명, 여성 123명)을 대상으로 면접과 심리검사를 실시했다. 직업은 남성의 경우 대도시 및 지방의 대기업 사원, 여성은 대도시의 전업주부·판매직·대기업 사원, 지방의 경우 대기업의 공장 노동자를 대상으로 하였다.

이 조사에서 보면, 특히 젊은 여성의 응답에서 저출산의 심리적 요인으로 다음의 세 가지 의식이 부각되었다. 첫째는 고생할 우려가 있는 결혼은 하고 싶지 않는다는 점, 둘째 고생하면서 아이를 몇씩이나 낳으려는 생각을 하지 않는다는 점, 셋째로 힘들게 취업과 자녀양육을 양립시키려 하지 않는다는 점이다.

조사 대상인 20대, 30대 여성의 경우에는 자녀를 키우면서 취업을 계속하고 싶다는 사람은 적었다. 그 정도가 아니라, 오히려 젊은 여성들에게 다시 전업주부 희망이 강해지고 있다는 경향이 분명하다는 것이다. 이 전업주부 희망이야말로 미혼화·만혼화, 나아가서는 저출산을 야기하는 요인이다. 조사에서 얻어진 생생한 목소리를 통해서 이 논리를 따라가 보자.

미혼여성의 경우

고생할 것 같은 결혼이라면 하고 싶지 않은 이유는, 젊은 미혼여성의 경제상태는 현재 상당히 좋은 편이기 때문이다. 특히 대도시에서 부모와 동거하고 있는 사람의 생활수준은 높은 편이므로, 현재 생활이 만족스럽기 때문에, 생활수준이 낮아질 우려가 있는 결혼은 하고 싶지 않다는 것이다. 총리부의 조사에서도 20대 여성의 생활 만족도는 눈에 띄게 높았다(도표3).

젊은 여성이 결혼하지 않는 것은 결혼에 매력을 느끼지 않기 때문이

〈도표3〉 일본인들의 현재 생활 만족도(1997년)

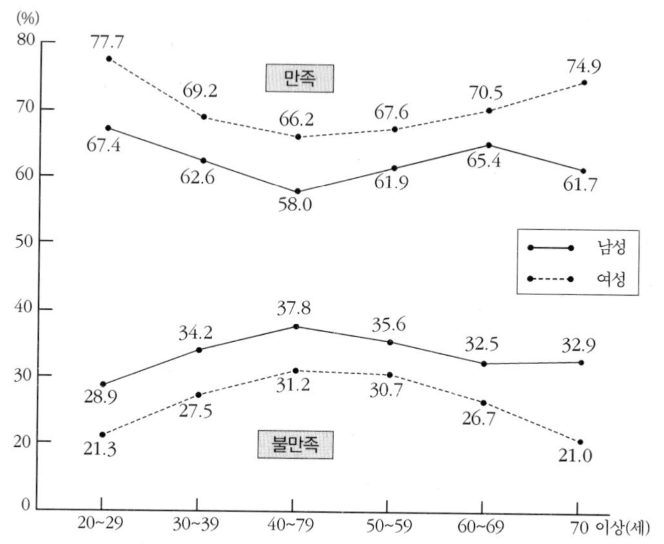

※ 만족은 '조금 만족한다'와 '만족한다'를, 불만족은 '조금 불만족하다'와 '불만족하다'를 합한 수치.
출처 : 일본 총리부, 「일본 생활과 관계된 세론조사」『월간세론조사』, 1998년 3월호, 8쪽

라고들 하지만, 우리의 조사에서 20대 미혼여성들 중 '결혼하고 싶지 않다'고 분명히 밝힌 사람은 한 사람도 없었다. 결혼 희망이 없어진 것이 아니다. 문제는 결혼의 조건인 것이다.

29세 사무직 여성(미혼, 전문대졸, 부모와 동거)은 결혼 상대의 조건으로 '가치관이 맞는 사람, 생활 면에서 적정 수준의 연봉을 받는 사람, 신체적, 정신적으로 건강한 사람'을 기대하고, 자신이 결혼하기 위해 해결해야 할 조건으로는 '금전적·정신적 자립, 부모로부터 독립'을 들었다. 이 응답을 보면 부모와 동거하고 있을 때의 경제수준을 그대로 결혼생활에도 요구하고 있다는 것을 엿볼 수 있다. 또한 24세 사무직 여성(미혼, 고졸, 부모와 동거)은 "결혼할 상대에 따라 앞으로 편하게 생활할 수 있는지, 아득바득 직장을 다녀야 하는지가 정해진다"고 했다. 부모와 함께 유복하게 생활

하는 미혼여성들은 결혼해도 지금과 같은 생활수준을 유지하고 싶어 한다. 그렇기 때문에 결혼 상대의 조건은 경제력이 있는 남성이어야 된다.

그러나 세상의 남성이 모두 다 경제력이 있을 리는 없으므로 편향 현상이 드러난다. 경제력이 있는 남성은 결혼할 수 있지만, 그렇지 않은 남성은 결혼하기 어렵다. 부모와 동거하고 있는 여성이 증가하고, 여성이 기대하는 생활수준이 높아져서 그 조건에 걸맞는 남성이 적어지고 있다. 경제력이 없는 남성과 생활수준이 높은 여성의 커플이 결혼할 확률이 낮은 것은 말할 것도 없다. 이리하여 미혼화·만혼화가 진행되어 가는 것이다.[10]

대졸 미혼여성의 경우

일반적으로 학력이 높은 여성일수록 결혼한 후에도 취업을 계속하길 원한다고 생각하기 쉽지만, 반드시 그런 것도 아니다. 특히 대도시의 대졸 미혼여성은 전업주부 지향이 매우 높다.

"아이가 생기면 육아에 전념하고 싶으니까 일을 그만두고 나중에 아이가 크고 나면 파트타임으로 일하고 싶어요. 아이를 맡기고 일하는 것은 생각하지 않아요."(20대 전반, 사무직 여성)

"부모와 남편 이외의 사람에게 내 아이를 맡겨서 키우는 것은 싫어요. 남편이 허락한다면 나는 일을 그만둘 거예요. 일을 계속하면 아이를 직접 키울 수 없기 때문에 일은 그만두려고 생각해요."(20대 전반, 사무직 여성)

"어머니가 시간제로 일을 했었기 때문에 어렸을 때 외로웠어요. 나는 내 아이와 함께 있으면서 아이의 성장을 제대로 보고 싶어요. 아이가 철이 들까지는 일을 쉬고, 아이가 크면 다시 일을 하는 것이 이상적이라고 생각해요."(20대 후반, 사무직 여성)

무리하면서 취업과 육아를 양립해야 한다면 직장을 그만두고 싶다는 사람이 많다. 자녀양육과 취업을 양립하고 싶다고 적극적으로 생각하는 사람이 없는 것은 취업을 통해 자신의 아이덴티티를 형성하고 있는 여성이 적다는 것을 나타낸다.

"아이를 키우면서 일을 하는 사람은 대단하다고 생각해요. 굉장히 절박하지 않다면 아이를 키우면서 일을 하지는 않을 거예요."(26세, 사무직 여성)

"결혼하고 아이가 생긴 경우에는 일을 그만두고 싶다고 생각하지요. 내 아이를 키우는 것은 평생에 한 번밖에 없기 때문에 스스로 키우는 것이 좋다고 생각해요. 원래 일에 집착하지 않았고, 일을 그만둘 좋은 기회이니까."(20대 후반, 사무직 여성)

"나는 구식 여자여서 결혼하면 직장을 그만두고 가정을 지키고 싶어요."(20대 후반, 사무직 여성)

이와 같이 취업과 자녀양육은 힘들기 때문에 아이가 생기면 직장을 그만두고 집안에 들어앉고 싶다고 생각하는 사람이 많다. 경제적인 필요가 없다면 그녀들은 아마 결혼 후에 직장을 계속 다니지는 않을 것이다.

3) '생활의 여유를 즐기고 있는' 전업주부

전업주부의 경우

그러나 20대 미혼여성이 취업을 그만두고 전업주부로 자녀양육에 전념하고 싶어도 그녀들이 결혼한 후에 아이를 서너 명 낳아 기를 가능성은 거의 기대할 수 없다. 취업을 하지 않고도 풍족한 생활을 하는 것에 대한 동경이 강하고, 그녀들의 '전업주부' 이미지에 자녀양육으로 인한 고생은 포함되어 있지 않다. 단지 실제로 전업주부가 된 사람들 중에는 '전업주부의 여유를 즐기고 있다'(36세, 결혼 4년차, 자녀 1명)는 사람도 상당히 많은 것이 사실이다. "전업주부를 동경하였기 때문에 가정에 들어가는 것이 기뻤어요. 이 정도는 괜찮겠지 하면서 하루에 두 번 잘 수 있는 행복. 일하는 고생에서 빠져 나왔다는 기쁨이 있어요. 결혼하기를 정말 잘했어요."(같은 사람의 인터뷰)

"결혼 퇴직을 전혀 망설이지 않았어요. 편하게 지내고 싶었고 아이가 있는데 일을 할 마음은 없었어요. 결혼한 다음에 이런 게 아니었는데 하는 기분이 든 적은 없어요. 나는 정신적으로 편하게 지내고 있어요."(40세 결혼 14년차, 자녀 1명)

조사 대상자 중 전업주부의 대부분은 대도시에 거주하고 있었고, 비교적 고학력이었는데, 학력이 높기 때문에 취업을 계속하고 싶은 것은 아니었다. 그녀들은 취업과 자녀양육의 양립을 원하지 않았기 때문에 자녀양육 때문에 어쩔 수 없이 일을 그만두었다고 응답한 사람은 거의 없었다.

전업주부 중에도 다시 취업을 하고 싶어 하는 사람이 많다. 그러면 실제로 어떤 사람이 취업을 재개하는가를 보면, 전업주부들의 현실은 달라져 있음을 알 수 있다.

"철야나 출장이 있는 업무여서 출산을 계기로 퇴직했어요. 최근에는 아이도 유치원에 들어가 돌봐 줄 부담이 적어져서 일을 다시 하고 싶어졌어요. 조금이라도 수입이 있다면 좋겠어요. 그렇지만 일하는 시간대와 아이를 맡길 장소 등의 조건이 맞지 않으면 일을 하기 어려울 것 같아요. 집에서 할 수 있는 일이라면 좋겠어요. 재취업이나 그동안 아이를 맡길 장소를 더욱 구체적으로 알아 보아야 할 것 같아요."(31세, 결혼 6년차, 자녀 1명)

"결혼해서 직장을 그만둘 때 망설임이 전혀 없었어요. 당시에는 결혼에 대한 동경이 있어서 오히려 너무나 기뻤어요. 만약 다시 일을 한다면 직장이 집과 가까울 것, 아이가 혼자 집에 있어도 괜찮을 나이가 될 것, 남편에게 부담을 주지 않고 지금의 생활을 유지하면서 일할 수 있는 것이 조건이에요."(30대 후반, 결혼 10년차, 자녀 있음)

결혼이나 출산을 계기로 직장을 그만둔 사람도 다음에 취업을 할 때에는 자신의 능력을 살리는 '보람' 있는 일을 하고 싶다고 생각한다.

"다음에 일을 한다면 자격증을 취득하여 제대로 준비를 하고 싶어요. 누구나 할 수 있는 일이 아니라 나 자신만이 할 수 있는 일이 있다면, 하고 싶어요. 시기는 자녀양육이 끝난 시점이 좋겠어요. 가정을 최우선으로 생각하고 싶으니까요. 세무사같이 가정에서 일할 수 있는 것이 좋겠지만, 아직 망설이고 있어요."(29세, 결혼 1년차, 자녀 없음)

"풀타임으로 일할 생각은 없지만, 문화센터에서 배운 것을 살려서 자원봉사 같은 활동을 조금은 해보고 싶어요. 따뜻하고 행복한 가정을 이루는 것이 제일 중요하다고 생각하므로 그저 돈을 벌 생각으로 일하는 것은 원하지 않아요."(39세, 결혼 12년차, 자녀 1명)

취업에 대해서 이 정도의 조건이 붙는다면 일자리를 찾기는 물론 어려울 것이다. 현실은 그렇게 녹록하지 않다. 재취업을 하고 싶다는 이유도 그녀들의 응답을 보면 절실함이 느껴지지 않는다.

"남편의 월급으로 생활하는 것을 남편도 원하고 있어서 가정에 영향을 미치는 일이라면 하고 싶지 않아요. 시간제 일자리라면 돈을 벌기 위해 시간을 절약해서 해볼까, 아니면 자신이 좋아하는 일을 찾아야 할까 망설이고 있어요. 자신이 좋아하는 것을 한다면 대학에서 영어를 전공했으니 영어를 가르치고 싶어요. 친구가 경영하고 있는 학원에서 교사를 할 기회가 있었는데, 저녁에 수업이 있어서 유치원 끝나는 시간에 아이를 데리러 갈 수 없었고, 아이를 다른 사람에게 맡기고 싶지 않아서 거절했어요. 한 번은 학습교재 판매를 하려 했던 적도 있는데, 그 교재가 내가 집에서 사용하고 싶은 생각이 드는 물건이 아니어서 안 했어요. 자신이 공감할 수 없는 일을 하고 싶지는 않거든요."(35세, 결혼 13년차, 자녀 3명)

"앞으로도 일을 재개할 생각은 없어요. 당장 일할 직장도 없고 남편의 전근도 있어서 파트타임 같은 일을 하고 싶지는 않아요."(36세, 결혼 12년차, 자녀 있음)

일을 재개하고 싶다고 하면서도 지금의 생활에 영향을 미치는 일이나 파트타임 업무는 싫다는 것이다. 그러나 그렇다고 해서 자녀를 여럿 키우는 것도 아니다. '아이가 하나 더 있었으면 하는데 좀처럼 임신이 되지 않는다'는 응답은 많았는데, 자녀의 수는 "하나는 외롭고, 셋은 많다"고 생각해서 둘로 수렴된다. 전업주부라는 현실에 만족하므로 아이를 하나 더 낳아서 고생하는 것보다 현재 상태의 지속을 바라는 것이다.

4) '아이가 생기면 직장은 그만둔다'는 맞벌이 여성

맞벌이 여성의 경우

한편, 결혼한 후에도 직장을 계속 다니는 딩크족 커리어우먼은 취업과 자녀양육의 양립 지향이 비교적 많지만, 속마음은 조금 다르다.

"실제로 아이가 생기면 어릴 때는 내가 키우고 싶으니까 일을 그만둘 생각이에요. 아이가 초등학교에 들어가면 시간제로 일을 하게 될지 모르지만, 아이가 집에 돌아오는 시간에는 집에 있을 수 있는 정도만 하고 싶어요."(23세, 대도시, 사무직 여성, 기혼, 자녀 없음)

"업무 능력도 인정받고 있지만, 연령적으로 보아 장래가 보장되지 않으므로, 아이를 낳는다면 일을 그만두어야 할 거예요."(33세, 대도시, 사무

직 여성, 기혼, 자녀 없음)

직업을 통해 아이덴티티를 확립할 정도의 경력을 쌓고 있는 여성들이라고 해서, 일률적으로 양립을 목표로 하고 있지는 않았다. 보육시설 등의 설비를 충실히 하면 아이를 낳을 사람이 증가할 것이라고들 하지만, 아이와 함께 보내는 시간을 중시하는 그녀들에게 그것은 유효한 방법이 아니다. 말하자면 그녀들은 고학력 전업주부 예비군인 것이다. 커리어우먼에 대해서는 보육시설의 확충보다 복직을 보증하는 방법이 효율적인 정책일 것이다.

5) '숙명적인 노동': 지방의 여성들

판매직 여성의 경우

기혼여성 취업자 중에서도 판매직 여성들의 경우는 다른 경향을 보인다. 이들은 결혼이나 출산으로 한 번 직장을 떠났던 사람이 다시 돌아온 경우가 많은데, 그녀들 중에서 직업을 자신의 아이덴티티로 느끼는 사람은 거의 없다. 그녀들은 대개 자녀가 둘이나 셋이고, 경제적인 이유로 직장을 다니기 시작한 사람이 많다.

"아이 셋을 키우려면 남편의 수입만으로는 생활이 쪼들려요."(30대 전반, 지방, 자녀 3명)

"낮에는 보험 영업, 저녁에는 집에서 피아노 교사, 큰딸을 사립 음대의 부속학교에 입학시키고 싶어서, 우선 돈을 벌어 두어야 해요."(37세, 지방, 자녀 3명)

"남편의 월급만으로 살기 어려운 것도 있지만, 아이들에게도 돈이 들어가서 여유가 있었으면 좋겠어요. 우리 집은 남편이 가정 경제를 쥐고 있

어서 내가 자유롭게 쓸 돈이 전혀 없어요."(38세, 지방, 자녀 2명)

경제적으로 절실한 경우에서부터 용돈을 버는 것까지 배경은 다양하지만, 만약 남편의 수입이 충분하다면 시간제 취업을 하지 않고 그냥 전업주부로 있었을 것이다. 이 층은 주로 도시 거주자로 남편의 수입이 낮은 편이고, 생활 때문에 특히 자녀의 교육비 때문에 취업하는 경우가 많다. 그녀들의 경우에는 일과 자녀양육의 양립이 아니라 '남편의 수입과 자녀양육의 양립'이 문제인 것이다.

지방 거주 기혼여성의 경우

한편, 지방에 사는 고졸이나 전문대졸업인 기혼여성의 경우는 처음부터 생활을 위해 취업을 한다는 의식을 가지고 있다.

"아이를 낳아서 기르는 것은 어머니의 특권이므로 내가 키우고 싶지만 시부모와 동거하고 있어서 아이가 태어나면 시부모에게 아이를 맡기고 나는 일을 계속해야 하지요. 내가 원하는 대로 할 수가 없어요."(30대 전반, 지방, 취업, 기혼, 자녀 없음)

"나한테 아이가 생기면 일을 그만두고 아이를 키우고 싶지만, 시부모님이 집에 계시기 때문에 내 맘대로 하기 어려울 거예요."(20대 전반, 지방, 취업, 기혼, 자녀 없음)

"내 아이니까 직접 키우고 싶지만, 부모님과 함께 살고 있고, 생활비 때문에 가능하다면 계속 일하는 것이 낫다고 생각해요……."(30대 전반, 지방, 취업, 자녀 없음)

대부분의 경우에 며느리가 직장을 나가는 동안에 함께 사는 시어머니가 아이를 돌보아 주는, 소위 전근대 농촌형의 맞벌이이다. 한 가족이 다 같이 가사와 육아·일을 분담하고 있으므로, 본인이 전업주부가 되고 싶어도 주위에서 그것을 허용하지 않는다.

"아이가 생기면 부모와 같이 살려고 생각하고 있어요. 사실은 아이가 집에 돌아와서 '학교 다녀왔어요' 하면 '잘 다녀왔니?' 하고 내가 직접 맞아 주고 싶어요."(28세, 지방, 취업, 기혼, 자녀 없음)

"내가 아이를 키우는 것이 이상적이지만, 생활을 고려하면 돈을 벌어야 하므로 어쩔 수 없다고 생각해요. 업무가 바쁘고 스트레스가 쌓일 때면 전업주부가 부럽다는 생각이 들어요. 전업주부라면 내 마음대로 할 수 있으니까. 결혼하기 전부터 세 끼 식사에 낮잠을 잘 수 있는 태평한 생활은 꿈도 꾸지 말라는 말을 지겹도록 들었어요." (27세, 지방, 취업, 자녀 1명)

전업주부를 완전히 포기하고 싶지는 않은 여성들

지방에서 남성의 수입은 도시에 비하면 낮은 수준이기 때문에 이 층에서도 실제 자녀 수는 희망 자녀 수보다 적다. 자녀 수 역시 경제 상태의 영향을 받는다고 생각된다. 그런데 도시와 마찬가지로 여성의 전업주부 희망은 강해지고 있다.

"아이가 있으면 잔업도 할 수 없고 업무도 제대로 해내기 어려우니까 일은 그만둘 생각이에요. 집에 있으면서 아이에게 옷도 만들어 입히고, 음식도 제대로 만들어서 먹이고 싶어요."(20대 전반, 지방, 취업, 미혼)

"아이가 초등학교 저학년 정도될 때까지 가능하면 집에서 같이 있어 주고 싶어요."(23세, 지방, 취업, 미혼)

그러나 희망대로 되기 어렵다는 것을 알아채고 있는 사람도 많다.

"결혼 상대의 수입이 많으면 내가 집에서 아이를 돌보고 싶지만, 아마도 맞벌이를 하게 될 것 같아요."(29세, 지방, 취업, 미혼)

"일을 계속해야 하는 환경이라면 할 수 없겠지만, 아이가 생기면 가능

하다면 직장을 그만두고 싶어요."(20대 전반, 지방, 취업, 미혼)

지방에 거주하는 미혼여성은 전업주부가 되고 싶어도 남편의 수입이 낮은 경우에는 취업을 해야 한다는 각오를 가지고 있다. 실제로 일을 하게 될 확률이 높은 그녀들이지만, 만약 남편의 수입이 많거나 부모와 따로 산다면, 선뜻 전업주부를 선택할 것이다. 지방에 있는 전문대 교수에게 이런 현상을 최근의 전문대 학생은 어떻게 생각하는지 물어보았더니, "전업주부를 원하지만 세상은 녹록하지 않은 것 같다"고 했다는 것이다.

돈을 벌어야 하는 여성에게 취업은 '숙명적인 노동'이다. 따라서 원하지 않는 취업을 할 필요가 없는 주부는 너무나 사치스러운 존재가 되는 것이다. 이것이 바로 젊은 여성들이 전업주부를 동경하는 이유다. 전업주부를 완전히 포기하지 못한 젊은 여성이 늘어나는 것이 미혼화의 직접적 원인인 것이다.

6) '기생적 싱글' : 속 편한 미혼여성들

직장도 다니지 않고 육아도 남편에게 의존

최근 도쿄 여성의 의식조사[11]결과를 연구회에서 검토할 때 어느 교수(여성)가 통계자료를 보고 너무 기가 막히다는 반응을 보였다. 육아기에 '부부의 이상적 노동방식'을 묻는 질문에, 부부 각각의 역할을 '취업', '자녀양육', '취업과 자녀양육 양립'의 3가지 유형 중에서 선택하는 것이었다.

응답 결과는 '남편, 아내 두 사람이 함께'가 전체의 약 1/3을 점하고, 연령에 따른 차이는 나타나지 않았다. '남편은 취업, 아내는 육아 우선'이라는 전형적인 타입을 선택한 응답은 10% 남짓이고, 이것은 젊은 사람일수록 감소하는 것으로 나타났다. 반대로 젊은 층에서 증가하고 있는 것은 '남편은 취업과 자녀양육의 양립, 아내는 양육 우선'이라는 응답으로 전체의 30%, 미혼자가 많은 20대 전반에서는 1/3 이상이 이 유형을 이상적이라고 생각했다.

이것을 보고 여성 교수는 "우리 세대(40세 이상)의 일하는 여성들은 직장일과 육아를 둘 다 열심히 했어요. 남편은 일을 하는 것이 당연하였고, 아내가 밖에서 일하는 것을 이해해 주는 남편은 적었지요. 그런데 요즘 젊은 여성은 일도 하지 않으면서 육아를 남편에게 도와달라고 하다니. 너무나도 얌체같이 자기만 편하자는 거잖아" 하고 개탄하였다.

여성의 사회 진출을 주도했던 40~50대와 20~30대의 여성을 비교하면 취업과 육아에 대한 의식이 상당히 다르다. 오늘날의 20대 젊은 여성에게 일을 계속하는 것을 통하여 남녀평등에 공헌한다는 사명감을 기대하는 것은 거의 불가능한 일이다.

따라서 남녀평등을 목표로 일과 육아를 양립하려고 힘겹게 노력했던 중년 여성들이 나중에 뒤를 이을 사람이 없어서 허탈해 하는 것도 어쩔 수 없는 일인지도 모른다. 남녀평등이 진전되고 기혼여성이 취업하는 것이 당연해진 미국에서도 '수입에 여유가 있으면 직장을 그만두고 아이들과 함께 있고 싶다'라는 여성이 1986년에는 36%였는데, 1990년에는 56%로 증가하였다.[12)]

최근에 젊은이들 사이에서 확산되고 있는 '전업주부' 지향은 20~30년 전의 '전업주부' 지향과는 다르다. 적극적으로 육아와 가사를 하고 싶다는 것이 아니라, 고생스러운 일은 하고 싶지 않다는 '소극적 전업주부' 지향인 것이다. 1998년도 『후생백서』에서도 오쿠라 치카코小倉千加子가 '신新전업주부' 지향으로서 '남편은 취업과 육아, 아내는 육아와 취미(적 일)'을 맡는 역할 분담이 여성들의 이상이 되고 있다고 논하였다.[13)]

자녀의 기생을 허용하는 부모들

'소극적 전업주부' 지향의 내용은 '힘들여 일하지 않고도 풍족하고 여유 있는 생활을 하고 싶다'는 소망이다. 그런 생활을 뒷받침하는 것은 '미래의 남편'인 것이다. 오쿠라 치카코가 지적한 바와 같이 '충분한 급여와 가사에 협력적인 남편'이 이상적인 남편이다.

그러나 이러한 남성의 수는 한정되어 있다. 특히 이런 불황기에 충분한 액수의 급여를 버는 남성은 보통 직장일 하느라 바쁠 것이고, 육아를 도울 시간적 여유가 있는 젊은 남성은 높은 급여를 받을 수가 없다. 그렇기 때문에 젊은 층의 결혼이 지체되고 미혼화가 진행되는 것이다. 결혼하지 않는 이유로 미혼여성의 52%가 '이상적인 상대를 만나지 못해서'라고 응답하였다.[14] 이상적 기준이 이렇게 높아졌으니 배우자를 만나는 것이 결코 쉽지는 않을 것이다. 왜 상당수의 여성이 이같이 공상에 가까운 소망을 갖게 된 것일까? 이유는 그녀들의 부모에게 있다.

앞에서 서술한 바와 같이, 오늘날 증가하고 있는 것은 부모와 동거하는 미혼여성이다. 그녀들은 부모와 함께 살면서 어렵게 일하지 않고도 풍족하고 여유 있는 생활을 누리고 있다. 부모와 동거하면 기초적 생활비는 들지 않는다.

우리의 조사에서는 20대로 부모와 동거하는 남녀가 부모에게 생활비로 내놓는 액수는 평균 2~3만 엔이었다. 급여의 70~80%는 자신이 자유롭게 쓰고 집안일은 어머니가 해주고 있었다. 이러한 상황에 익숙해지면 아버지 정도의 수입과 가사에 협력적이라는 조건을 둘 다 갖춘 남성이 나타날 때까지 결혼하려 하지 않을 것이다. 이런 사람들은 나는 '부모에게 기생하는 싱글'이라고 부른다.

7) 부모-자녀 동거세 신설을

미적미적한 실업 상태

이 경향은 실업 통계에도 나타나 있다. 근년 실업률이 높아지고, 특히 젊은 층에서 급증하여 15~24세 층에서 9.2%로 전후 최악의 수치를 기록하였다. 그러나 남성은 비자발적 실업이 증가하는 반면, 여성은 기업이 도산한 것도 아니고, 자신이 그만둔 것도 아니고, 학교를 막 졸업하고 취업을 못한 것도 아닌 '기타'에 분류되는 실업자가 증가하고 있다.

이것은 학교를 졸업하거나 회사를 그만둔 뒤에 외국어 학원에 다니거나 여행이나 취미 생활을 하면서 빈둥거리는 사람이 "이제 일이라도 해볼까……" 하면서 구직을 시작한 무직자 층이다. 그녀들은 생계를 위해 직장을 구하는 것이 아니다. 그다지 적극적으로 일을 찾는 것도 아니고, 학원 다니는 것도 지겨워져서 취업이라도 해볼까 하는 '미적미적한 실업 상태'가 젊은 여성들 사이에 증가하고 있다. 이것도 부모가 성인이 된 딸을 '기생'시키기 때문에 가능한 실업인 것이다.

그녀들은 '자신에게 맞는 직장'이나 '자아실현을 실감할 수 있는 직장'이 아니라면, '해외여행을 다닐 수 있을 정도로 한가한 직장'이나 '편하고 적당한 용돈을 벌 수 있는 직장'을 원한다. 이것은 앞의 면접 조사에서 본 전업주부 층의 구직 희망과 거의 같은 구조라는 것을 알 수 있을 것이다. 남편의 조건으로 분에 넘치는 조건을 내거는 여성들이라면 원하는 직장의 조건도 높을 수밖에 없다. 이러한 여성들의 존재가 취업과 가사·육아를 양립하려는 여성과 혼자 살면서 생계를 위해서 필사적으로 일하는 여성들을 방해하고 있는 것이다.

조사 결과를 보면 알 수 있듯이, '취업을 계속하고 싶어 하는 여성의 증대가 미혼화를 초래했다'고는 절대 말할 수 없다. 오히려 '고생스럽게 직장 일을 하지 않고도 풍족하고 여유 있게 자녀를 양육하고 싶다'는 전업주부 소망을 가진 여성이 배우자를 찾지 못하고 있는 것이다. 이 현상을 초래한 책임은 자녀와 계속 동거하고 있는 부모에게 있다. 그리고 최근에는 남성에게도 부모의존증이 확산되는 기미가 있다.

불황, 재정난, 저출산의 간단한 해결법

오늘날 부모에게 자녀가 성인이 되면 집에서 내쫓으라고 하는 것은 무리일 것이다. 기술적으로 아주 어렵다고 생각되지만, '부모-자녀 동거세'라도 신설하면 어떨까? 증여세와 마찬가지로 성인이 된 후에도 부모와 동거하는 아들, 딸은 부모에게 '증여'를 받고 있다고 인정해, 세금을 부과하는 것이다(그 경우에 병이나 실업 상태인 부모를 돌보는 자녀는 세금을 면제한다).

그렇게 하면 혼자 살거나 결혼을 하는 사람이 증가하고, 주택 수요를 비롯한 개인 소비가 자극될 것이다. 이것이야말로 증세에 의한 재정 재건과 개인 소비의 수요 증가를 동시에 충족시키는 일거양득, 아니 결혼이 증가하면 아이도 태어나므로 일석삼조의 방법이 될 것이다.

3장 저출산과 기생적 싱글 현상의 대응책

1) 증식하는 기생적 싱글

부모와 동거하며 부유한 생활

만혼화가 진행되고, 20대 후반에서 30대인 독신족이 넘쳐 나고 있다. 일견 도시에서 혼자 살면서 자유를 만끽하고 있어서 결혼을 하지 않는 것이라고 생각되기 쉽지만, 실제로는 그렇지 않다. 〈도표4〉를 보면 알 수 있는 바와 같이, 최근 10년 동안 혼자 사는 독신여성의 비율은 거의 변화가 없다. 이에 비해 부모와 함께 사는 독신여성이 급증하고 있다. 부모와 동거하고 있는 독신 사무직 여성은 백화점에서 명품을 구매하는 첫번째 고객이라고 하는 바와 같이, 그녀들은 소비 의욕이 높은 부유한 층으로, 기업의 판매 전략에서도 주목을 받고 있다.

부유한 20대 독신의 실태를 밝히기 위해, 부모-자녀관계를 중심으로 조사를 실시한 결과가 있다.[15] 예를 들면, 도쿄에서 부모와 동거하는 20대의 약 1/3은 거의 부모에게 생활비를 내놓지 않고 있다. 혹은 2~3만 엔을 낸다고 해도 부모는 자녀를 위해서 절약을 하면서 저금을 하는 경우가 많

〈도표4〉 미혼 독신여성의 거주상태

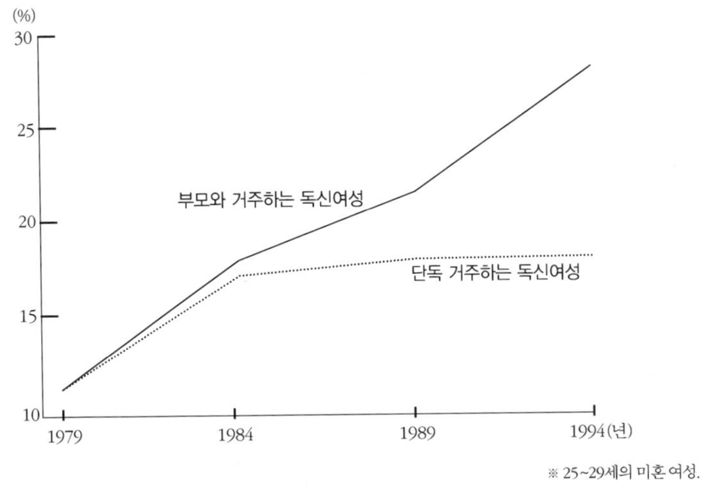

※ 25~29세의 미혼 여성.

출처 : 「제3회 세대동태조사」, 국립사회보장 · 인구문제연구소

다. 남녀 모두 집안 살림의 80% 정도는 부모에게 맡기고 있다.

이 세대의 부모는 대개 50~60대이다. 그들은 고도경제성장기에 도시에서 취직하여 남성은 종신고용-연공서열이 유지되는 가운데 순조롭게 지위를 구축하였고, 여성은 전업주부가 된 경우가 많았던 세대이다. 대부분은 성인 자녀에게 경제적으로 의존할 필요가 없고, 집에는 자녀 전용방을 갖고 있다. 가사도 전업주부인 어머니가 혼자서 도맡아 하고 있어서, 도움이 필요하지도 않다. 부모와 함께 부유한 생활을 누리는 젊은 어른에게는 이러한 부모의 뒷받침이 있는 것이다.

이러한 젊은이가 현재 미혼화 및 저출산의 원인이 되고 있다. 어떤 결혼식에서 연배가 있는 분이 이런 축사를 하였다. "지금부터 30년 정도 전에는 둘이서 힘을 합하여 풍족한 생활을 이루어 나가라는 축사가 의미가 있었습니다. 그런데 오늘날의 두 사람은 결혼하기 전부터 이미 풍족한 생활을 하고 있으므로 더 큰일입니다"라고 했다.

오늘날에도 미혼여성의 전업주부 지향은 강하다. 결혼을 할 때 자신의 아버지보다 높은 경제력이 있는 남성이 배우자가 되어야 생활수준을 유지할 수 있다. 그러나 저성장시대가 되면 부모의 생활수준은 올라가지만 젊은 층의 임금은 정체된다. 여성의 입장에서는 부모와 함께 있는 것이 섣불리 결혼하는 것보다 편하게 생활할 수 있다. 게다가 오늘날은 결혼하지 않고도 애인과 얼마든지 즐길 수 있다.

한편 부모, 특히 어머니는 좀처럼 딸을 곁에서 떠나 보내려 하지 않는다. 일란성 모녀라고 불리면서 연공서열로 높아진 아버지의 급여를 후원금으로 하여 두 모녀는 소비생활을 마음껏 즐기고 있다. 어느 주부가 "미혼모도 괜찮으니 집에서 아이를 낳아 주지 않을래? 아이는 내가 키워 줄게"라는 말을 했다는 것이 인상적이다. 이와 같이 결혼하지 않는 젊은 층은 부모의 높은 경제력을 이용할 수 있는 도시의 여성과 경제력이 낮은 남성에게 집중되어 나타난다.

부모의 경제력에 좌우되는 젊은이

물론 현실에는 부유한 젊은이만 있는 것은 아니다. 부모가 지방에 있거나 부모집이 너무 좁다는 등의 사정으로 검소하게 혼자 사는 젊은이도 있다. 즉 부모의 경제력을 이용할 수 있는 정도에 따라 젊은이의 생활수준이나 결혼의식이 좌우되어 버리는 것이다.

또한 조사에서 '자신이 결혼하여 부모와 따로 살게 되었을 때, 부모를 가족이라고 생각하는가?'라는 질문에 부모의 소득 수준이 높은 여성은 '예스', 낮은 여성은 '노'라는 경향이 나타났다. 부모의 경제력이 높은 딸은 결혼한 후에도 부모의 원조를 기대하고 있다는 것을 엿볼 수 있다. 결혼한 후의 부모-자녀관계도 부모의 경제력에 좌우되게 되어 버렸는지도 모른다.

이런 현상은 젊은이들 사이에서 실력주의가 붕괴되고 부모의 계층을 계승하는 '신분제'가 부활하고 있는 배경으로 보인다. 일본의 젊은이가 '의욕'을 상실해 가는 것도 이런 이유가 아닐까? 우리는 '자신의 자녀를 위해서라면 무엇이든 한다'는 태도를 재검토해야 하는 시기에 접어들고 있다. 성인 자녀(특히 딸)를 독립시키겠다고 부모가 단호한 태도를 취하지 않는 한, 미혼화와 저출산은 계속될 것이다.

2) 증가하는 독신남녀의 인생관 불일치

건강한 독신의 조건

오랫동안 가족을 조사하면서 느끼는 것은 '남성에게 여성 파트너는 필요불가결하지만, 여성에게는 반드시 그렇지는 않다'는 현실이다. 결혼에 관련된 최근 상황을 보면, 이 명제가 중요한 의미를 갖게 된다.

최근 25년간 초혼연령이 계속 상승하고, 미혼율도 증가하고 있다. 초혼연령은 1970년에는 남성 26.9세, 여성 24.2세였는데, 1995년에는 남성 28.5세, 여성 26.3세로 높아졌다. 30~34세의 미혼율도 남성 37.3%, 여성 19.9%가 되었다.[16] 그러나 결혼 희망 자체가 약화된 것은 아니라고 생각된다. 35세 이하의 미혼자에 한정한다면 남녀 모두 90% 이상이 언젠가는 결혼하고 싶어 한다. 조사 통계를 보면, 독신주의자가 늘어서 결혼이 감소한 것이 아니다.

여기에서 고찰해 보고 싶은 것은 현실적으로 계속 늘어나고 있는 30대, 40대 독신의 인생관에서 남녀 차이의 문제이다. 주위에서 보면 밝고 활발한 독신 여성은 많이 보이지만, 배우자나 애인 없이 직장이나 사회 활동에 몰두하는 남성 중에서 밝고 활기찬 모습은 거의 눈에 띄지 않는다. 역으로 보면 건강한 남성 독신은 반드시 애인이 있지만, 여성의 경우에는 밝은 모습과 애인의 유무 사이의 상관관계가 없다고 할 수 있다.[17)]

어떤 카운슬러의 이야기에 의하면, 40세가 되어도 여성과 교제해 본 경험이 없는 남성은 무기력하고 갑자기 폭력적이 되기도 하고 커뮤니케이션에 장애가 나타나는 사람이 많다고 한다. 또 의료 통계에서는 남편이 먼저 세상을 떠난 여성은 장수하지만, 부인이 먼저 세상을 떠나고 재혼을 하지 않은 남성의 수명은 길지 않다는 보고도 있다.

이와 같은 실태를 보면, '남성의 심리적 건강을 위해서는 가까이에 여성이 있는 것이 불가결하지만, 그 역은 성립하지 않는다'는 명제가 현실감을 갖게 된다. 그러면 최근에 나온 페미니즘 심리학의 성과를 응용하여 그 이유를 설명해 보기로 하자.

여성이 남성을 필요로 하지 않는 이유

예전에 보부아르Simone de Beauvoir는 '여자는 여자로 태어나는 것이 아니라, 여자로 만들어지는 것이다'[18)]라는 명언을 남겼지만, 최근 식견에 의하면 사실은 반대다. 여자는 여자로 태어나고 남자는 남자로 만들어지는 것이다.

영유아기 아기를 돌보는 것은 주로 여성(엄마, 할머니, 보모 등)이다. 그렇기 때문에 여자아이는 가까이에 있는 사람과 같은 성별인 존재로 자신을 받아들일 수가 있다. 한편 남자아이에게는 자신과 제일 가까운 존재인 엄마(혹은 엄마를 대리하는 여성)와 다른 성별을 가진 존재로 자신을 인식해야만 한다. 게다가 현대 사회에서는 보통 아버지는 자녀와 소원한 관계이고 일을 하는 모습을 자녀가 직접 접하지 못한다. 그렇기 때문에 남성은 어렸을 때부터 '남자로서' 무엇을 하면 좋은지에 대하여 고민한다.

즉 여성은 아무것도 하지 않아도 자신이 여성이라는 확신이 분명하지만, 남성은 늘 자신이 남자라는 것을 증명해야만 하는 압력을 받고 있다. 그렇기 때문에 가까이에 여성이 있을 필요가 있는 것이다. 처자식을 부양하는 남편, 여자친구를 곁에서 지켜 주는 애인 등, 여성에게 무언가를 해주거나 받는 존재로서 자신을 인식하도록 한다.

이러한 비대칭성(편향)은 섹스 영역에서 분명히 나타난다. 심리학자 초도로우Nancy Chodorow에 의하면 여성은 불감증이거나 수동적이어도 섹스를 하고 임신할 수 있다. 그러나 남성은 성적으로 흥분하지 않으면 섹스라는 행위 자체가 불가능하다. 그 결과 남성은 여성에 의해 성적으로 흥분함으로써 자신이 남성이라는 확인을 얻는다는 메커니즘이 형성된다고 하였다(여성은 그렇지 않다).[19]

또한 친밀함의 표현이라는 점에서 보면, 남녀의 필요도는 비대칭적이다. 자녀에게 어머니는 무조건적으로 어리광을 부릴 수 있는 존재로 인식되지만, 아버지-아들은 기본적으로 경쟁 관계이다. 그래서 여성은 여성끼리 친밀해질 수 있는 한편, 남성은 동성보다 여성에게 자신의 기분을 솔직하게 밝히기 쉽다. 특히 '응석을 부리는' 것이라면 남성의 상대는 여성에게 한정된다. 무리한 결혼을 하거나 애인을 만들지 않아도, 여성은 동성 친구와 놀면서 이상적인 남성이 나타날 때까지 계속 기다릴 수 있다. 이에 비해 남성은 극단적으로 말하면 여성이라면 아무나 된다고 생각해 버리는 사람도 많이 있다.

여성의 눈높이는 한층 까다로워졌다

지금부터 20~30년 전 여성의 직장 진출이 제한되었던 시절에는 여성도 지금보다 남성의 존재를 필요로 했었다. 여성이 보다 좋은 생활을 얻기 위해서는 경제력이 있는 남성과 결혼할 필요가 있었다. 즉 여성의 경제적 필요성과 남성의 심리적 필요성이 맞아떨어졌던 것이다. 또한 고도경제성장기였으며, 남성에게 아버지 이상의 경제력을 기대할 수 있는, 즉 이상적인 남성이 대량으로 공급되었기 때문에 남녀 모두 결혼하기 쉬웠었다.

그러나 최근에 가족을 둘러싼 경제 사정의 변화에 따라 남성에게 기대하는 경제적 필요성이 희박해졌다. 여성은 자신이 취업을 하면 어느 정도의 생활은 할 수 있고, 형제 수가 적어서 부모에게 의존하는 것도 가능하다. 그러한 가운데, 여성에게 남성은 '있어도 좋지만, 없어도 상관없는 존재'가 되었다. 섹스 상대는 반드시 필요한 것은 아니고, 어머니나 자매, 여자친구가 친한 상대가 되어 얼마든지 같이 놀 수 있다.

'있어도 좋다'는 이상적 수준도 최근에는 계속 상승하고 있다. 부모의 집에 있으면 부모가 집안살림을 다 해주고, 혼자 살면 홀가분하다. 만약 지금보다 나은 생활을 원하면, 남성을 선별하는 눈이 까다로워진다. 지금의 20대, 30대 여성의 아버지의 경제력은 연공서열로 높아졌고, 그 이상의 경제력을 갖추고 있는 남성은 적다. 경제력으로 승부하는 것은 아주 소수의 남성만 가능한 일이다. 그렇기 때문에 남성은 더욱 가혹한 상황에 놓이게 된다. 남성이 심리적으로 안정되기(남성이라는 것을 확인하고 친밀감이나 응석을 표현하기)위해서는 여성이 필요하다는 상황에는 변화가 없기 때문이다.

이성교제의 기회가 개방되어 있고, 매력적인 남성은 결혼하거나 애인을 만들 수 있다. 여성에게 이상적인 남성이라고 인정받으면 심리적으로 안정될 수 있다. 그러나 그 반대편 끝에 여성에게 '선택받지 못하는' 남성이 독신자로 존재한다. 아버지나 형제나 남성 친구들끼리 서로 응석을 부리거나 같이 놀 수 있는 사람은 거의 없다. 일에 몰두하거나 술이나 담배 또

〈도표5〉 일본 독신여성의 결혼관(1996년)

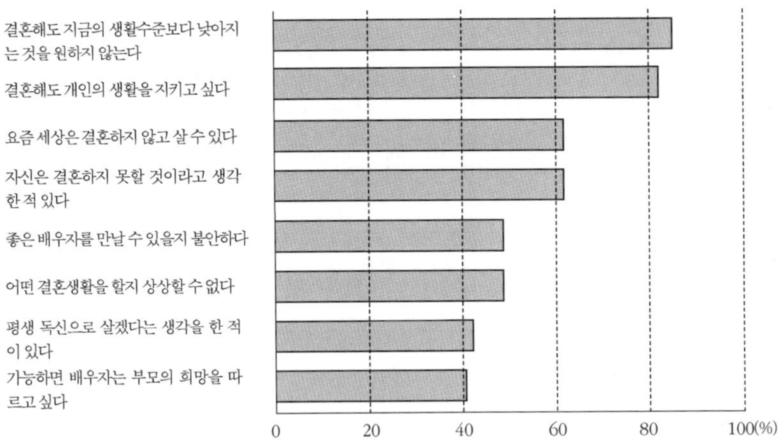

※대도시, 긴키권(近畿圈 : 교토 주변 지역)에 거주하는 20~30세 독신여성을 대상으로 조사. 복수응답 허용.

출처 : OMMG, 「30대 전반前半 독신남녀의 연애·결혼의식」

는 도박에 빠지거나 오타쿠*가 되고, 결국은 향락 산업에 탐닉하는 사람이 늘어나고 있다. 밝고 건강한 독신 여성과 어둡고 처량한 독신 남성. 이러한 상황에서 탈피하기 위해서는 '남성다움'의 자부심을 버릴 수밖에 없다. 여성은 남성에게 경제력만을 원하는 것은 아니다. 자신을 대등한 입장에서 대해 주는 '인간'을 원한다. 지금까지와 같이 여성을 남성다움을 확인하는 수단으로 보는 것이 아니라, 여성을 대등한 입장에서 커뮤니케이션하는 존재로 의식하는 것이 남성에게 필요하게 되었다.

---

* 오타쿠(おたく) : 일본어로 '당신' 또는 '댁'이라는 뜻. 상대방이나 집안을 높여 부르는 이인칭 대명사에서 유래한 말이다. 일반적으로 특정 분야에 마니아보다 더욱 심취하여 집착하는 사람을 가리킨다. 자신이 좋아하는 분야에 있어서 팬이나 마니아 수준을 넘어 득도의 경지에 이름으로써 전문가를 뛰어넘는 수준을 갖추고 있다는 의미가 내포되어 있기도 하지만, 한편으로는 특정 분야에만 관심을 가짐으로써 일반적 상식을 결여한 사람 또는 자기만의 세계에 갇혀 사는 사회 부적응자라고 비하하는 부정적 의미도 담겨 있다.

3) 남성 문제이기도 한 저출산

잊혀졌던 '아버지'

SAM(아무로 나미에安室奈美恵의 전 남편)이 아이를 안아 올리는 사진에 '육아를 하지 않는 남자는 아버지라고 할 수 없다'는 문장이 적힌 후생성의 포스터가 화제가 된 적이 있었다. 이 포스터가 21세기의 일본사회를 예감하는 획기적인 것이라고 하면 조금 과장일지 모르지만, 저출산 문제는 '남성' 문제임에 틀림없다는 인식에 이르렀다는 점은 획기적이다.

'1.57쇼크'라는 말이 등장한 이래, 일본에서 '저출산'은 정책적으로 대처해야 하는 과제로 인식되었다. 여성 1명이 일생 동안 출산하는 자녀 수의 평균(합계출산율)이 1989년에는 1.57이 되었고, 1998년에는 1.38로 저하되었다. 이대로 고령화가 한층 진전되어 노동력 인구가 감소하고 생활수준의 저하, 사회의 활력 저하 등이 나타나고 있다는 우려가 있다.

합계출산율이 '여성 1명당'이라는 말로 정의되는 바와 같이, 저출산 문제는 '여성' 문제라고 인식되어 왔다. 여성의 직장 진출이나 육아 노이로제 등이 원인이라고 하여, 여성이 아이를 낳지 않거나 결혼을 하지 않는 이유가 무엇인가 하는 의문이 제기되었고, 조사 연구도 여성의 의식이나 행동에 고찰의 초점이 맞추어졌다. 분명 임신하고 출산하는 것은 여성이다. 그러나 차분히 생각해 보면, 여성 혼자서 출산을 결정하는 경우는 거의 없고, 결혼도 남녀 쌍방의 합의가 필요하다. 남성의 의식도 저출산과 무관하다고 할 수 없는데, 조사연구나 논단에서 남성에 대한 고찰은 거의 없었다.

1997년, 내가 참가한 조사연구회(저출산의 사회·심리적 요인에 관한 연구회)에서 젊은 남성을 대상으로 면접조사를 실시하였다. 분석 결과를 보면 저출산은 여성뿐만이 아니라, 남성의 문제이기도 하다는 것을 알 수 있다. 어떤 남성은 '이 정도의 수입으로 결혼하여 아이가 태어나면 불쌍하다'고 답했고, 다른 남성은 '육아를 도와야 한다면 아이는 필요없다'고 했다. 남성의 의식이 이래서는 아무리 여성이 아이를 낳아서 키우고 싶어도 저출산은 계속될 것이다.

육아를 하지 않는 남성은 아버지가 될 수 없다

남성이 이러한 의식을 갖게 된 배경을 생각해 보자. 이것을 해결하는 열쇠는 일본의 경제 정세에 있다. 일본은 석유파동 이후에 장기적인 경제저성장기에 들어갔고, 최근에는 불황이 심화되고 있다. 그 영향이 젊은이들에게 나타나는 것이다. 조건이 좋은 대기업은 채용을 보류하고, 임금 상승을 억제한다. 즉 젊은 남성 한 사람의 월급만으로는 풍족하게 처자식을 부양할 수 있다는 생활상의 전망이 불가능해진 것이다.

오늘날의 젊은이는 풍족한 부모 밑에서 자랐다. 미혼 성인 중에서 여성의 약 80%, 남성의 약 60%는 부모와 같이 살고 있다. 내가 '기생적 싱글'(부모에게 기생하는 미혼자)이라고 부른 바와 같이 부모 슬하를 떠나지 않는 한, 적은 수입으로도 풍족한 생활을 누릴 수 있다. 결혼해도 자신의 수입만으로는 가족의 생계를 유지할 자신이 없다는 남성의 의식이 결혼을 주저하게 하고, 자녀 수를 줄이고 있다. 그들(여성도 마찬가지이지만)은 이구동성으로 '자신의 생활이 힘든 것은 어쩔 수 없다고 해도, 아이를 고생시키기는 싫다'고 답했다.

그렇다면 유럽과 미국처럼 일반적으로 부부가 맞벌이를 하고 가사와 육아를 분담하는 생활 양식이 해결책이라고 생각된다. 부부 두 사람의 수입을 합하면 어느 정도 풍족한 생활 즉 아이를 여유 있는 환경에서 키우는 것이 가능할 것이다.

그러나 남성 측이 육아의 분담을 싫어한다면 이 해결책은 성립되지 않는다. 여성 측에서도 가사와 육아를 일방적으로 부담하면서 직장에 나가야 한다면 전업주부로 있는 것이 낫다고 생각할 것이다. 이런 상황에서 SAM의 포스터가 등장한 것이다. 실제로는 육아을 하지 않는 남성은 '아버지라고 할 수 없다'가 아니라 '아버지가 될 수 없다'는 것이 정답일 것이다.

열쇠를 쥐고 있는 여성노동의 정당한 평가와 처우

왜 남성은 이러한 해결책을 받아들이지 않는 것일까? 단순히 의식이 뒤쳐져 있는 것만은 아닐 것이다. 얼마 전에 라이프디자인 연구소의 마에다 마사코前田正子 부주임 연구원이 분석한 남편의 가사 참여에 관한 조사 통계를 보았다. 결론은 남편의 가사 참여는 아내의 수입에 비례한다는 것이다. 즉 아내의 수입이 많으면 마지못해서건 좋아서건 남편도 가사를 분담하지만, 수입이 적으면 시간 여유가 있어도 가사를 하지 않는다. 이 결과는 너무 노골적이어서 더 할 말이 없지만, 인간심리를 생각해 보면 납득이 가기도 한다. 너무 지나친 생각일지 모르지만, 예의 포스터도 사실은 이것(아무로 나미에의 수입이 많으니까 SAM도 육아를 분담한다)을 암시하는 것이지도 모른다.

그러면 남성에게 가사와 육아를 분담시키기 위해서 필요한 것은 여성의 임금, 특히 신혼과 육아기의 임금을 인상하는 것이다. 이것은 지금까지의 차별적인 노동환경을 개선하고, 여성의 능력을 정당하게 평가한 처우를 하는 것으로 달성된다. '육아와 취업의 양립을'이라는 표어를 내거는 것만으로는 오늘날의 젊은이는 따라오지 않는다. 여성의 직장 환경을 개선하고, 두 사람의 수입으로 육아를 하면서 결혼생활을 하도록 사회적으로 지원하는 것이 저출산을 해결하는 근본적인 대책인 것이다.

제4부
개호·가사·육아에 지금 필요한 것

1장 남자는 고령자 개호를 할 수 없나?

1) 개호는 운명적인 위험성

거시적인 고령화 대책

'고령화'는 일본사회의 미래를 논할 때에 반드시 나오는 키워드이다. 고령화의 이미지는 암울하다. 고령화와 함께 '치매'나 '노환으로 거동이 불편한 노인'이 대량으로 출현한다. 1993년 추계로는 일상적인 개호를 필요로 하는 고령자는 약 200만 명 이상이고(노환으로 거동이 불편한 노인, 치매환자, 허약자의 합계), 2000년에는 280만 명, 2025년에는 520만 명에 달한다는 예측도 있다.[1)]

매스미디어에서는 시설이나 가족 내의 노인 학대, 가족의 개호 피로로 인한 자살이나 동반자살 등의 비극적인 상황이 반복적으로 보도되고 있다. 그리고 기사나 프로그램은 사회복지제도의 문제점 고발로 마무리를 하는 것이 틀에 박힌 유형이 되었다. 물론 정부도 수수방관하고 있는 것은 아니다. 긴박하게 다가오는 초고령화사회에 대비하여 '골드플랜'*(고령자 보건복지추진 전략)을 책정하고, 재택 개호나 시설의 충실화에 노력하는

한편, '개호보험'의 구체적 계획을 발표하는 등 여러 가지 제도를 정비하고 있다.[2)]

일반적으로 고령화사회에 관한 논의를 보면, 복지수요 증대에 따른 재정 대책이라는 경제문제, 혹은 시설 개호인가 재택 개호인가 하는 복지제도 정비의 문제, 또는 가족의 윤리가 과제로 제기되는 경향이 강하다.

거시적 복지정책의 논의, 개호 현장의 비참한 실태 보도, 가족의 역할에 의문을 제기하는 논의 등 이것들은 모두 필요한 내용임에는 틀림없다. 그러나 내가 보기에는 돈과 제도로 환원할 수 없는 중요한 과제가 숨겨져 있다는 생각이 든다. 모든 고령자가 개호를 필요로 하는 것은 아니다. 먼저 이 사실에 주목해 보자. 치매나 노환으로 거동이 불편하여 개호가 필요한 고령자와 건강하여 일이나 취미·스포츠를 즐기는 건강한 고령자, 그 양자의 커다란 격차, 그리고 그 격차가 주위 사람들에게 가져다주는 '심리적 효과'가 가장 현실적인 문제이다.

따라서 고령화사회에 대한 논의에서 개호가 필요한 고령자가 증가한다는 복지 수요의 '양적 측면'의 해결에 국한할 수는 없다. 고령자 개호도 가족을 중심으로 한 사회관계에서 이루어지는 이상, 개호에 관련하여 발생하는 사회관계의 변화, 그로 인한 관계의 왜곡이 야기하는 심리적 효과에 관한 논의가 반드시 필요하다고 생각한다.

---

* '골드플랜'(ゴ―ルドプラン) : 고령화사회를 대비하여 후생성이 1989년에 제정한 '고령자 보건복지추진 10년 계획'을 말한다. 주요 정책으로는 시정촌에서의 재택 복지대책의 긴급 실시, 시설의 긴급 정비가 도모되었고, 개호노인 복지시설(특별양호 노인홈), 주간 서비스나 단기 서비스를 제공하는 시설의 긴급 정비, 방문개호원의 양성 등에 의한 재택 복지의 추진을 들 수 있다. 그런데 고령화의 속도가 예상보다 급속하게 진행되자 1994년에 정책을 전면 개정한 '신골드플랜'(新ゴ―ルドプラン, 고령자 보건복지 5개년 계획)이 책정되었다. 그 후에 개호서비스의 기반 정비와 생활지원 대책에 중점을 두는 '골드플랜21'(ゴ―ルドプラン21)이 새로이 책정되었다.

고령자 문제의 불공평성

나는 여학생을 대상으로 고령자 개호의 문제를 강의할 때 다음과 같은 질문으로 시작한다. "만약 너와 친구가 학력, 수입이 같은 수준인 남성과 결혼하여 남편의 부모와 동거한다고 가정해 보자. 친구의 남편 부모는 돌아가실 때까지 건강하고 육아를 도와주어서 친구는 원하는 취업을 계속할 수 있었다. 그런데 너는 결혼과 동시에 남편의 부모가 노환으로 몸져눕게 되어 직장을 그만두고 몇십 년이나 개호를 해야 하는 상태가 되었다. 그런 상황에서 어떤 생각을 하게 될까?"

여학생들의 반응은 "남편의 부모를 돌보는 일을 절대 안 한다"라는 사람에서부터 "운명이라고 생각하고 받아들인다"에 이르기까지 다양하다. 과연 '자신이 원하는 직장을 그만두고 남편의 부모를 몇십 년씩이나 개호하는 고생'을 운명이라 생각하고 책임을 받아들일 수 있을까?

인생에는 여러 가지 고생이 따르기 마련이다. 고생스러운 일이 생겼을 때, ①고생의 원인이 자신의 책임으로 생긴 것이라면, ②고생이 모든 사람에게 평등하게 분담되는 것이라면, ③고생에 대한 정당한 대가가 지불되거나 평가된다면, 그 고생을 '받아들일' 수가 있을 것이다. 그러나 가족을 개호한다는 부담은 ①자신의 책임으로 생긴 것이 아니고, ②일부 사람(특히 요개호자가 있는 가족의 여성)에 한정되어 부담해야 하는 것이고, ③물론 대가는 지불되지 않는다. 개호로 오랫동안 고생하는 사람이 있는 한편, '운 좋게' 그것과 관계없이 일생을 지내는 사람도 있다. 이 '운명적인' 격차 속에 현대 고령화사회의 가장 첨예한 문제점 중의 하나가 등장한다. 그리고 이것은 고령자 개호라는 우리 인생에 따라붙는 '운명적인 위험성'은 가족을 넘어서서 사회적 분담 방식이라는 과제로 확대되는 것이다.

지금까지 본 바와 같이, 노환으로 거동이 불편한 노인이나 치매 노인이 있는 가족과 그렇지 않은 가족을 비교하면, 어떤 의미의 불공평성이 존재하는 것은 분명하다. 또한 나아가 엄밀하게 이야기하면 요개호자가 있는 가족에서는 여성(아내, 딸, 며느리)이 일방적으로 개호 부담의 위험성에 따르는 책임을 떠안고 있다는 것은 더욱더 불공평한 사실이다. 이 사실을 냉정하게 고찰해 보면, 두 가지 의문이 생긴다. 즉 '왜 고령자를 가족이 돌보아야만 하는가?', '왜 남성이 아니고 여성인 것인가?'라는 의문이다.

먼저 처음의 의문을 구체적으로 고찰하기 위하여, 질문을 바꾸어서 '왜 지금까지 가족에서 고령자를 개호할 수 있었을까?', '왜 불공평성이 문제시되지 않았던 것일까?'라는 관점에서 '가족과 개호'의 관계를 생각해 볼 필요가 있다. 고령자 개호와 가족의 관계에 관한 역사를 되짚어 보는 것이 이 문제에 관한 논점의 하나이다.

2) 개호의 부담감은 변화한다

고도경제성장기의 개호

돌이켜 보면, 고도경제성장의 종언기에 해당하는 1970년대부터 고령자를 개호하는 사람의 애로점이 문제로 부상하기 시작했다. 아리요시 사와코有吉佐和子의 『황홀한 사람』恍惚の人이 베스트셀러가 되면서,[3] 치매 노인이 있는 가족의 비참한 상태에 관심을 갖게 되어 가족 내의 노인 학대나 장기간 개호로 건강을 해친 개호자 등이 매스미디어에 보도되었다. 정부의 고령자 정책도 전환되기 시작하였고, '가족이 고령자를 전적으로 개호하는 것은 무리이다'라는 것을 전제로 한 정책이 시작되었다.

그렇다면 왜 고도경제성장기에는 개호 부담이 현재만큼 문제가 되지 않았고 가족 내에서 개호를 감당할 수 있었던 것일까? 그것은 전후 일본에서 가족이 향유해 왔던 몇 가지 조건이 우연히도 겹쳐져, 고령자 개호의 부담이 상대적으로 가벼웠던 것에 불과하다. 시험적으로 그 조건들을 열거해 보기로 하자.

①평균 수명이 길지 않았고 의료 수준도 상대적으로 낮았기 때문에, 요개호 고령자의 출현 빈도가 낮았다. 즉 치매나 노환으로 거동이 불편한 노인이 되기 전에 사망하는 고령자가 많았다. 예를 들어 개호가 필요한 상태가 된다 해도 개호 기간은 상대적으로 짧았던 것이다.

②고도경제성장으로 '남편-샐러리맨, 아내-전업주부'형 가족이 증가하였고, 전업주부인 기혼여성이 개호 노동력으로 기대될 수 있었던 점이 있었다. 농가가 많았던 전전에는 여성도 밖에서 일을 하였다. 힘든 농사일에 종사하는 어머니를 보면서 자란 여성이 가정 내의 가사노동과 육아가 오히려 편하다고 생각하는 것은 이상한 일이 아니다. 그 당시는 산업 구조가 1차 산업 중심에서 2차 산업 중심으로 전환되는 시기여서 기업의 노동조건도 열악하였고, 밖에서 일하는 것은 가사노동의 부담에 비하면 훨씬 무거웠다. 즉 적어도 당시의 여성들은 가정 내의 개호 부담을 심리적으로 무겁지 않게 느낄 수 있었던 것이다.

③가사노동 자체가 힘든 일이었고 개호는 가사노동의 일부로 흡수되는 경향이 있었다. 가전제품이 보급되기 전에 가사노동은 취사, 청소, 세탁, 목욕 준비 등 그 어떤 것이든 모두 중노동이었다. 요개호의 유무에도 상관없이, 모든 가사노동은 주부의 책임이었으므로, 주부는 장시간 구속되어 있었다. 여기에 개호가 부가되어도 부감의 증가라고 느끼지 않았다.

④고도경제성장으로 생활수준이 상승하였다. 전후는 식량난으로 시작되었기 때문에 일본인의 생활 전반이 향상되고 있다는 실감 속에서 개호의 부담이 무겁다는 감각은 희박했다.

⑤ 인구학적 조건도 있었다. 고도성장기에는 형제 수가 많은 세대가 사회의 다수를 점하고 있었다.[4] 그렇기 때문에 부모를 개호하게 되어도 평균적으로 보아 1인당 부담은 적었던 것이다.

저성장기의 개호

그러나 고도경제성장의 종언과 함께 이러한 조건들이 모두 상실되어 버렸다. ① 평균수명이 연장되었고 의료 수준이 상승하였으므로, 노환으로 거동이 불편한 노인이나 치매 등 여러 가지 상황에서 개호가 필요한 고령자가 증대하였다. 예를 들면, 예전에는 '뇌졸중'이 사망원인 1위였는데, 현재는 암이나 심장병으로 바뀌었다. 이것은 뇌졸중 환자 수가 줄어든 것이 아니라, 뇌졸중으로 즉시 사망하는 비율이 감소했다는 것을 의미한다. 그 결과 개호의 기간도 장기화되고, 언제까지 개호를 하면 되는지 예측이 불가능한 상황이 되었다.

② 서비스 노동의 분야가 확장되어, 여성도 쉽게 직업을 갖고 수입을 획득할 기회를 얻을 수 있게 되었다. 그러면 '밖에서 일하지 않아도 될 권리'에 대한 평가가 하락하고, 개호보다도 밖에서 일하는 기회가 상대적으로 '편하다'고 인식된 것이다.

③ 전자레인지, 전자동세탁기 등 가전제품의 보급으로 가사노동이 합리화되어 부담이 경감된 반면, 개호의 부담은 계속 가중되었다. 개호는 가사노동 틈틈이 감당하기에는 버거운 일이 되었다. 가사노동의 합리화나 외부 서비스의 이용 등으로 가사노동은 경감되었지만, 개호의 부담은 오히려 증가되었다. 그리고 가사노동만 하는 주부와 가사와 개호를 동시에 해야 하는 주부의 부담 격차가 증대하게 된 것이다.

④ 경제의 저성장 속에서 미래의 생활수준 향상을 기대할 수 없게 되

었다. 조금 의미가 다르지만, 요개호자가 있는 가족의 최대 고민은 '미래의 전망을 알 수 없다'는 것이다. 풍요로운 사회가 되어 많은 사람이 중류의식을 갖게 되었지만, 요개호자가 생기면 중류의 생활수준을 유지하기 어렵게 되는 것이다.

⑤ 저출산으로 형제 수가 적어지면서 연로한 부모 1인당 개호를 담당하는 자녀 수가 계속 감소하고 있다.

3) 중류계층에게 심각한 영향

개호 부담의 유무가 명암을 나눈다

고도경제성장기에는 '남편-밖에서 일, 아내-가사·육아·개호'라는 역할분업이 안정되었다. 이것은 남편은 '가사와 개호를 하지 않아도 될 권리', 아내는 '밖에서 일하지 않아도 될 권리'가 각자의 마음속에서 균형을 이루고 있었다는 것이기도 하다. 그러나 1970년대 이후, 개호 부담이 상대적으로 무거워지는 동시에 뚜렷하게 증가하는 '여성의 사회 진출'이 맞물려서 개호 부담이 있는 여성과 없는 여성의 격차가 확대되었다.

'운 좋게도' 개호 부담이 면제된 주부는 가사 부담이 가벼운 만큼, 여러 분야에 사회 진출을 하는 주부도 있고, 저성장기여서 낮아진 남편의 수입을 보충하고 생활수준의 여유를 위해 시간제로 일하는 주부도 있다. 또한 건강한 고령자(친정이나 남편의 어머니 등)에게 가사와 육아를 맡기고 직업경력을 기대할 수 있는 일을 계속하는 여성도 출현하였다. 그러나 개호 부담이 있으면, 이러한 활동을 모두 포기할 수밖에 없다. 개호 부담의 유무로 기혼여성의 입장에 커다란 차이가 생기게 된 것이다.

'개호는 애정'이라는 압력

그러나 '가족의 개호가 부담된다'라고 강조하면 곧바로 '개호는 훌륭한 인간애이다', '개호에 의해 인간은 성장한다', '자기희생 정신으로 온 힘을 다하는 것이야말로 부모에 대한 애정 표현이다', '개호는 무상이므로 더욱 고귀하다' 등의 반론이 쇄도한다. 요컨대 개호는 애정 표현이므로 부담이란 손익을 따지면 안 된다는 의견이다.

'애정'이라든가 '인간적'이라는 말은 너무나도 위험하다. 특히 '사랑한다면 ○○하는 것이 당연하다'라는 것은 상대에게 강요가 될 수 있는 것이다. '애정이 있으면 기쁜 마음으로 개호할 것이다', '개호에 불만이 있다니 비인간적이다'라는 말은 모든 불만이나 불공평을 차단해 버린다. 개호에 불만을 품거나 부담으로 느끼는 것은 '애정이 없는 사람', '인간적이지 않은 사람'의 증거가 되어 버리기 때문이다. 그리고 '애정이 깊고 착한 사람이 되어야 한다'라는 압력은 특히 여성에게 무겁게 요구된다. 그 결과 인간의 자연적 감정이 무시되고 가족에 의한 개호는 '애정'이라는 미사여구로 포장된 강제의무가 되어 버리는 것이다.

물론 개호를 매개로 한 커뮤니케이션으로 고귀한 체험을 하는 사람이 많다는 것을 부정하지는 않는다. 올해 여름에 개호에 관련된 조사를 실시할 때, 다음과 같은 사례를 만났다. 고령인 조부의 여명이 얼마 남지 않았다는 진단을 받고, 의사의 반대를 무릅쓰고 병원에서 퇴원하여 집에 모시고 와서 임종까지 2개월 동안 가족 전원이 함께 개호를 하면서 가족의 연대가 깊어지는 귀중한 체험을 했다는 이야기이다.

이와 같이 개호가 비교적 단기간이고 가족 전원이 고생을 분담할 수 있다면 개호라는 활동을 통해 애정을 실감하는 경우도 있을 것이다. 그러나 개호가 언제 끝날지도 모르고, 여성 혼자 감당한다면 아무리 가족이라

해도 그것을 '애정'으로 감당하라는 것은 무리이다. 미국에서는 가족에 의한 개호가 장기화될수록 가족의 연대감이 약화된다는 것을 보여 주는 구체적인 조사 보고도 많이 있다고 한다.

중류가정에 무거운 부담

그런데 가족 간의 '불공평감'이 문제가 되는 것은 개호가 일본인의 대다수를 점하는 중류계층에 특히 심각한 영향을 미치기 때문이다. 상류층 가족이라면, 예를 들어 요개호자가 생겨도 생활수준을 그대로 유지하면서, 쾌적한 개호서비스를 제공하는 고급 양로원에 입소시키거나 가정에서 개호도우미를 고용할 수 있다. 나아가 개호의 대가로 유산 분배를 기대하는 경우도 있다.

반대로 저소득층이라면 충분한 가정 개호를 수행할 시간적·경제적 여유가 없어서 복지제도에 전적으로 의지하게 된다. 고령자를 특별양호 양로원 등의 시설에 맡기는 것에 대한 저항감도 적다.

그런데 중류계층에서는 요개호 고령자의 유무에 따라 생활의 명암이 나누어진다. 공적인 시설에서는 최저한도의 개호 서비스만 받을 수 있다. 그렇다고 해서 고급 양로원에 들어갈 정도의 경제적 여유는 없다. 집에서 개호하려면 애써서 이룩해 놓은 중류생활이 붕괴되어 버린다.

이제는 정부나 사회에서 요개호자의 유무에 따라 발생하는 가족 간의 불공평성을 시정하는 과제에 진지하게 착수해야 한다. 중류 사회, 즉 사람들 대부분이 어느 정도의 풍족함을 향유하고 있는 사회에서는 가족이 노인을 개호해야 하는 우발적 사태에 '심리적으로' 대단히 취약할 수밖에 없다.

돌보아 줄 가족이 있다고 해서 정치적으로 아무런 대책도 세우지 않는 것은 사회적으로 보아 과연 '공정'한 것일까? '왜 나만……'이라는 불공평감을 '가족이므로', '애정이 있으니까'라는 이데올로기로는 이제 억제할 수 없게 되었다.

종래의 복지제도는 최저한도의 생활수준 확보에 중점을 두었다. 그 점에서는 일본의 복지정책은 나름대로 성공했다고 할 수 있다. 그러나 사회가 풍족해진 오늘날, 모순이 한 가지 발생했다. 그것은 복지제도를 이용하려는 사람은 생활수준이 최저한도로 떨어지기 전에 먼저 자조 노력을 요구받는다는 점이다. 아무리 개호 부담이 불공평하다고 느껴져도 '우선은' 가족에게 개호 서비스를 받을 수 있다면 복지 서비스를 받기 어렵다.

가정에 요개호 고령자가 생겨도 지금까지와 마찬가지인 중류 생활을 유지할 수 있도록 하는 복지제도의 구조를 개선할 필요가 생긴 것이다. 지금까지의 생활과 마찬가지라는 것에는, 예를 들면 가족 중에 요개호자가 있어도 해외여행 등의 여가활동을 즐기거나 자원봉사 활동을 할 수 있는 시간적·경제적 여유를 갖는 것이 포함된다.

이를 위해서는 고령화사회에서는 개호라는 부담을 사회적으로 분담할 필요가 있다. 먼저 첫걸음은 개호와 무관하게 지낼 수 있는 것을 일종의 '특권'이라고 인식하는 것이다. 고령인 부모님이 건강하시다, 주위 사람들을 고생시키지 않고 갑자기 돌아가셨다, 다른 형제가 부모님을 돌보고 있다 등 우연하게 개호 부담이 면제된 가족에게도 '개호'의 의무를 분담하여 부과하는 방법을 강구해야 할 것이다.

4) 왜 개호자는 여성이 많은 것일까?

보수가 유일한 문제인가?

또 하나의 문제가 있다. 고령자 개호에서 남녀 간의 불평등을 고찰해 보자.

개호의 부담이 없는 '특권'을 최대한으로 향유하는 사람은 남성이라는 점은 의심의 여지가 없다. 가족 중에서 요개호자가 생긴 경우에 실제로 개호를 담당하는 사람은 아내·딸·며느리이고, 남편(최근에는 조금씩 늘고는 있지만)이나 아들이 돌보는 경우는 적고, 사위가 개호를 담당하는 경우는 거의 없다. 페미니즘 이론가들은 이 사실을 보고 가족이 고령자를 돌보는 일을 여성의 부담으로 떠넘기는 것이므로, 개호의 '사회화'를 주장한다. 그러나 가족 밖에서 개호에 종사하는 사람들 즉 개호사, 간호사, 도우미 등은 거의 대부분 여성이다. 이 사실은 도대체 무엇을 의미하는 것일까?

페미니즘 이론가의 대부분은 이러한 사실을 경제적 이유로 설명한다. 남성은 직장에서 잔업이 많아서 개호할 시간이 없거나 개호 복지사나 간호사는 임금이 낮아서 남성이 지원하지 않는다는 등의 주장이다. 그렇다면 남성의 노동시간을 줄이고 부부 맞벌이를 당연한 것으로 여기며, 개호사나 간호사의 노동 조건이 좋아지면 남성도 개호 노동에 종사하게 될 것이라는 주장이 도출될 수 있다.

남성이 접촉하는 것은 싫다

그러나 과연 그렇게 간단하게 분석할 수 있는 문제일까? 어떤 강의에서 학생들에게 "만약 자신이 병석에 눕게 되어 개호가 필요해졌을 때 개호자는 남성과 여성 어느 쪽이 좋은가?"라는 질문을 했더니 한 사람의 예외도 없이 전원이 여성이 개호를 해주는 것이 좋겠다고 응답하였다.

내가 1995년 8월에 도쿄도 고카네이시小金井市 시민을 대상으로 조사를 실시한 결과도 이것과 관련하여 대단히 시사적이었다(표2 참조). A, B의 응답에서 나타나는 바와 같이 남성, 여성 모두 여성에게 개호를 받았으면 좋겠다고 희망하였고, 남성이 개호하는 것에 저항감을 나타내는 경향이 있었다. 이것은 개호라는 행위에는 신체를 닦거나 용변 처리를 하는 신체적 접촉이 포함되기 때문에, 개호자의 '성별'이 중요한 의미를 갖는 것과 관계가 있을 것이다. 일반적으로 남녀 모두 남성이 접촉하는 것은 싫어하고, 여성이 접촉하는 것은 거부하지 않는다. 〈표2〉에서 보는 바와 같이 만원 전철이라는 접촉 상황에서도 남성은 양성 모두에게 기피 대상이 되는 것이다.

이와 같이 남성이 경원시되는 것은 우리에게 '여성은 정서적인 존재이므로 타인을 돌보는 데 적합하다', '남성은 성적으로 불쾌감을 준다'라는 '신체 감각'이 각인되어 있기 때문이다. 여성이 남성을 접촉하는 것은 '온화함'의 표현이라고 받아들여지지만, 남성이 여성을 접촉하는 것은 '불쾌함'의 표현이라고 인식되어 버린다. 실제로 여성을 성적 대상으로만 보는 남성이 상당히 있는 것도 사실이다. 문항 C에서 남성이 젊은 여성과 접촉하는 것을 호의적으로 생각하는 것도 그런 표현에 속한다고 말할 수 있다.

실제로 개호 현장에서 여성 개호사가 요개호 남성을 온화하고 정중하게 개호할 때 그 행위는 일종의 모성애가 되어 남성의 '수치심'은 희박해진다. 여성이 '온화하게 접촉하는' 것은 육아 등 일상생활 속에서 아주 흔한 광경이기 때문이다.

그러나 남성 개호사가 여성을 상냥하고 정중하게 개호하려고 해도 여성에게 '수치심'이라는 감각을 느끼게 한다. 게다가 남성의 개호는 동성인 남성에게도 위화감을 준다. 이것은 신체장애자를 개호하는 현장에서 목욕시킬 때 남성 개호사가 장애 여성을 보조하면 거절하는 요망이 상당히 있다는 것에서도 알 수 있다. 역으로 남성 장애자가 여성 개호자를 거절하는 반응은 거의 없다.

문항 D의 결과에서 보는 바와 같이 '남성이 개호하는 것은 꼴불견이다'라고 생각하는 사람은 적다. 이것은 남성도 개호를 하는 것이 바람직하

〈표2〉 일본의 가족생활과 개호의식·신체접촉에 관한 조사(1995년)

A. 당신이 만약 노후에 거동이 불편해졌을 때, 돌보아 줄 사람(개호자)이 다음의 사람일 경우에 어느 정도 저항감을 느낄 것이라고 생각합니까? 가장 가까운 기분을 ①~③에서 선택하십시오.

①상당히 저항감을 느낀다 ②조금 저항감을 느낀다 ③저항감을 느끼지 않는다

(단위 : %)

개호자 \ 조사대상	남성			여성		
	①	②	③	①	②	③
아들	13.6	38.6	47.7	27.0	44.3	28.7
딸	12.2	38.9	48.9	3.8	29.5	66.7
사위(딸의 배우자)	51.7	41.6	6.7	76.2	19.0	4.8
며느리(아들의 배우자)	37.2	48.8	14.0	36.8	43.0	20.2
젊은 남성 도우미	15.6	32.3	52.1	49.6	35.5	14.9
중년 남성 도우미	14.6	33.3	52.1	47.5	37.5	15.0
젊은 여성 도우미	16.7	27.1	56.3	4.1	36.1	59.8
중년 여성 도우미	9.4	28.1	62.5	2.5	27.0	70.5

B. 당신이 입원하여 간호가 필요한 경우에, 신체를 닦는 등의 일상적 간호를 해주는 사람이 다음의 사람(조사항목)이라면, 어떤 느낌이 드시겠습니까?

①괜찮다 ②아무런 느낌이 없다 ③불쾌하다

(단위 : %)

조사항목 \ 조사대상	남성			여성		
	①	②	③	①	②	③
젊은 남성 간호사(20대)	15.5	61.9	22.7	3.3	18.5	78.1
중년 남성 간호사(50대)	8.3	67.0	24.7	1.7	15.1	83.2
젊은 여성 간호사(20대)	46.4	39.2	14.4	54.6	38.7	6.7
중년 여성 간호사(50대)	39.2	55.7	5.2	69.2	25.8	5.0

C. 당신이 만원 전철에 탔을 때, 다음의 사람(조사항목)이 옆에 있어서 접촉을 할 수밖에 없는 상황이라면 어떤 느낌이 드십니까?

①괜찮다 ②아무런 느낌이 없다 ③불쾌하다

(단위 : %)

조사항목 \ 조사대상	남성			여성		
	①	②	③	①	②	③
젊은 남성(20대)	1.0	75.3	23.7	5.8	57.0	37.2
중년 남성(50대)	0	68.0	31.9	0	46.3	53.7
젊은 여성(20대)	49.5	34.0	16.5	7.5	78.5	14.1
중년 여성(50대)	9.3	54.6	36.1	4.9	83.6	11.5

D. '남성이 도우미를 하는 것은 꼴불견이다'라는 의견에 어떻게 생각하십니까?

(단위 : %)

조사항목	남성	여성
그렇게 생각한다	12.4	3.2
그렇게 생각하지 않는다	87.6	96.8

※남성 100명, 여성 127명. 연령은 30대 이상, 60대 미만, 소수점 둘째 자리에서 반올림(유효 응답자 227명, 1995년 8월).

다, 남성 개호사를 늘려야 한다고 머리로는 알고 있다는 것이다. 그러나 감각에서는 남녀 모두 여성을 원한다. 이와 같이 감각적으로 성별역할분업이 고정화되어 있는 것을 '신체화된 성별역할'이라고 한다. 신체화로 굳어진 역할을 변화시키는 것은 현재 단계에서는 아주 어려운 일이다.

5) '친밀감'을 표현하는 신체 접촉

유럽과 미국에서는 남성 간호사나 개호사가 많이 있다. 프랑스에는 남성 조산부도 있다. 아마도 남성이 '접촉하는' 것에 대해서 위화감이 별로 없는 사회인 것이다.

몇년 전에 미국에서 생활할 때 신체 접촉이 너무나도 빈번한 것에 놀랐던 기억이 있다. 악수는 물론이고, 부모-자녀가 키스를 하거나 길에서 만난 동료끼리 껴안는 것은 일상다반사였다. 성적인 표현이 아니라 우정의 표현으로 껴안거나 키스하는 것이 남녀 구별 없이 일반화되어 있어서 남성이 개호하는 것에 대한 저항감이 적은 모양이다.

그러나 일본에서는 부모-자녀 간이나 부부간에서도 친애의 표현으로 신체적 접촉을 하는 기회가 많지 않고, 특히 남성이 '성적 흥분' 이외의 이유로 상대방에게 접촉을 하는 일은 상상하기 힘들다.

문화의 차이라고 해버리면 그만이다. 그러나 남성도 개호를 부담하도록 요구되는 오늘날 우리의 신체적인 감각이 변화해야 하는 것이다. '친밀함'이라는 수준으로 접촉하거나 접촉되는 즐거움을 경험할 기회를 늘리는 것이 개호의 부담을 사회화하고 남녀 간의 불공평을 해소하는 것으로 이어지리라 생각된다.

현재 취직난이나 구조조정, 기업 내 실업 등 시장 부문의 잉여인력 문제가 제기되고 있다. 한편 개호나 간호의 현장에서는 인력 부족이 심화되고, 가정에서는 개호를 담당하고 있는 사람의 부담 경감이 요청되고 있다.

앞에서 서술한 고령화사회의 개호 부담을 사회 구성원이 평등하게 분담한다는 관점에서 보면, 거시적으로는 다양한 수단(공적 복지, 개호 서비스업, 유상·무상의 자원봉사 등)을 조합하여 노동력의 이동을 도모할 필요가 있다. 남녀 모두 어떤 형태로든 개호 의무를 감당하는 것이다. 그러기 위해서는 먼저 '남성 개호자'가 사회적으로 수용되도록 환경을 정비해야 한다. 이렇게 하면 가족 간의 불평등 문제는 어느 정도 해결 방도가 보인다고 할 수 있는데, '남성 개호자'가 사회적으로 수용되기 위해서는 신체 감각의 변화가 전제되어야 한다. 고령화사회의 문제를 심도 있게 다루려면 이런 수준까지 고려하여 인식의 폭을 넓혀야 한다.

2장 가사는 부인의 애정 표현인가?

1) 가사노동 간소화의 문제점

얼마 전에 어느 TV 프로에서 '가사노동 시간 낭비하지 않기' 특집을 한 적이 있다. 주부가 가사노동에 상당한 시간을 쓰는 것에 주목하여, 가사노동을 솜씨 좋게 해결하는 방법을 소개하는 프로그램이었다. 그러나 소개된 방법들은 하나같이 수고에 비하면 단축 시간은 얼마 되지 않는 것이었다. 프로그램 제작자에게는 미안하지만 별반 실용적이지 않은 프로였다.

가사노동은 다른 '일'과는 다르다. 돈을 받는 일이라면 효율적으로 단시간에 마치면 좋은 평가를 받지만, 현대 일본에서는 주부가 하는 가사노동은 노동인 동시에 애정 표현이라는 의미를 가지고 있다.

내가 1991년에 실시한 가사노동에 관한 의식조사에서는 가사노동을 애정 표현이라고 생각하는 기혼여성이 63%에 달했다. 가사노동은 효율적으로 수행하는 것보다 애써서 하고 있다는 것을 가족에게 인식시키는 것이 중요하다. 그렇기 때문에 일본에서는 가사노동을 편하게 한다는 것에 대한 저항감이 강하다. 대충하거나 외부 서비스에 의존하면 애정이 부족

〈표3〉 가사노동에 관한 의식조사(1991년)
—돈이나 시간에 여유가 있다면, 다음의 가사를 어떻게 해결하고 싶으십니까?

(단위 : %)

	남편	부인
1. 의류 세탁		
지금처럼 한다	63.4	51.7
비싸더라도 품질이 좋은 세탁소에 맡긴다	6.7	6.7
가정에서 공들여서 세탁한다	12.8	16.9
분말세제 등 환경을 고려하여 세탁한다	17.1	24.7
2. 저녁식사 준비		
지금처럼 한다	46.7	18.1
고급 레스토랑을 이용한다	2.4	1.7
가정에서 정성을 들여서 요리한다	24.2	15.8
안전하고 건강한 식사를 한다	26.7	64.4
3. 평상시 청소		
지금처럼 한다	41.8	25.3
가정전문 청소서비스를 이용한다	10.3	20.2
세심하게 청소한다	33.3	24.7
환경과 자원을 고려하여 청소한다	14.5	29.8

도쿄도 고가네이시(小金井市) 기혼남녀 345명을 대상으로 조사.
출처: 야마다 마사히로, 『근대가족의 행방』, 신요사, 1994, 169쪽

하게 보일지도 모른다는 불안이 주부의 가사노동에서 질적 측면과 양적 측면을 모두 부풀리고 있다. 한 예로 '돈이나 시간에 여유가 있다면 가사노동의 방법을 바꿀 것인가?'라는 질문에 '외부 서비스를 이용하고 싶다'는 응답은 적었고, '더욱 정성들여 하고 싶다', '환경이나 건강을 고려하고 싶다'는 응답이 많았다(표3). 도시의 주부에게 가사노동은 가족에게 자신의 존재를 증명하는 수단이므로 가사노동을 대충대충하는 것은 생각할 수 없는 일이다.

맞벌이 주부의 경우도 상황은 비슷하다. 1994년 아사히가세이旭化成 맞벌이 가족연구소 조사에 의하면, 가사노동을 편하게 하고 싶다는 희망은 있지만, '가사노동은 가족성원 중에서 담당해야 한다', '가사노동이 없어지면 가족의 결합이 희박해진다'는 의견이 많았다. '가능하면 간소화하고 싶지만 가사노동을 하지 않으면 불안하다'는 미묘한 의식도 나타났다.[5)]

'가사노동은 아내의 애정 표현'이라는 소리를 들으면, 애정이 없다고 보이는 것을 원하지 않기 때문에 필요 이상의 가사노동을 하는 것인지도 모른다. 예를 들어, '애처愛妻도시락'이라는 표현은 도시락을 직접 만들어 주지 않는 아내는 애정이 결여되어 있을 것이라는 의문이 생기게 한다. 즉 주부는 가사노동으로 애정을 표현해야 하는 암묵적 강제성을 계속 느끼고 있는 것이다. 이 측면을 간과해서는 안 된다.

2) 미국의 가사노동 풍경을 보고 생각나는 것

미국에서 1년 반 동안 유학하면서, 나는 일본과 미국의 가사노동관의 차이를 통감할 수 있었다. 미국에서 중류 맞벌이 가정의 가사노동 수준은 놀랄 만큼 낮다. 수퍼마켓에는 각종 반찬이 갖추어진 냉동 식품이나 다종다양한 통조림이 진열되어 있다. 일본인 주부는 조리가 필요한 생선이나 식료품을 구매하지만, 미국인 부부는 인스턴트 식품을 한꺼번에 잔뜩 사서 차에 싣고 간다.

일요일에는 차에 잔뜩 빨랫감을 싣고 코인 세탁소에 가서 세탁기와 건조기를 서너 대씩 동시에 사용하여 1주일치 빨래를 단시간에 끝낸다. 고백한다면 옆에서 보는 나도 모르게 '좀 너무하다'고 느낄 정도였다.

그러나 미국인 가정이 무미건조하고 따뜻함이 없는 것은 절대 아니다.

홈파티에서는 가족이 오순도순 모여서 요리 솜씨를 자랑하고 일상생활 속에서 대화나 신체 표현으로 서로의 애정을 전달한다. 그들은 여가활동이나 가족 간의 화목한 커뮤니케이션으로 가족의 연대감을 느끼므로, 애정 표현을 가사노동에 의존할 필요가 없다. 가사노동은 빨리 해치워야 할 일에 지나지 않고 극단적으로 말하면 청결과 영양만 확보할 수 있다면 그만이므로 가족끼리 분담하여 효율적으로 해결하면 된다고 생각한다.

가사노동의 수고를 부정할 의도는 없지만, 일본 주부의 가사노동 의식조사에서 나타나는 것은 가사노동을 해내는(남편은 월급을 집에 가져온다) 것을 통해서만 가족의 연대감을 느낄 정도로 부부관계가 빈약한 것이다.

다른 선진국들과 비교하면 대화나 여가활동 등 일본의 부부가 함께 행동하는 기회가 적은 것은 여러 조사에서 밝혀진 바 있다. 역할분담의 수행으로 결합되어 있는 부부는 '가정 내 이혼'과 같은 사례를 증가시키는 요인이 되고 있다.

부부가 함께 행동하는 기회가 증가하면 커뮤니케이션에 의한 애정 표현의 길이 열리고 가사노동은 아내에게 유일한 애정 표현 수단이 되지 않을 것이다. 그러면 비로소 가사노동의 절약화와 외부화가 가능할 것이다.

가족의 연대감을 여러 가지 방법으로 확인할 수 있다면, 선택지의 하나로서 가사노동을 선택하여 애정 표현의 수단으로 사용하는 남녀가 있다고 해도 그것은 물론 개인의 자유인 것이다.

가사노동을 효율화하고 주부의 부담을 줄이려면 가사노동 하나만을 거론하여 단독적으로 고려한다고 해결되지 않는다. 역할 분담에 의존하지 않는 부부의 친밀한 관계를 만들어 내는 것이 반드시 필요하다.

3장 자녀양육이 압력으로 작용하는 시대

1) 자녀양육 압력에서 어머니를 해방시키자

과거의 자녀양육을 이상화하는 것은 큰 잘못

청소년이 흉악범죄나 여성을 대상으로 한 범죄를 저지를 때마다 '요즘 아이들은 가정교육을 제대로 받지 못했다'라는 의견이 매스미디어를 떠들썩하게 한다. 그리고 옛날에는 동네 사람들이 아이들을 야단쳤다, 아이들 중에 골목대장이 있었다, 아버지의 권위가 있었다, 어머니는 자녀양육에 헌신적이었다, 입시 공부에 시달리는 아이는 없었다 등등, '옛날은 지금보다 자녀양육을 잘했다'는 주장으로 끝을 맺는다. 정말로 옛날의 자녀양육은 좋았던 것일까? 1997년판 『범죄백서』의 「소년범죄통계」를 보면, 최근에 소년의 흉악범이나 성범죄는 과거에 비해 대폭 감소한 것을 알 수 있다.

예를 들면, 살인사건으로 검거된 소년은 1970년경까지는 연간 300명 내외였는데, 근년에는 100명 미만이다. 성범죄는 대폭적으로 감소하고 특히 강간 혐의로 검거된 소년은 1960년대는 매년 4,000명 이상이었고 1996년에는 불과 22명이다(검거율이 크게 저하되었다고는 볼 수 없다).[6] 소년 흉악범이 많아졌다고 느끼는 것은 매스미디어가 발전하고 TV나 신문에서 사건의 상세한 내용을 보도하게 되었기 때문이다.

만약 흉악범죄를 저지른 소년의 수가 교육의 질적 수준을 나타내는 것이라면, 오늘날 부모의 자녀양육은 매우 훌륭하고 옛날 부모의 교육이야말로 부실했다고 말할 수밖에 없다. 또한 입시 전쟁이 격화되었다고 하는데, 근년에 초·중등학생의 공부 시간은 오히려 감소하였고, 독일이나 미국에 비해서 가정에서 공부하는 시간은 상당히 짧다. 전전의 입시 경쟁이 지금보다 훨씬 힘들었고 엘리트주의도 철저했다는 것은 이미 밝혀진 바 있다.[7] 지금의 중·고등학생이 시간적으로는 훨씬 여유가 있는 것이다.

아버지와 자녀의 관계도 마찬가지이다. 오늘날의 아버지가 옛날 아버지보다 자녀와 대화를 많이 하고, 아버지가 자녀양육에 관련되는 비율도 어머니에 비해 아직 적다고는 하지만, 20년 전과 비교하면 착실하게 증가하고 있다.[8] 인간은 과거를 미화하고 싶어하므로 '옛날엔 한가롭고 이상적인 자녀양육이나 부모-자녀관계가 있었다'는 신화는 자녀양육을 끝낸 중년층에 특히 뿌리 깊다. 청소년 사건이 일어날 때마다 '요즘 사회는 환경이 나쁘다. 부모의 교육 방법에 문제가 있다'며 현재 자녀를 양육하고 있는 부모를 비난하거나 불안감을 부채질하고 있다.

'어머니로서의 자신감'의 상실

몇년 전에 『그림으로 보는 변화하는 가족과 초등학생·중학생』이라는 일본 여자사회교육회의 보고서를 집필하면서 생각한 것인데, 객관적으로 보면 오늘날 아이들의 상황은 얼마 전인 1960년대에 비해서 결코 악화되지 않았다는 사실이다. 오히려 사회가 풍요로워지고 자녀 수가 적어진 만큼 부모가 자녀양육에 신경을 쓰고 부모-자녀의 커뮤니케이션이 활성화되었다. 아이들끼리 밖에서 함께 노는 기회는 감소했지만, 학원에 갔다 돌아오는 길에 친구들과 같이 노는 아이들은 증가하고 있다. 그러면 현대의 자녀양육에서 상실된 것은 '부모로서의 자신감과 여유'이며, 특히 어머니의 경우에 그렇다. 매스미디어나 평론가가 '요즘 부모는 문제가 있다', '현재 환경은 자녀양육에 나쁘다'고 말할수록 부모는 자신감을 상실한다.

객관적으로 보면 대다수의 아이들은 순조롭게 자라고 있는데, '내 노력 정도로 괜찮을까?'라고 걱정하는 것이다. 가정 교육의 국제비교조사를 보아도, 일본의 부모는 다른 나라에 비해서 '자녀양육이 즐겁다, 자녀의 성장에 만족하고 있다'는 사람의 비율이 낮다.[9] 이것은 매스미디어나 평론가가 자녀양육의 불안감을 부채질하여 부모에게 심리적 압박을 주기 때문인 것 같다. 오늘날의 부모가 느끼는 것은 '자녀를 더 잘 키워야 한다'는 부담감이다. 부모가 느끼는 부담감은 자녀에게 '부모의 기대에 부응해야 한다'는 형태로 전달된다. 이것이 현대의 부모-자녀관계를 심리적으로 복잡하고 어렵게 하는 것이다.

'더 좋은 것'에는 한계가 없다

'아이를 더 잘 키우고 싶다'는 부모의 의욕은 존중되어야 한다. 그러나 아이를 위한 것이라면 무엇이든 하려 한다면 한계가 없는 것도 사실이다. '엎드려서 재우는 것은 좋지 않다', '모유가 좋다', '인스턴트 식품은 안 된다', '스포츠는 중요하다', '자연 속에서 아이는 잘 자란다', '아버지의 권위는 중요하다', '아이 앞에서 부부싸움을 해서는 안 된다', '집단에서 노는 공부를', '장난감을 직접 만든 것이 좋다'……. 하나하나의 주장은 맞는 이야기지만 전부 다 하려고 하면 부모의 체력, 돈, 시간이 감당할 수 없다는 것은 명백하다.

이것과 유사한 것이 요즘의 건강 열풍이다. 세계 최고 장수국인 일본에서 더욱 오래 살려고 노력하는 모습은 현재의 자녀양육 상황과 공통점이 있다고 생각된다. TV의 '와이드쇼' 건강 코너에서는 매회 건강 식품이 소개된다. 그것을 진지하게 받아들여서 모든 건강법을 실천하려고 하려면, 역으로 건강에 이상이 생기게 될 것임에 틀림없다. 코코아가 몸에 좋다고 한 다음 날, 녹차 건강법이 소개되고, 다음 주에는 커피의 효용을 설명하고, 그 다음에 허브차를 매일 마시면 건강해진다고 한다. 각각의 효용성은 사실이겠지만, 만약 전부 실행하려고 하면 하루에 얼마나 많은 수분을 섭취하게 될까? 문제가 건강식품이라면 반은 농담으로 지나갈 수 있다. 그러나 자녀양육이라면 '아이에게 더 좋은 양육 방법'을 주위에서도 요구받으므로, 이것을 거부하는 것은 쉽지 않다. 직장 다니는 어머니보다 오히려 시간이나 돈에 여유가 있는 전업주부층에 육아 노이로제가 많이 나타나는 것도 자녀양육에 신경을 쓰고 돈을 쓰게 만드는 압력이 있기 때문인 것이다.

자녀양육에 신경을 쓰고 돈을 들일수록 자녀에 대한 부모의 기대 수준이 높아지는 것은 당연한 일이다. '이만큼 했으니까'라고 생각해서 무심코 아이의 성장을 기대하게 된다. 저출산으로 부모의 기대는 몇 안 되는 자녀에게 집중된다. 10년 전쯤같이 아이가 네댓 명 있다면 기대에 부응하는 아이가 한두 명이어도 크게 걱정이 되지는 않는다. 저출산이 자녀양육 환경을 악화시키는 것은 바로 이 점에 기인한다.

근년의 소년사건은 '동기 불명'인 것이 많고, 문제 행동을 일으키기 전에는 '착한 아이'라는 평가를 받았던 아이가 일으킨 경우가 많다. 또한 거식증이나 등교 거부 등 신경증적 일탈 행동이 많은 것도 결코 아이가 이상한 탓만은 아니다. 부모가 양질의 자녀양육을 실천하려고 해서 아이는 부모의 기대에 억눌려 버린 것이다. 〈도표6〉에도 있지만 어른이 되고 싶지 않

〈도표6〉 어른이 되고 싶지 않은 아이들(1989년)

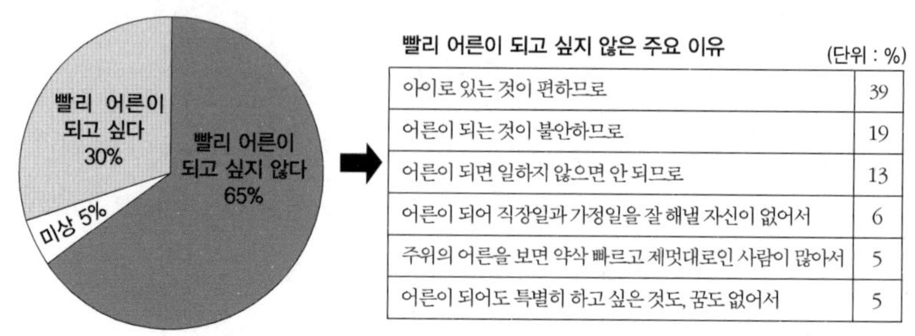

빨리 어른이 되고 싶지 않은 주요 이유 (단위 : %)

이유	%
아이로 있는 것이 편하므로	39
어른이 되는 것이 불안하므로	19
어른이 되면 일하지 않으면 안 되므로	13
어른이 되어 직장일과 가정일을 잘 해낼 자신이 없어서	6
주위의 어른을 보면 약삭 빠르고 제멋대로인 사람이 많아서	5
어른이 되어도 특별히 하고 싶은 것도, 꿈도 없어서	5

출처 : NHK, 「소학교 학생의 생활의식조사」

은 초등학생, 중학생이 많은 것도 부모의 기대에 부응할 수 없다는 불안감이 원인이라고 생각된다.

자녀양육 여유의 상실

이미 많은 논자가 지적했으므로 상세한 내용은 생략하지만, 이와 같이 근년에 악화된 것은 자녀의 상황이 아니라, 부모 특히 어머니의 상황이다.

옛날에는 지역 사람들이나 대가족이 자녀양육에 개입하고 어머니의 자녀양육 부담이 상대적으로 가벼웠다. 나이가 위인 아이나 가까이에 있는 어른이 여유 시간에 아이를 돌보아 주었기 때문에, 어머니는 실질적으로 자녀를 밖에 내놓을 수 있었던 것이다. 옛날에는 어머니가 자녀양육에 그다지 많은 노력을 기울이지는 않았다.

현재 도시에서 혼자 자녀양육을 해야 하는 어머니의 고독감이나 중압감은 심각하다. 그런 가운데에서 이 정도로 양질의 자녀양육을 계속하고 있는 것은 아주 대단하다고 해야 할 것이다. 아이에 대해 생각해 보면, 모자가족이나 부자가족, 또는 시설에 있는 아이의 경우에도 대다수의 아이는 건전하게 자란다. 오늘날 아버지가 자녀양육에 참여할 필요가 있다는 것은 자녀를 위해서가 아니라 어머니를 위해서이다. 지자체가 주장하는 탁아시설을 갖춘 '어린이를 위한 강좌'는 사실은 단 한 시간이라도 전업주부가 아이에게 해방되는 기회를 제공하는 것이라는 점은 현장 사람에게는 주지의 사실이다. 어머니가 자녀로부터 잠시라도 떨어지기 위해서는 '강좌'라는 구실이 필요한 현실이야말로 슬퍼해야 할 일이다.

지금, 자녀양육에 필요한 것

지금 부모-자녀관계, 자녀양육에 필요한 것은 '자녀를 위해 부모는 어떻게 하는 것이 좋을까?'를 생각하는 것이 아니다. 부모 자신을 '더 좋은 자녀양육'이라는 부담감에서 해방시키기 위해서 무엇을 하면 좋은지를 생각하는 것이다. 그것을 위해서 가능한 것은 어머니에게 자신감과 여유를 되찾아 주는 시책이라는 것은 분명하다. 그 방법의 하나는 아버지나 동네 사람들, 지자체 등이 참여하여 어머니의 책임을 경감시키고 부담감을 해소하는 것이다. 또 하나는 매스미디어 등에서 '요즘 부모의 교육은 문제가 있다'라는 잘못된 주장을 퍼뜨리는 것을 그만두는 것이다. '요즘 부모(어머니)는 옛날에 비해 훨씬 양질의 교육(자녀양육)을 하고 있다'고 자신감을 갖도록 하는 것이 바람직하다. 역설적이지만, '더 좋은 자녀양육'이라는 압력에서 해방된 부모의 자녀양육이야말로 자녀에게도 '더 좋은' 일이 될 것이다.

2) 부모와 자녀의 더욱 바람직한 관계에 필요한 것

자녀를 위해서 얼마만큼 하면 충분한가?

장수사회를 맞아서 부부로 지내는 기간이 길어진 오늘날, 자녀양육을 마친 후에 부부가 무엇을 할 것인지 미리 생각해 두는 것이 좋을 것이다. 당연한 이야기지만 부부관계뿐 아니라 부모-자녀관계도 장기화되고 있다.

옛날에는 아이라고 불리는 기간이 기껏해야 15세까지였고, 막내가 장성한 어른이 될 즈음에 부모는 노년기에 접어들었다. 지금은 간단히 부모와 자녀라고 해도 분만실에 같이 들어가서 막 태어난 갓난애를 안아 주는 10대 아버지부터 90세의 연로한 부모를 개호하는 65세의 딸까지 있어서, 부모-자녀관계의 장기화와 다양화가 진행되고 있다. 현재 평균 50년 사이에 걸친 부모-자녀의 관계 속에서 최대 과제는 '부모는 자녀를 위해 얼마만큼 해주어야 충분한가?'라는 부모 책임의 정도이다.

아이를 차 안에 방치해 두고 파친코에서 노는 부모는 문제가 있지만, 그렇다고 해서 내 자식의 재능을 발전시키기 위해서 오늘은 바이올린, 내일은 스포츠 교실로 아이에게만 매달리는 부모는 괜찮을까? 요즘 세상에 '더 좋은 것'을 하려고 하면 끝이 없다. 물론 미래의 고토 미도리* 혹은 다테 기미코**와 같은 재능을 키우기 위해서는 영재교육이 필요하겠지만, 부모의 인생을 희생하면서까지 자식에게 투자하는 것이 부모의 임무라고는 생각되지 않는다.

오늘날 부모의 욕구와 자녀의 욕구 사이의 균형이 어려운 문제가 되었다. 부모의 자원에는 한계가 있다. 자신의 인생을 즐기고 싶은 동시에 자녀에게 노력을 기울이고 돈을 들이는 것도 아깝지 않다. 한편에 파친코에

---

* 고토 미도리(五嶋みどり, 1971~) : 미국에서 활동하는 오사카 출신 바이올리니스트이다. 2살 때 바이올리니스트 어머니가 조기 영재 음악교육을 실시하여 세계적인 연주가로 성장하였다. 해외의 음악제에서 '천재소녀 데뷔'라는 화려한 찬사를 받았고, 현재는 연주자 겸 음악대학의 교수로 활약하고 있다. 조기교육의 대표적 예로 일컬어진다.

** 다테 기미코(伊達公子, 1970~) : 일본 여자 프로 테니스 선수로서 사상 최초로 세계 랭킹 10위권에 진입하는 위업을 달성하였다. 여성 운동선수로서 여론에서 최고의 찬사와 각광을 받았는데, 가장 높은 랭킹은 단식 4위, 복식 33위를 기록하였다.

서 노는 부모가 있고 다른 한편에서는 영재교육이나 '입학시험'에 목숨을 거는 부모도 있다.

그 정도로 극단은 아니라 할지라도 밖에 나가서 일을 하고 싶지만 아이를 두고 나가는 것은 걱정이 된다는 어머니, 가족과 지내는 시간을 늘리고 싶지만 잔업수당이 없으면 자녀의 사교육비를 대줄 수 없는 아버지가 많을 것이다. 한정된 시간이나 수입으로 자신이 쓰는 것과 자녀에게 쓰는 것의 배분 문제가 부모의 고민거리가 되는 것이다.

자녀가 성장한 후에도 이런 고민은 계속된다. 일본에서는 대학 등록금은 거의 부모가 부담하고 있고, 취직을 한 다음에도 도시에서 혼자 독립해서 사는 것은 힘들 것이라며 다달이 집세를 보내 주는 부모도 있다. 자녀양육을 하면서 직장을 다니는 딸을 위해 손자를 맡아서 돌보아 주는 친정어머니도 있다.

그 결과, 부모는 자신의 수입이나 시간을 '자식을 위해서' 다 쓰게 된다. 물론 자녀를 위해서 서비스하는 것이 삶의 보람이라는 부모도 많겠지만, 노후에 자녀에게 버림받지 않으려고 생색을 내려는 부모도 많을 것이다. 아무튼 자녀 쪽에서는 결혼한 후에도 부모의 원조를 기대하거나 부모의 경제력이 낮은 경우에는 결혼한 다음에 부모와의 관계를 끊으려는 사람이 많다. 이것은 조사 결과에도 나타나는데, 독립하여 가구를 형성한 후에 자신의 부모를 가족으로 생각하는지를 20대 미혼자에게 질문했더니, 부모의 경제력이 있을수록 '예스'라는 응답이 많았다.[10]

'자녀를 위해서라면 무엇이든 하는 부모'의 공과

'자녀를 위해서라면 무엇이든 하는 부모'가 문제가 되는 것은 말할 것도 없다. 사회가 풍요로워지면서 이번에는 '자녀를 위해서 무엇이나 지나치게 많이 하는 부모'의 문제점이 눈에 띄게 되었다.

아무튼 지금은 심리학자, 교육학자, 영양학자, 의학자가 내놓은 '이것을 하면 자녀에게 좋다'는 주장이 넘쳐 나고 있다. '좋다'고 하는 것을 전부 다 한다면, 부모는 몸과 돈이 아무리 많아도 모자랄 것이다. 10여 년 전에는 부모나 자녀나 생활하는 데 다른 여유가 없었고 자녀에게 직접 신경을 써 주고 싶어도 그럴 수 없는 현실이 있었지만, 경제적으로 풍요로워진 오늘날 부모에게 새로운 고민거리가 생긴 것이다. 육아 노이로제는 전업주부에게 많다고 한다. 보육시설에 자녀를 맡기는 맞벌이 엄마라면 평일 낮에는 '일을 하고 있어서' 아이하고 함께 있지 않아도 허용되지만, 시간이 있는 전업주부에게는 '자녀를 위해서'라는 압력이 끝없이 가해진다. 도망가는 방법으로 도시에서는 음악이나 스포츠의 조기교육이 유행하여 자녀의 재능을 찾아낸다는 명목으로 전업주부도 교실에 자녀를 맡기는 것이 허용되었다.

최근에 현저해진 미혼화와 저출산도 이러한 흐름에서 이해될 수 있다. 요즘 결혼이 늦어지고 있는 것은 부모와 함께 살고 있는 여성인 것이다. 부모와 함께 살고 있으므로 생활비가 들지 않고 월급은 전부 자유롭게 사용할 수 있고, 집안살림은 어머니가 다 해주는 천국과 같은 상황을 그녀들은 쉽게 포기하려 하지 않는다. 총리부의 조사에서도 20대 여성의 생활 만족도는 상당히 높았다(도표3 참조).[11] 이런 풍족한 미혼자를 만들어 낸 것은 도시에 거주하는 풍족한 부모이다. 오늘날의 부모는 자녀의 행복을 바라는 나머지, 자녀에게 원조를 아끼지 않고, 아주 조건이 좋지 않으면 성인이 된 자녀를 놓아 주려 하지 않는다. 아들을 가진 부모도 딸을 가진 부모도 자녀를 자신의 곁에 두고 싶어 하는 것은 마찬가지이고, 자녀 역시도 부모와 같이 있고 싶어 한다. 이런 상태이니 결혼하지 않는 사람이 늘어나는 것은 이상한 일이 아니다.[12] 풍요로운 사회가 너무나도 사이가 좋은 부모-자녀를 만들어 낸 것이다. 예를 들면 '일란성 모녀'라고 불리는 모녀가 바로 그것이다. 그녀들은 연공서열로 높아진 아버지(남편)의 경제력을 후광으로 하여 쇼핑과 여가활동을 즐기면서 소비생활을 만끽하고 있다. 부모들은 자녀를 경제적으로 자립시키지 않고 미움받지 않으려고 자녀를 원조하게 되었다. 이 현상을 부모에게 기생하는 미혼자라는 의미에서 나는 '기생적 싱글'이라고 한다. 서로 티격태격하며 싫어하는 부모-자녀도 문제이지만, 사이가 너무 좋은 부모-자녀도 문제이다.[13]

그 결과, 미혼인 젊은이는 부모의 경제력을 이용할 수 있는지 없는지에 따라 생활수준이 결정되고 있다. 실제로 도쿄에서는 부모에게 원조를 받지 않고 혼자 독립생활을 하는 청년과 부모 집에서 사는 청년 사이에 생활 격차가 벌어지고 있다. 그리고 자신의 실력이 생활에 직결되지 않기 때문에, '부모의존증'이 대두되고 있는 것이다. 이런 상태에서는 부모의 경제력을 이용할 수 없는 젊은이는 아무리 노력해도 생활이 향상되지 않아서 의욕이 꺾이게 되고, 풍족한 부모에게 기생하고 있는 젊은이는 의존성이 강해져서 자립심을 상실한다. 현재의 청소년이나 청년이 일으키는 여러 가지 문제의 한 원인은 '부모에 따른 불공평성'에 있다고 나는 보고 있다.

자녀양육에 과도한 수고를 기울이지 마라

요즘 부모들은 수고를 기울이는 것, 의욕을 충족시키는 것, 자녀를 위해 좋다고 하는 것을 전부 다 해주려는 것이 '부모의 애정'이라고 믿고 있는 것 같다. '아이가 불쌍하다'는 말을 종종 듣는다. '아이를 유치원이나 어린이집 같은 보육시설에 보내는 것은 불쌍하다'고 하고 부부별성의 반대 논거에도 '부모와 성이 다른 아이는 불쌍하다'는 말이 사용된다. 부모는 자녀의 희생이 되는 것이 당연하고, 자녀를 위해서 부모의 욕구는 참아야 한다는 사고방식이 사회적 압력이 되어 있다.

'얼마만큼 자녀에게 해주면 충분한가?'라는 공통 인식이 부재한 상태에서 부모가 경제적으로 풍족해졌기 때문에 자녀에게 끝없이 돈이나 수고나 걱정을 쏟아붓게 되었고 이것이 압력으로 작용하고 있다.

이와 대조적인 것이 미국의 자녀양육이다. 자녀양육에는 거의 수고를 들이지 않으며, 성인이 되면 경제적으로 독립하는 것이 당연하다고 생각하며, 대학생도 아르바이트나 장학금으로 수업료를 내는 사람이 많다. 자녀에게는 기본적인 생활 습관을 습득하게 하면 된다고 생각하고, 예능 교육이나 학원에 보내는 부모는 소수의 부자들뿐이다.

대부분의 부모는 자녀를 베이비시터에게 맡기고 영화를 보거나 여행을 간다. 빈부격차가 큰 미국에는 가난하여 자녀에게 생활 습관 교육을 시킬 여유조차 없는 부모도 많고 그런 환경이 청소년 비행이나 범죄의 원인이 되기도 하지만, 그렇다고 해서 모든 가족이 붕괴되는 것은 아니다.

보통 중류가족은 부모와 자녀의 욕구의 균형을 맞추면서 양호한 부모-자녀관계를 추구하고 있다. 자녀를 맡기고 여행을 다녀왔다고 해서 자녀가 부모를 원망하는 일은 없다. 또한 성인이 된 다음에 경제적으로 독립했다고 하여 부모-자녀관계가 소원해지는 것도 아니다. 별거는 해도 서로 연락하며 지내며, 서로 선물을 주고받기도 하고 가끔 파티도 열면서 애정 확인을 위한 커뮤니케이션 행동을 하는 것이다.

이러한 상태는 경제적인 원조가 아니라 애정에 의해 부모-자녀가 이어지는 관계라고 할 수 있다. 미국에서 출생률이 그다지 낮지 않은 것은 그 때문일 것이다. 역으로 자녀에 대한 애정을 수고와 돈을 들이는 것으로 표현하는 일본이나 독일에서는 출산율이 낮아지고 있다. '모든 아이는 사회의 아이'라고 주장하는 것은 쉽다. 혜택을 받지 않은 자녀에게 원조를 제공하는 것도 가능할 것이다. 그러나 부모가 경제적 여유가 있어도 자신의 자녀에게 필요 이상의 돈을 들이지 않는 것은 아주 어려운 일이다. 그렇다고 해서 경제적 여유가 없는 경우에만 '사회 전체가 아이를 양육한다'는 것도 무의미한 것이다.

자녀가 성인이 되면 자립시키고 학비도 스스로 벌게 한다. 아들이든 딸이든 부모 슬하를 떠나서 혼자 독립생활을 시킨다. 자녀가 아직 어릴 때부터 부모도 직업과 취미로 자신의 인생을 즐기고 자녀에게는 최소한의 수고와 돈을 한정적으로 사용한다. 이렇게 해야 진정한 의미에서 부모-자녀의 바람직한 관계를 형성할 수 있고, 사회적으로 보아 공평한 자녀양육을 기대할 수 있는 것이 아닐까? 그런데 '최소한'의 자녀양육이란 어느 정도의 수고일까? 즉 자녀에게 얼마만큼 해주면 충분할 것인가? 앞으로 이 문제를 논의해야 할 것이다.

3) 자녀양육 지원 : 지금 지역사회에서 해야 하는 것

조깅용 유모차

미국에서는 조깅용 유모차가 판매되고 있다. 물론 갓난아기가 조깅하는 것은 아니다. 미국에서 살 때 갓난아기를 유모차에 태우고 밀면서 조깅을 하는 '아버지'를 자주 보았다. 일본에서는 이런 일은 할 수 없을 것이다. 도로 사정이 나빠서가 아니라 지나가는 사람들이 '아이가 불쌍하다'든가 '그렇게까지 하지 않아도 될 텐데……', '엄마는 무엇을 하고 있을까?' 하고 이상하게 여기고 비난하는 시선으로 보기 때문이다.

아무튼 미국의 자녀양육은 돈과 시간적 여유가 있는 중류계층에서도 대충대충 하고 있다. LA의 디즈니랜드에서는 한밤중인 11시에도 졸려 하는 아이를 깨워서 퍼레이드를 구경하거나 놀이 기구를 태우며 즐기는 부모들이 많이 있다. 공원에 가면 두세 살 정도의 아이에게 자유롭게 놀라고 하고는 자신은 벤치에서 책 읽기에 열중하고 있는 부모가 있다. 무엇보다도 베이비시터의 임금이 낮다. 1시간에 5달러 정도를 지불하면 고용할 수 있다. 부모들은 부담 없이 베이비시터에게 아이를 맡기고 자신들은 여가 활동을 즐긴다. 물론 그들 중에는 자녀를 정성 들여서 키우는 부모도 있다. 그러나 미국에서는 정성 들여 키우든 대충대충 키우든 그것은 개인의 취향 문제라고 생각된다.

미국에서는 일본보다 여성의 사회 진출이 진행되었지만, 보육 환경이 좋다고는 결코 말할 수 없다. 그럼에도 불구하고 출산율이 낮아지지 않는 것은 이런 이유가 있다. 자녀를 대강 키워도 아무도 문제시하지 않기 때문이다. 아니 일본과 비교하기 때문에 대충대충 하는 것처럼 보일 뿐이고, 미국에서는 이러한 자녀양육이 표준적이라고 생각되고 있는 것이다.

우는 소리를 할 수 없는 전업주부

일본에서는 아마 그렇게 할 수 없을 것이다. 베이비시터 하나만 보아도 그렇다. 현재 일본에도 많은 베이비시터 서비스 회사가 있지만, 업계 사람의 이야기를 들어 보면 요금이 낮을수록 이용이 감소한다고 한다. 특히 도시에서는 교사나 간호사 자격이 있다, 영어나 스포츠를 가르칠 수 있다, 지적 발달을 돕는 놀이를 시킨다 등 베이비시터에 부가가치를 더하지 않으면 이용하지 않는다고 한다. 그렇기 때문에 요금은 대학 입시생의 가정교사 정도로 높아진다. '아이에게 도움이 된다'는 이유가 없으면 부모는 자녀를 맡기고 싶어 하지 않는다는 것이다.

그것은 '자녀를 더 잘 키우겠다', '그러므로 부모는 편해서는 안 된다'는 의식이 강하기 때문이다. '아이를 더 잘 키우겠다'는 것은 잘못된 생각은 아니다. 그러나 잘못된 생각이 아니기 때문에 오히려 '위험한' 것이다. 최근에 일본에서 자녀양육이 어렵다고 하지만, 자녀양육 환경의 악화 때문은 결코 아니다. 보육시설이 정비되어 있지 않아서도 아니고, 자녀 수가 적어진 탓도 아니고, 지역사회의 보육 능력이 저하된 탓도 아니다. '아이를 더 잘 키워야 한다'는 사회적 압력이 더욱더 강해지고 있기 때문이다.

그리고 그 압력은 주로 전업주부를 대상으로 한다. 맞벌이 어머니는 시간적으로나 체력적으로 힘들기는 하지만, 타인(보육시설이나 친정이나 시댁의 부모)에게 자녀를 맡기는 것이 정당화될 수 있다. '돈을 벌기 위해 일을 한다'는 명분이 있기 때문이다. 그러나 전업주부에게는 그런 명분이 없다. '조금 놀고 싶어서 아이를 맡긴다'고 말하는 것은 어려운 일이다.

어머니라도 아이가 지겨워질 때가 있다. 샐러리맨이 일이 지겨워지는 때가 있는 것과 마찬가지이다. 간호사도 환자가 지겨워지고, 선생도 학생이 지겨워지기도 한다. 그것이 '돈을 버는' 일이라고 인정되는 한 '지겨워진다'는 감정 표현은 허용된다. 그러나 '자녀양육'에 관해서만큼은 모성애에 기초하는 인간적인 일이라는 이유로 '지겨워져서는 안 된다'는 규범의식이 강하게 작용하는 것이다.

돈을 버는 일이라면 남성의 일에 대한 굴레, 즉 일 중독 등이 문제가 된다. 그러나 자녀양육의 굴레는 칭찬이나 비난은 있지만 문제시하지는 않는다. '아이를 위해'라는 말은 항상 옳기 때문이다. 그렇기 때문에 전업주부는 '아이를 더 잘 키워야 한다'는 압력과 '아이가 지겨워질 때도 있다'는 감정의 딜레마로 고민하게 되는 것이다. 나는 지자체가 주최하는 어머니교실에 강사로 종종 초대받는데, "오늘은 보육서비스가 있어서 참가자가 많아요"라는 말을 자주 듣는다. 아이를 다른 사람한테 맡기고 잠시라도 조금 편해지기 위해서는 그에 상응하는 명분이 필요한 것이다.

영유아 교실이 증가하는 이유

최근에 유아만이 아니라 영아를 대상으로 하는 학습 교실이 도쿄 야마노테 지구*를 중심으로 급속하게 증가하고 있다. '아이를 위해 더 좋은 일을 하고 싶다'는 소망과 '아이에게서 조금 떨어져 있고 싶다'는 욕구를 둘 다 만족시킨다는 의미에서 이 학원은 안성맞춤인 것이다.

1~2세의 아이에게 영어나 수영, 음악을 가르치는 것이 어느 정도의 효과가 있을지는 분명하지 않고, 4~5세부터 시작한 예능교육이 나중에 도움이 된 예는 많지 않을 것이다. 그러나 아이가 학습하고 있는 동안에 확실히 부모는 아이한테 해방되는 것이다. 그리고 영유아 교실의 가정판이 앞에서 언급한 고급 베이비시터이다.

언론에서 영유아에게 조기교육을 하는 위험성을 지적하는 논의가 상당히 많다. '아이가 불쌍하다', '일본어를 배우기도 전에 영어를 교육하면 일본어 능력이 형편없게 된다', '영유아에게도 입시경쟁이 밀어닥쳤다', '아이를 더 많이 자유롭게 놀게 하자' 등, 자녀를 영유아 교실에 보내는 부모를 비난하는 의견이 많다. 그러나 이 반발도 '아동 중심'의 논의인 점에는 변화가 없다. '조기교육은 아이에게 좋을까? 아니면 나쁠까?'라는 논의를 하기 전에, 왜 이런 곳에 보내지 않으면 안 되는가 하는 점을 부모의 입

---

* 도쿄 야마노테(山手) 지구 : 도쿄의 서쪽 구획으로 주로 고급 주택가를 가리킨다. 에도시대에는 혼고(本郷), 고이시가와(小石川), 우시고메(牛込), 요츠야(四谷), 아카사카(赤坂), 아오야마(青山), 아자부(麻布) 등이 포함되었는데, 사무라이의 저택이나 사원이 많았다.

장에서 생각해 보아야 한다.

분명히 영유아 교실에는 '다른 아이보다 뒤떨어져서는 안 된다'고 부모를 부추겨 불안하게 하는 측면도 있고, 돈이 많이 들어간다는 단점이 있다는 것도 부정할 수 없다. 그러나 영유아 교실이 이만큼 번창하는 이면에는 앞에서 서술한 바와 같이 '잠깐이라도 아이에게 떨어져 있고 싶다'는 어머니(전업주부)의 숨겨진 소망이 있다. 즉 영유아 교실은 아이를 위해서가 아니라 전업주부를 위한 것이다.

진정한 자녀양육 지원이란

약 20년 전에 의사이자 교육평론가인 마츠다 미치오松田道雄는 '아이에게 더 많은 자유를' 주라고 호소했다. 아이가 자유롭게 놀지 못하고 부모에게 관리되고 있는 상황을 개탄하는 것이었는데, 현재 '더 많은 자유가' 주어져야 한다고 주장해야 하는 것은 자녀가 아니라 전업주부 쪽이다. '자녀양육 중독'인 어머니를 자녀양육에서 해방시키는 방도가 요구되는 것이다.

그렇다면 미국과 같이 하면 되는가? '더 나은 자녀양육'으로 자신의 아이덴티티(존재증명)를 확인하려는 일본의 어머니에게 지금부터 '대충대충 키우자'라고 하는 것은 무리이다. 지역사회에서는 명분을 부여하여 서서히 어머니를 자녀에게서 떼어 놓는 방법을 생각하는 것이 바람직하다. 앞에서 서술한 바와 같이, 보육서비스가 제공되는 강좌 등을 확대하는 것도 좋을 것이다. 사실 보육서비스를 제공하는 해외여행 상품이나 스키 상품의 수요는 늘어나고 있다. 디스코텍에서 보육서비스의 날을 제공하는 곳도 등장했다.

단지 '아이를 더 잘 키우기 위한 공동보육'이라는 것으로는 부족하다. 부모끼리의 교제에 적극적인 사람이 있는가 하면, 어색해 하는 사람도 있는 것이다. 어머니들끼리 네트워크를 형성하는 것도 의미 있는 일이긴 하지만, '○○엄마'가 아니라 '○○씨'라는 한 사람의 여성으로 인간관계를 맺고 싶어 하는 사람도 고려해야 한다.

보육서비스의 제공을 발전시켜서 자원봉사든 서비스 기업이든 공적 시설이든, 어쨌든 안심하고 자유롭게 아이를 맡길 수 있는 시설이 지역 사회에 충분히 있다면 좋을 것이다. 요개호 고령자와 아이를 동시에 서비스 제공대상으로 하는 방법도 가능할 것이다.

낮에 아이를 맡기는 주간 탁아서비스는 물론이고, 2~3일간 여행할 때는 단기 체재 서비스를 제공한다. 물론 이러한 서비스의 이용 요금은 합리적으로 설정한다. 자녀와 떨어져 있는 시간에는 친구와 놀아도 좋고, 공부를 해도 좋고, 취업을 위한 준비를 하거나 여행하는 것도 괜찮을 것이다. 그렇게 하여 자유로운 시간을 가진 어머니들 중에서 지역활동에 적극적으로 참여하는 사람도 나올 수도 있을 것이다.

진정한 자녀양육 지원은 아이만을 지원하는 것도 아니고, 부모의 자녀양육을 지원하는 것으로도 충분하지 않다. 자녀양육을 하는 부모가 자유로운 시간을 갖는 것이 가능하도록 지원하는 방안이 필요하다.

제5부
일본가족의 향후 전망

1장 질서를 중시한 일본가족에 외상 청구서

1) 풍요를 실감할 수 없는 일본인

밝은 표정의 노숙자

캘리포니아의 노숙자들은 표정이 밝다. 몇년 전에 캘리포니아대학 버클리캠퍼스에 유학할 때 대학로에 떼 지어 모여 있는 노숙자가 많은 것과 그들의 밝은 모습에 놀란 적이 있다. 버클리는 기후가 온난하고 자원봉사자가 많은 지역이어서 미국의 각지에서 노숙자가 모여든다. 쾌적한 기후 탓인지 싱글벙글한 표정의 건강한 젊은 노숙자가 많다. "한 푼만, 한 푼만"을 연발하는 밝은 목소리는 마치 바겐세일에서 손님을 끌어들이는 것 같기도 하였다. 가끔씩 지나가던 사람이 10센트를 놓고 가는 것이 인상적이었다.

시험 삼아서 표정이 가장 밝은 노숙자에게 말을 걸어 보았다. 현재 상황을 어떻게 생각하느냐는 질문에 "지금의 상황은 1930년대 대공황 시대와 마찬가지다"라는 평론가 같은 응답이었다(당시 미국은 불황에서 빠져나오지 못하고 있었다). 나중에 들으니 버클리의 노숙자들 중에는 교양 있는 사람이 많다고 한다. 다음으로 가족에 대해 물었더니 "LA에서 태어났지만 부모나 형제는 뿔뿔이 흩어졌고 지금 어디에 있는지도 모른다"고 밝은 표정으로 대답했다. 그들을 보고 있으면, 인간의 밝은 표정은 그가 놓여 있는 객관적 생활조건과는 관계없는 것이 아닐까 하는 생각이 들었다. 일도 가족도 잃어버렸으니 하다못해 기분이라도 밝게 하지 않으면 안 되겠다고 생각하는지도 모르겠다. 적어도 '가난하고 가족이 없는 사람은 늘 불행할 수밖에 없다'는 것이 편견이라는 것은 분명하다.

겉보기에는 풍요롭지만

당시의 미국 신문에 게재되었던 '동아시아 국가들의 행복감 조사'의 결과는 이와 관련하여 시사적이었다. 행복감을 느끼는 사람이 가장 많은 나라는 필리핀이고, 다음은 태국, 말레이시아의 순이었다. 최하위는 일본인. 보기 좋게 1인당 국민소득과 행복도는 마이너스 상관관계로 나타났다.

1995년 『국민생활백서』(경제기획청 국민생활국)는 일본의 풍요를 특집으로 다루었다. 중심 주제는 경제적 풍요를 실감할 수 없는 일본 국민이었다. 전후 50년 경제적으로는 발전하였고, GDP는 세계에서 1~2위를 다투는 국가가 되었다. 게다가 빈부의 격차가 적고 국민의 90%가 중류의식을 가지고 있으며 복지제도도 상당히 정비되어 있고, 치안도 안전하다. 그럼에도 불구하고 "왜 '풍요'를 실감할 수 없을까?" 하는 의문이 들었다.

나의 전공인 '가족'의 영역에서도 같다고 할 수 있다. 일본가족의 상황을 나타내는 통계자료는 여러 외국에 비해서 매우 양호한 편이다. 이혼이 증가하고 있기는 하지만 선진국 중에서는 낮은 편이다. 특정 연도의 이혼 건수를 결혼 건수로 나눈 단순 수치를 비교해 보면, 영국은 약 40%, 미국은 50%에 달하는데, 일본은 30% 정도에 그치고 있다. 혼인 외 출생자(부모가 정식 부부가 아닌 아동)는 미국·스웨덴 등에서는 거의 50%에 달하는데, 일본에서는 겨우 1%에 불과하다(전전에는 5% 정도였다). 한부모가구는 말할 것도 없고 고령자와 자녀의 동거율도 상당히 높다. 비행율이나 흉악범죄의 비율도 낮고, 성범죄 중 강간의 발생율은 미국의 1/30, 영국의 1/10이고, 게다가 최근 30년 동안 대폭 감소하고 있다. 분명히 가족에 관한 통계자료를 보면, 일본의 가족은 안정되어 있다고 할 수 있을 것이다. 그러나 그렇다고 해서 일본의 가족이 행복하다고 할 수 있을까?

이번에는 일본 총무부가 실시한 청년의 만족도 국제비교조사(1993년)의 통계자료를 살펴보자. 가족이나 직장에 대한 만족도는 선진국 중에서는 최저이고, 필리핀보다 낮은 수준이다. 그러나 객관적 통계자료를 보면, 일본 청년의 가족은 아주 건전한 편이고, 궁핍하지 않은 생활을 하고 있다. 미국에서는 부모가 이혼한 것은 흔한 일이고, 스웨덴에서는 부모가 정식결혼을 하지 않은 것이 보통이다. 취업의 측면을 보아도 젊은이의 실업률은 유럽 국가들에 비해서 압도적으로 낮은 수준인 것이다.

일본 청년의 대부분은 부모의 집에서 거의 무료로 살고 있어서 학생이든 사회인이든 생활이 궁핍한 젊은이는 적다. 그리고 청소년 범죄율도 낮다. 즉 일본의 청년은 부모가 둘 다 있는 가족에서 태어나 자라며, 성인이 되어 직장에 취직하고 비교적 안전한 사회에서 살고 있음에도 불구하고 만족도가 낮은 것이다.

2) 일본과 미국의 가족 가치관 차이

질서를 우선시하는 일본가족

개인이 행복을 느끼는 것을 강제할 수는 없다. '경제적으로 풍요롭고 사회나 가족이 안정되어 있으니 행복감을 느끼시오'라는 것은 억지이다. 객관적 조건과 주관적 행복감이 반드시 일치하는 것은 아니다. 아니 오히려 '가족이 안정되어 있어도 행복을 실감할 수 없다'는 것이 아니라, '가족이 안정되어 있기 때문에 행복을 실감할 수 없다'는 것이 아닐까? 이 통계자료와 행복감의 격차를 보면, 이런 상관관계가 떠오른다.

이혼율이 낮은 것은 결코 부부가 사이좋게 생활하고 있어서가 아니다. '가정 내 이혼'이라는 말이 있는 것처럼, 사이가 안 좋아도, 서로 말도 하지 않는 사이여도, 다른 사람의 이목이나 경제적 이유로 이혼할 수 없어서 부부관계의 형식을 고수하는 사람이 많은 것이다. 미국에서 이혼이 많은 것은 사이가 나빠지면 이혼해 버리기 때문이고, 그렇기 때문에 결혼상태에 있는 커플은 오히려 부부 사이가 좋다. 일본에서는 사이가 나빠져도 부부관계를 유지할 수 있다. 아니 부부 상태로 있도록 강요받고 있는 것이다.

혼인 외 출생자나 사실혼의 비율이 낮은 것은 편견이나 차별의 뿌리가 깊고, 여성의 경제적 지위가 낮기 때문이다. 10년쯤 전에 임신중절 경험자를 대상으로 조사를 실시했을 때, 미혼자의 대부분이 "태어나는 아이가 불쌍해서"라는 이유로 임신중절을 했다. 역으로 임신이 되었으니 할 수 없이 혼인신고서를 제출했다는 커플도 많았다.

고령자가 자녀와 동거하는 것이 고령자의 행복에 반드시 직결된다고 볼 수는 없다. 일본에서는 다른 나라들과 비교하여 고령자의 자살률(특히 여성)이 높다. 그것도 자녀와 동거하고 있는 고령자의 자살률이 고령자 부부끼리만 생활하는 경우의 자살률보다 더 높다는 조사 결과도 있다. 동거하고 있는 자녀에게 학대를 당하는 경우도 있지만, 질병이 고통스럽고 "더 이상 자식 부부에게 폐를 끼칠 수 없다"는 이유로 자살하는 경우도 많다고 한다.

이러한 현실을 보면, 일본에서는 가족이라는 질서를 유지하는 것이 자기목적화되어 있다는 생각이 든다. 객관적으로 보면, 즉 통계자료를 보면, 분명히 건전한 가족이 많을지도 모른다. 그러나 그 이면에는 사이가 나빠져도 이혼하지 않는 부부, 임신중절을 한 미혼여성, 자녀부부와 함께 거주하면서 불편해하는 고령자라는 현실이 은폐되어 있는 것이다.

감정을 우선시하는 캘리포니아 가족

미국, 특히 캘리포니아에 거주하는 가족의 모습은 일본과는 정반대이다. 이혼이나 동거 경험이 없는 성인을 찾는 것이 어려울 정도로 가족이라는 표면적 질서를 고수하는 것보다 자신의 감정에 솔직한 것을 우선시한다. 상대방이 싫어지면 이혼하고, 부모와는 원칙적으로 떨어져 살며, 결혼하지 않았어도 좋아하는 사람과 함께 살고, 아이를 낳고 싶으면 미혼이어도 출산하는 등 일본인의 눈으로 보면 '완전 제멋대로'인 국민이라고 생각될지도 모르겠다.

그러나 그들은 나름대로 진지하다. 외양적 질서 유지보다는 자신의 기분을 솔직하게 표현하는 것을 우선시한다. 그들의 입장에서 보면 서로 싫어하면서도 함께 있는 일본의 부부나, 자녀가 불쌍하다고 해서 임신중절을 하는 일본인이야말로 '불성실하다'고 생각될 것이다.

이런 경향은 동성애자의 양상에도 나타난다. 동성이 좋다는 감정에 충실히 따르려고 커밍아웃(동성애자임을 공개)한다. 내가 다니던 캘리포니아 대학의 남성 교수는 미청년인 대학원생과 동거하고 있다는 사실을 감추지 않았다. 또한 어떤 남성 동성애자를 면접할 때 자신은 기독교도로 교회에 다니고 있고 가능하면 좋아하는 상대와 함께 생활하면서 입양을 하여 남자 둘이서 아이들을 키우고 싶다고 했다. 그는 '동성애'란 사실 한 가지만 제외하면 소위 건전한 가족을 지향하고 있는 것이다. 기독교인이라고 해서 동성을 좋아한다는 것을 양보하려 하지 않는다.

일본과 미국의 가족 가치관의 차이를 문화의 차이만으로 간단히 정리해서는 안 된다. 왜냐하면 전전 혹은 메이지明治 이전, 근대화되기 전의 일본 사회는 가족이나 성性에 관해서는 관대한 문화를 가지고 있었기 때문이다.

메이지시대에는 혼인 외 출생자의 비율이 높았고 현재와는 그 의미가 다르지만 이혼율도 비교적 높았다. 호적이 만들어지기 이전인 에도江戶 시대의 서민에게는 이혼이나 재혼이 상당히 빈번했다.[1] 성관계는 더욱 자유로웠다. 일본을 대표하는 문학인 『겐지이야기』*를 보면 된다. 주인공 히카루 겐지는 현대어로 표현하면 마더 콤플렉스이고 아버지의 재혼 상대와 불륜관계이다. 롤리타 콤플렉스** 취향이어서 소녀를 납치한 후 몰래 키워서 성장한 후에 강간하듯이 범하고, 지방에 가면 현지처를 만드는 등 하고 싶은 대로 다 한다. 현대라면 아무리 황족이라도, 아니 황족이기 때문에 더욱더 그냥 넘어가지 못할 행동들이다. '와이드쇼'에 딱 맞는 이야깃거리가 될 것이다.

사이카쿠***의 이야기에 묘사되어 있는 서민도 마찬가지이다. 근대화 이전의 일본에서는 가족에 관한 감정을 자유롭게 표현하는 것은 장려되지

---

* 『겐지이야기』(源氏物語) : 일본 헤이안시대(平安時代, 794~1185)의 장편소설이다. 여성작가 무라사키 시키부(紫式部)의 작품인데, 황족의 왕자이면서 수려한 용모와 재능을 겸비한 주인공 히카루 겐지(光源氏)의 일생과 그를 둘러싼 일족들의 생애를 서술한 54권의 대작이다. 이 작품은 3부로 구성되어 있는데, 3대에 걸친 귀족사회의 사랑과 고뇌, 이상과 현실, 예리한 인생비판과 구도정신을 그린 작품이다.

** 롤리타 콤플렉스(Lolita complex) : 성인 남성이 현실 혹은 가공의 미성년 소녀에 대한 성적인 관심을 갖는 심리학적 성향을 의미한다. 롤리타는 대체로 만 8세에서 13세 가량의 여아를 말하며, 때로는 3~4세에서 17~18세 정도로 범위가 넓어지기도 한다. 대부분의 롤리타 콤플렉스 상품(로리콘 만화, 로리콘 애니메이션 등)들은 일본에서 생산 및 소비되고 있다. 이러한 성향의 남성들은 아동에 대한 성도착증을 가진 것으로 비난받는다.

는 않았다고 해도 적어도 삶의 방식으로 부정되지는 않았다고 생각된다. 그렇다면 현대 일본의 '가족질서' 우선주의가 형성된 것은 근대 사회의 성립 이후가 되는 것이다.

3) 근대가족의 동쪽 끝과 서쪽 끝

미국형 자본주의와 일본형 자본주의

역시 미국에 있을 때의 일이다. 어느 경제학 교수의 강연을 들을 기회가 있었다. 그 교수에 의하면 소비에트 연방이 붕괴된 이후에 세계에는 두 개의 체제가 남았다고 한다. 그 하나가 미국형 자본주의이고 다른 하나는 일본형 자본주의라고 하였다. 일본과 미국에서 경영이 잘 되는 기업에 대한 주위의 반응은 거의 차이가 없다. 그런데 한 번 경영이 제대로 되지 않으면 미국과 일본의 차이는 매우 크게 나타난다.

미국에서는 불량기업이 망하면 '이윤을 창출한다'는 기업 본래의 목적을 우선시하려 하고, 도움이 되지 않는 사원은 공로가 있어도 해고된다. 그러나 일본에서는 지원을 하여 어떻게든 기업을 존속시키려고 하고, 사원은 '한직'으로 밀려나더라도 곧 해고되지는 않는다. 단적인 예로 주센 문

*** 이하라 사이카쿠(井原西鶴, 1642~1693) : 에도시대의 시인이며 소설가이다. 본명은 히라야마 도고(平山藤五)이며, 사이카쿠는 필명이다. 17세기 중엽 시민계급의 발흥기에 경제 활동의 중심지 오사카(大阪)에서 태어났다. 5·7·5의 17음(音)형식으로 구성된 일본 고유의 시(詩)형식인 하이쿠(俳句)의 작품 활동과 작가들의 모임을 활발히 전개하였다. 1682년 41세가 되던 해에는 자유로운 산문 형식으로 된 첫 소설 『호색일대남』(好色一代男)을 발표하여 호평을 받았다. 이 소설은 일본의 근대적 소설의 한 장르인 우키요조시[浮世草子]의 효시가 된 장편소설이다. 그의 작풍은 남녀의 애욕을 주제로 한 작품을 주로 쓴 초기, 설화적 흥미 위주의 작품을 쓴 중기, 그리고 시민계층의 경제생활을 주제로 한 작품을 발표한 말기로 나누어진다. 일본 최초의 현실주의적인 시민 문학을 확립했다는 평가를 받고 있다.

제*를 생각하면 된다. 도산으로 인한 사회적 손실의 회피 및 금융질서의 유지라는 명목으로 기업이나 고용의 존속이 우선시된다.

그의 강연을 들으면서 나는 일본과 미국의 가족의 모습에 나타나는 차이를 생각했다. 일본과 미국에서 문제가 없는 가족은 놀랄 정도로 유사하다. 연애결혼으로 평생 동안 부부 사이가 좋고, 자녀를 즐겁게 키우고, 동거나 비동거에 관계없이 노후에도 성인이 된 자녀와 양호한 관계를 유지하고 있다. '가족의 이상형'이라고 인식되는 모습은 일치한다.

그러나 가족에 문제가 생겼을 때의 대응에는 양국에서 차이가 나타난다. 미국에서는 가족의 형식(계속 부부로 있는 것)을 깨뜨리더라도 가족의 내실(부부의 애정)을 고수하려 한다. 사이가 나빠졌으면 이혼하고, 다른 상대방을 찾아서 애정관계를 쌓으려고 하는 것이다. 한편 일본에서는 가족의 내실을 희생한다. 부부의 사이가 나빠져도 부부라는 형식을 고수하기 위해 '가정 내 이혼'을 유지하는 선택을 하는 것이다.

효율성인가? 자기실현인가?

주지하는 바와 같이, 자본주의는 중부 유럽에서 탄생하여 영국이 세계에 확산시킨 제도이다. 자본주의가 세계를 석권하는 가운데, 동쪽 끝에 있는 일본과 서쪽 끝에 있는 캘리포니아에서 그 성격에 이 정도로 커다란 질적인 차이가 생겨 버렸다. 여기에서 미국형 자본주의와 일본형 자본주의의

---

* 주센(住專) 문제 : 1990년대에 거품경기가 끝나고 부동산시장이 악화되자 거액의 불량채권이 발생했다. 농림계 금융기관의 대량 자금 유입으로 유지되던 주택금융전문회사(住宅金融專門會社, 일명 주센)는 존폐 위기에 놓였고, 농림계 금융기관의 피해가 확대되게 되었다. 대장성과 농림성 사이에 손실부담 문제가 발생했는데 당시의 정부는 행정지도를 통해 농림계의 부담을 경감시키기 위한 공적자금을 투입하였다. 이는 금융기관의 도산 처리에 공적 자금을 투입하여 도산 책임의 불투명한 사례가 되었다.

차이를 조금 더 설명할 필요가 있을 것이다.

먼저 자본주의를 다음의 두 측면으로 나누어서 생각해 보기로 하자. ① 상품의 확대 재생산(물건이나 서비스를 효율적으로 대량생산해 낸다). ② 욕망의 자유화(자유로이 자기실현을 추구한다). 경제적으로 보면 ① 을 잘하는 것(했다고 하는 것이 맞을 것이다)이 현대 일본사회이고, ② 를 최대한 추구하려는 것이 미국, 특히 캘리포니아 사회라는 것에 이견은 없다.

물건을 효율성 높게 대량생산하기 위해서는 '질서 있는 조직'을 유지하는 것이 필요 불가결하다. 조직에 따르지 않는 인간을 배제하는 대신에, 조직에 잘 따르는 사람을 우대하고 그런 사람의 생활을 보장한다. 개인의 자기실현은 조직의 질서를 파괴하지 않는 한도 내에서 인정하지만, 조직과 충돌하는 것이라면 조직의 존속을 우선한다. 이것이 일본형 자본주의의 양상이다. 물론 이런 지향성은 일본의 고유문화에서 유래한 것은 아니다. 카렐 판 볼페런**이 서술한 바와 같이 일본에서 자본주의의 발전 과정에서 성립된 것이고, 노구치 유키오가 지적한 바와 같이 총력전을 수행하기 위해, 즉 물건과 서비스의 확대 재생산을 최대한 효율적으로 하기 위해 만들어진 제도인 것이다.[2)]

이것은 나의 개인적 사례이지만, 캘리포니아에 거주했을 때 미국인 친구에게 "당신은 have to를 너무 많이 사용한다"는 말을 들은 적이 있다. 즉

** 카렐 판 볼페런(Karel van Wolferen, 1941~) : 네덜란드 출신의 저널리스트이다. 네덜란드 신문의 극동특파원으로 장기간 일본에 체재하였다. 대표적 저작으로는 일본의 관료를 비롯한 지배층의 권력행사 방식에 책임중추가 결여되어 있다고 분석한 *The Enigma of Japanese Power*, Alfred A. Knopf, 1989(篠原 勝 翻訳,『日本 / 権力構造の謎』, 早川書房, 1994)가 있다. 1994년 출판한 『인간을 행복하게 하지 않는 일본이라는 시스템』(『人間を幸福にしない日本というシステム』, 篠原 勝 翻訳, 毎日新聞社, 1994)은 33만 부가 팔린 베스트셀러가 되었다. 이 책은 일본인이 현실의 벽에 은폐되어 있는 관리시스템에서 벗어나야 한다고 주장하여 많은 논란을 불러일으켰다.

나의 발언에는 “사실은 하고 싶지 않지만 해야 한다”든가 “하고 싶어도 이러한 사정이 있어서 할 수 없다”는 표현이 너무 많다, 하고 싶은 것을 하지 않으면 인생이 무슨 재미가 있느냐고 캐묻는 말을 들었다.

나는 일본에 있을 때 자신은 하고 싶은 것을 하는 편이라고 스스로 생각하고 있었는데, 이런 지적을 듣고 보니 분명 내가 ‘have to’를 많이 쓰고 있다는 것을 알게 되었다. 무의식 중에 자유로운 감정 표현보다도 질서에 따르는 것을 우선시하는 습관이 체득되어 있는 것이다.

근대가족의 두 가지 성격

이상의 논의를 그대로 가족의 영역에 적용시켜 볼 수 있다. 자본주의 성립 이후 가족의 기본적 양상을 ‘근대가족’이라고 칭하기로 하자. 근대가족은 근대 사회에서 다음의 두 가지 역할을 담당해 왔다.[3]

①생활의 보장·노동력의 재생산. 가족의 생활(경제생활)을 보장하고, 향상시키는 것. 자녀양육과 약자의 보호. ②감정(특히 애정)의 자유로운 표현. ①, ②의 이념은 근대화된 사회에서 확산되어 있다. 그렇기 때문에 미국이든 일본이든 유럽이든 마찬가지이다. 러시아 작가 톨스토이의 말을 빌리면 ‘행복한 가족은 모두 비슷하다.’ 앞에서 언급한 바와 같이 부부가 자녀를 양육하면서 생활수준을 향상시키고 부부와 부모-자녀 사이가 좋고 화목한 가족이 이상적인 가족이라는 것이다.

그러나 현실 문제로 모든 사람들이 이상적인 가족을 실현할 수 있는 것은 아니다. 여러 가지 이유로 이상적인 가족을 만들 수 없는 사람도 많다는 것은 분명하다. 빈곤 등으로 경제적으로 어려운 가족도 있고 감정적으로 티격태격하는 부부나 부모-자녀도 다수 존재한다.

그럴 때에 ① 과 ② 사이의 모순이 드러난다. ① 을 우선시하여 가족의 질서를 유지하고 경제생활을 우선시하면 가족이 감정 표현을 자유롭게 할 수 없게 된다. ②를 우선시하여 가족의 자유로운 감정 표현을 용인하면 가족의 경제생활을 해체시키는 것이 된다. ①을 우선시하도록 압력을 가하는 것이 일본사회, ②를 우선시하는 경향이 강한 것이 미국사회, 특히 캘리포니아이다. 이러한 지향성은 앞에서 언급한 경제제도의 지향성과 동일하다. 경제질서나 고용 관행을 지킨다는 명목으로 행정 지도나 재정지원까지 하면서 불량기업을 구제하고, 종신고용-연공서열을 고수하려는 일본형 경제경영과, 부부가 감정적으로 맞지 않아도 자녀를 위해서나 경제 등의 이유로 '가정 내 이혼' 상태를 유지하는 가족의 양상은 근본적인 사고방식에서 일맥상통하는 것이다.

왜 일본가족이 가족의 표면적 질서와 경제생활을 우선시하는 체제가 되어 버린 것일까? 그리고 왜 이러한 왜곡이 현재 '가정 내 이혼' 등의 형태로 나타나는 것일까? 이에 관한 나의 견해를 제시해 보겠다.

4) 가족의 1940년 체제

질서 우선의 경로

노구치 유키오는 그의 저서 『1940년 체제』에서 전후의 경제체제가 사실은 전쟁 중 총력전체제의 상당 부분을 그대로 계승하고 있다는 논리를 세우고 있는데, 이것은 상당히 설득력 있는 주장이었다. 전후에 일본사회가 민주화되었고 전전의 부정적 군국주의와는 완전히 다른 사회로 다시 태어났다고 생각하는 종래의 정설은 매우 큰 충격을 받았음에 틀림없다.

나는 노구치 유키오의 주장을 차용하여 '가족의 1940년 체제'를 제기해 보고 싶다. 먼저 전후 일본가족의 모습은 전시 중의 총력전체제에 있다는 가설을 세워보자. 물론 전쟁 중의 가족과 전후의 가족이 완전히 같을 수는 없지만, '가족의 질서를 우선시한다'는 논리가 확립된 것이 전쟁 중이었고, 이 논리가 전후의 민법개정에 의해 법제화되었고, 1955년 체제 이후의 고도경제성장에 의해 실현되었다는 것이 나의 가설이다.

반전집회에서 "아이를 위해, 가족을 위해서 전쟁에 반대한다"는 표어를 들은 적이 있다. 그런데 잘 생각해 보면, 전쟁 때가 아닌 평화시에 병력증강론자들이 많이 사용한 표어도 "사랑하는 아이를 위해 나라를 지키자", "가족을 지키기 위해 싸우자"라는 것이었다. 가족의 가치나 아이를 강조하는 것은 평화주의의 전매 특허가 아니다. 미국에서는 가족의 가치를 강조하는 것은 소위 '보수주의'를 신봉하는 사람들이라는 것도 상징적이다.

다시 본론으로 돌아오자. 가족은 국가가 지켜야 할 대상인 동시에 총력전 수행의 수단이기도 했다. 총력전은 국가의 경제를 최대한 효율적으로 활용하기 위한 경제체제를 필요로 하므로, 노동력 재생산의 장소인 가족을 최대한 활용하는 정책이 채택되었다.

용감무쌍한 병사를 최대한 공급하기 위해 '낳아라, 늘려라'는 표어가 만들어졌고, 모성이 강조되어 자녀의 성장과 교육을 위해서 희생하는 어머니가 칭송받았다. 출정 중인 남편의 불안감을 진정시키기 위해 후방에서는 성도덕이 강조되었고, 자유로운 성관계가 억압되었다. 즉 가족을 용감한 병사, 일 잘하는 노동력, 훌륭한 어머니를 최대한 효율적으로 생산하는 장소로 삼고, 병사가 안심하고 전쟁에 나갈 수 있도록 질서를 유지하는 것을 정책 과제로 하였던 것이다.

질서를 보강하는 애정 이데올로기

당시의 도쿄대학 가족사회학자였던 도다 데이죠戸田貞三는 전쟁 중에 정부의 위원회로부터 명령을 받아서 가족에 관한 보고서를 작성하였다.[4] 보고서에는 가족질서의 안정이 국가를 위해서 얼마나 중요한가가 설명되어 있다. 전쟁으로 남편을 잃은 과부에게 주는 원조 등, 가족의 안정을 위한 '가족정책'의 필요성이 적혀 있고, 그 주장의 대부분은 복지정책의 형태로 실현되었다. 바로 시장경제에 대한 국가의 대규모 개입이 총력전 시기에 시작된 것과 마찬가지로 '가족에 대한 개입'이 같은 시기에 시작되어 전후에 계승되었던 것이다.

여기에서 강조해야 하는 것은 도다 데이죠가 국가에 대한 가족의 역할을 명시하는 동시에 가족의 연대성, 정서, 감정 융합을 중시하고 있다는 점이다. 가족은 애정의 장場이라는 명제는 결코 민법개정 등의 전후 개혁의 성과가 아니라, 전시 중부터 주장되어졌다는 점에 주목할 필요가 있다.

이러한 시점에서 당시의 국가가 다음과 같은 이데올로기의 도입을 도모했던 것이 아닐까 하는 생각이 든다. '가족이므로 애정이 솟아난다 → 애정이 있으므로 자기를 희생하고 가족에게 전력을 다할 수 있다 → 가족을 위해 전력을 다하는 것이 국가를 위한 것이 된다'는 수사법이다. 즉 가족의 외면적 질서를 유지하는 것이 가족의 애정을 반영한다는 수사법이다. 이것은 총력전을 수행하기 위해서 개개인의 욕망을 단념시키려고 당시의 국가가 보급한 이데올로기이다.

이 애정 이데올로기에 따르면, 가족의 애정을 강조하는 것은 가족 내부에서 자유로운 감정 표현을 허용하지 않는 것이다. 가족 내부에서 애정을 느끼도록 강요한다는 것을 의미한다. 그 목적은 가족을 위해 추진되고 자기희생을 정당화하는 것에 있다. 총력전체제 속에서 가족을 위한 자기희생은 국가목적 달성(가족을 지키기 위해 싸운다, 우수한 병사를 기른다)을 위해 강조되었던 이데올로기였던 것이다.

5) 전후 가족과 '애정 이데올로기'

애정의 강제

전후의 가족은 총력전체제 속에서 강조되었던 가족의 '애정 이데올로기'를 계승하였다. '가족에게 애정을 느끼는 것은 당연하다 → 가족을 위해서 자신을 희생하고 전력을 다한다'까지는 동일하다. 그 다음에 이어지는 문구인 '총력전 수행을 위해서'가 '가족의 생활을 풍족하게 하기 위해서'로 바뀐 것뿐이다.

전후 가족은 자유로운 애정 표현의 장소가 되었던 것은 아니다. 오히려 '애정'이라는 미덕으로 가족을 위해 자신을 희생하고 서로 전력을 다하는 장소가 되었던 것이다. 국가를 위한다는 목적이 떨어져 나간 만큼 가족의 질서를 유지하고 자녀를 더 잘 키우고 경제생활을 풍족하게 하는 것이 자기목적화되어 버렸던 것이다.

가족에서 애정을 강조하는 것은 자신의 감정을 가족이라는 질서에 맞추는 것과 일치하는 것이 된다. 부부는 사이가 좋아야 하고, 어머니는 자녀를 위해서 전력을 다하고 싶어 한다는 것이다. 사이가 좋지 않은 부부는 있을 수 없고, 자녀를 위해서 전력을 다하지 않는 어머니는 존재해선 안 된다, 일반적 형태를 유지하고 있는 가족이 불행하다는 것은 생각도 할 수 없다는 '애정 이데올로기'에서 도출된 것이다.

TV 다큐멘터리에서 이혼을 특집으로 다룬 적이 있다. 전후에 곧바로 이혼했던 어느 남성은 당시에 친척이나 주위 사람들한테 '비非국민'이라는 말을 들었다고 한다. 가족 질서를 지키지 않은 사람을 이러한 형태로 비난하는 것은 바로 전쟁 중과 전후의 가족의 연속성을 나타내는 증거라고 볼 수 있다. 가족의 질서를 혼란시키는 사람은 법적으로 처벌되는 것은 아니지만, 친구들과 멀어지고 괴롭힘을 당하고 험담 등 모든 수단으로 제재를 받는 것이다.

자신의 감정이 가족의 질서를 침해한 경우라면 자신의 감정을 바꾸도록 노력해야만 한다. 사이가 안 좋은 부부도 애정을 회복시키려 노력해야 한다고들 하고, 아이를 좋아하지 않는 어머니도 아이를 위해 전력을 다하도록 노력해야 한다는 요구를 받는다. 이러한 이데올로기하에서는 '자신의 감정에 충실히 따르는 것'은 방종이라고 매도되는 것이다.

이렇게 하여 전후의 일본사회에서는 자신이 느끼는 감정은 문제가 되지 않는 것이고, 어떻게든 바꿀 수 있는 것으로 폄하되었다. 자신의 감정에 솔직한 것보다 경제적 생활을 유지하는 것과 가족의 질서에 따르는 것을 우선시하는 의식이 형성되었던 것이다. 얄궂게도 '가족은 애정의 장소'라는 명목하에 실제로 '싫다'고 느끼는 감정이 말살되어진 것이다.

고도경제성장기의 안정

1955년경부터 시작된 경제의 고도성장은 '가족질서의 안정=가족의 행복'이라는 신화를 정착시켰다. 자신의 욕구를 단념하고 가족을 위해 전력을 다하는 것이 가시적 성과를 올린 시대였기 때문이다. 경제의 구조전환에 따른 고도경제성장으로 남성 노동자는 샐러리맨이 되었고, 여성은 전업주부가 되어 가사와 육아에 전념하였다. 가족의 질서를 안정시키는 조건이 정비되었던 것이다.

남성은 남편-아버지로서 가족을 위해 일한다. 나중에 그들은 회사인간으로 비판받았지만 그의 배후에는 생활수준의 향상을 학수고대하는 가족이 있었다. 가족을 위해 일하므로 회사의 명령을 충실히 따르고 장시간 노동을 감당할 수 있었던 것이다. 가족의 '행복/질서'와 회사중심주의는 이면에서 연결되어 있었던 것이다. 여성은 전업주부로 가사와 육아와 노인 개호를 떠맡았고, 자녀의 교육에 열성을 기울였다. 자신의 욕구를 충족시키는 것보다 가족의 생활을 위해서, 자녀의 미래를 위해서 가족에게 헌신하도록 요구받았다.

고도성장기에 가족질서의 안정은 가족의 생활이 풍족해지는 것을 매개로 하여 행복한 가족을 만들고 있다는 환상을 품게 했다. 가족을 위해서 노동하면 임금이 오르고 자신을 포함한 가족의 생활이 풍족해진다. 자녀의 교육에 전력을 다하면 자녀는 높은 학력을 얻게 되어 자신들보다 나은 직장에 취직할 수 있었다. 자신이 가족에게 전력을 다하고 있는 것이 눈에 보이는 성과를 올린 시대였다. 그런 의미에서 고도성장기의 가족은 안정되어 있었던 것이다.

경제계와 기업도 가족을 위해서라는 명목으로 근면하게 일하는 노동자, 특히 자녀를 위해서 헌신하면서 우수한 노동자를 키워 준 어머니의 은혜를 입었던 것은 분명하다. 가족을 위해서 자신의 욕구를 단념하고 일하는 가족과 고도성장경제는 상호 의존관계를 형성하고 있었던 것이다.

6) 현대가족의 동요

침체된 시대와 가족

1973년 석유파동이 발생하였고 고도경제성장의 종언과 함께 가족의 동요가 시작되었다. 일본가족이 실제로 어느 정도 경제적 풍요를 달성하자, 이번엔 목표 상실에 빠졌다 해도 과언이 아니다. 1940년체제에서 40~50년이 지났고 가족의 생활을 풍족하게 하고 자신의 감정을 질서에 맞추는 데 익숙해져 버린 일본인은 저성장 경제라는 사태에 적응하기가 쉽지 않다.

가족을 위해서 일에 몰두하지만 이미 경제적으로 풍족한 가족생활을 눈에 띄는 형태로 향상시키는 것은 점점 어려워지고 있다. 자녀에 대한 헌신도 마찬가지이다. 고도성장기에는 부모의 학력이 중졸이라면 자녀는 고졸, 부모가 고졸이라면 자녀는 대졸, 이렇게 눈에 보이는 형태로 '자녀를 위해서 전력을 다했다'는 것을 실감할 수 있었다. 그러나 현재는 경제성장의 둔화와 함께 진학률도 정체되어 있다. 자녀에게 아무리 많은 교육 투자를 해도 자녀에게 부모 이상의 학력을 높이는 것은 어려워진 것이다.

가족을 위해서라며 끝까지 노력하고 자신의 욕구를 단념하여도 가시적 형태로 성과가 나타나지 않는다. 그렇다고 자신의 욕구를 따르려 해도 가족의 질서를 파괴할 용기는 없다. 그보다 욕구를 단념하는 습관이 몸에 배어 있어서 자신의 감정, 정말로 하고 싶은 것이 무엇인지를 알지 못하게 된 것이다.

그 반동으로 나타나고 있는 현상이, ① 가족을 위해 더욱 노력해야 한다는 압력이고, ② 자신은 가족의 질서에 얽매여 있기 때문에 자유롭게 감정을 표현하는 사람들을 비난하는 것이다.

①의 예를 들면, 유아에 대한 조기교육 열풍 등은 경제의 저성장기에 '자녀를 위해서' 헌신하고 있다는 증거를 원하는 어머니에 의해 나타나고 있는 것이다. ②의 경우를 보면, 가족에게 전력을 다하지 않는 사람, 아니 가족의 형식을 파괴하는 결단을 내린 사람에게 가차 없는 비난을 가한다. 연예인의 불륜 소동이 있을 때마다 그들은 매스미디어의 맹공격을 받는다. 질서의 준수를 우선시하는 것이 사회 상식이 되어 버렸기 때문에 자신의 감정을 솔직하게 표현하는 타인을 용납할 수 없게 된 것이다. '부부니까 좋아하지 않으면 안 된다, 싫어진다는 것은 있을 수 없는 일'이라는 논리가 난무하는 것이다. 평온하고 별 탈 없이 생활하고 있는 부부라고 해서 부부

의 사이에 솔직한 감정을 표현하고 있는가 하면 그렇지도 않다. 내가 실시한 조사에서는 부부의 50% 이상이 둘이서 외출할 때 손을 잡은 적이 한 번도 없다고 대답하였다.[5)]

가족 구조조정의 필요성

일본경제가 정체되어 있는 가운데 기업의 낡은 관행이나 관료의 통제에 억눌려 있는 경제에 대한 규제를 완화해야 한다는 주장이 강력히 제기되고 있다. 이와 마찬가지로 가족의 활성화를 위해서는 가족의 규제완화도 필요해지고 있다.

이를 위해서는 최근에 민법개정안이 국회에 제출되어 별거한 지 5년이 되면 이혼 성립이 가능한 조항, 그리고 부부별성제의 도입이 논의되고 있다. 이 법안이 공표되자 이러한 개정은 가족의 질서를 혼란시키므로 반대한다는 의견이 속출했다. 그러나 적자기업은 조속히 정리하여 구조조정을 하는 것이 경제 활성화에 도움이 되는 것과 같이, 가족도 구조조정을 하는 편이 나은 경우가 많은 것은 사실이다. 인생의 목적은 행복하게 사는 것이지, 가족의 질서를 유지하는 것이 아니다.

별거 5년으로 이혼이 성립하게 된다면 미움을 받으면 이혼당할지도 모른다는 압력이 부부 쌍방에 가해진다. 이혼당하고 싶지 않다면 부부의 커뮤니케이션을 평소에 활발히 해둘 필요가 절박해진다. 부부의 애정을 실감할 기회는 지금보다 많아질 것임에 틀림없다. 그래도 안 되면 얼른 이혼하고 다른 상대를 찾는 편이 낫다. 개인의 행복을 추구하기 위해 가족의 감정을 자유화하고 활성화해야 한다. 이를 위해서는 가족의 외양적 질서를 깨뜨릴 위험성을 감수해야 하는 시대에 온 것이다.

2장 일본가족의 세기말

1) 가족원리주의의 대두

세기말과 종말감

가족의 세기말이라고 하면, 이혼의 증대, 성적 혼란, 자녀 유기, 부모 유기 등 가족이 뿔뿔이 흩어져 버리는 상황이 머리에 떠오를 것이다. 그리고 가족의 위기를 걱정하는 사람은 현재와 같은 상황이 계속되면 큰일이라며 경종을 울릴 것이다.

분명히 이혼은 서서히 증가하고 있으며 원조교제라는 말로 회자되는 고교생 성매매 문제로 떠들썩하고, 자녀 유기사건, 독거노인의 증가 등 '가족의 도덕성' 저하를 말해 주는 뉴스도 늘어나고 있다. 가족의 앞날에 희망을 가질 수 없는 시대에 접어들고 있다는 인상은 부정할 수 없다. 세기말이라는 단어에 따라다니는 종말감도 포함하여 오늘날 일본사회는 가족의 세기말에 직면해 있다고 할 수 있다. 이와 같은 상황 속에서 도덕성의 저하를 개탄하고 개인의 욕망을 위해 가족을 소홀히 여기는 사람을 비난하는 움직임이 확산되고 있다.

1996년 결국 국회에 상정되지 못하고 끝난 민법개정안은 이혼 조건의 완화와 부부별성 선택제를 주요 내용으로 하고 있어서 다양한 논의를 불러일으켰다. 그 중에서 '부부별성을 인정하면 가족이 붕괴된다'는 논지를 전개한 사람들이 있다. 부부가 각각 자신의 성을 사용하겠다는 것은 가족의 도덕성을 위협하는 '방종'에 불과하다고 단정지어 버렸다.

그러나 그 논리에는 고개를 갸웃거리게 하는 점이 있다. 예를 들어 부부동성은 일본의 전통이라고 주장하지만, 이것은 메이지시대에 시작된 것으로 전통이라고 하기에는 그다지 오래된 것이 아니다.[6] 또한 개정안에서 제시된 것은 선택제이므로 부부별성이 강제되는 것이 아니라는 점을 고려하지 않고 있다. 부부별성이 되면 이혼이 증가할 것이라는 주장은 논거가 애매하고 비약이 심하다. 그러나 이렇게 애매한 논리가 당당하게 적용되는 것은 일반 사람들이 '가족의 붕괴'에 대해 강한 공포감을 품고 있기 때문이라는 점을 지적해야겠다.

이혼의 규제완화에 관해서도 마찬가지의 반론이 제기되었다. 만 5년간 별거한 부부의 경우에 일방적인 이혼도 가능하다는 조항이 있다. 이것은 부부의 애정이 식으면 별거하고, 다른 이성과 공동생활을 하고 있는 사람(대부분은 남성이지만)에게는 유리하다. 그러나 아무런 과오도 없는 부인의 입장에서 보면, 마음대로 애인을 만든 남편이 이혼 서류를 내미는 것은 터무니없는 억지이다. 아버지에게 버림받은 자녀가 불쌍하다는 반대론도 주장되었다.

애정이 식어도 '자녀를 위해' 부부관계를 유지할 것을 요구받는다. 결혼한 배우자와 애정관계를 형성하지 않고 다른 이성을 좋아하게 된 것은 역시 방종이라고 비치는 것이다. '와이드쇼' 등에서 연예인의 불륜 소동을 보면, 배우자 이외의 이성과 교제하는 것은 연예인이어도 비난받는다. 이런 프로그램에서는 천편일률적으로 '처자식을 버리는 형편없는 남자'라든가 '배우자를 좋아하도록 노력해야 한다' 등의 언급으로 마무리를 한다.

이단을 허용하지 않는 사회

이와 같은 경향은 일본에 한정된 것은 아니다. 1996년 미국 대통령 예비선거에서 '가족의 가치'를 강조하는 후보의 평판이 좋았기 때문에 다른 후보들도 그러한 주장을 선거공약 표어에 넣을 수밖에 없었다. 또한 같은 해에 이스라엘, 터키, 인도 등의 총선거가 연이어 실시되었는데, 역시 '가족'을 강조하는 종교 정당이 국회의 의석을 늘렸다.

가족을 옹호하는 이러한 논의에서는 근거 없이 '일반적인 라이프스타일을 선택하는 것=도덕적으로 칭찬받을 만한 행동', '일반적인 라이프스타일에서 의식적으로 벗어나는 것=제멋대로이고 자기위주'라는 딱지가 붙는다. 그뿐이 아니다. 제멋대로이고 자기중심적인 사람은 비난받고 차별받는 것이 당연하다는 의식이 있는 것이다. 즉 일반적인 라이프스타일을 선택하지 않는 것이 그만큼의 차별을 정당화하는 근거가 되는 것이다. 예를 들면 혼외자의 상속차별을 합법화한 최고재판소의 판결(1998년)은 합법적 부부의 이익을 지키기 위해서는 차별도 정당화된다는 논리를 분명히 보여 주는 것이었다.

부부별성을 원하는 부부에게는 합법적인 결혼을 인정하지 않는다, 혼외자를 낳으면 자녀의 상속에서 차별을 받는다, 부부 이외의 이성을 좋아하는 사람에게는 이혼을 허용하지 않는다 등과 같이, 일정한 라이프스타일에서 벗어난 사람에게 벌칙을 과하는 것은 당연하다는 의식이 사회 속에 뿌리 깊게 존재하고 있다. 나는 이것을 '가족원리주의'라는 용어로 표현한다.

가족원리주의가 일부의 보수적 평론가뿐만 아니라, 널리 일반 대중에 이르기까지 침투하기 시작한 것이 오늘날의 특징이다. 부부동성 또는 부부별성을 선택할 수 있다는 개정안에 대하여 일반 시민을 대상으로 한 여론조사에서는 반대 의견이 많았고, 지방의회에서도 반대 결의가 올라왔다. 연예인의 불륜에 대해서 도덕적으로 강경한 투서를 보내는 것은 평범한 주부들이다. 앞에서 본 외국의 사례에서도 대중의 지지가 있기 때문에 가족의 가치를 강조하는 후보나 정당이 상당한 득표를 하게 되는 것이다.

경제와 도덕성의 관계

그러나 이와 같은 가족원리주의의 만연이야말로 세기말적인 현상인 아닌가 하는 의구심을 나는 갖고 있다. 붕괴 전의 구소련과 같이 사회주의 체제의 말기에는 자본주의 문화의 타락을 계속 강조하면서 자신의 우위성을 과시하는 방법이 채택되었다고 한다. '자본주의는 경제적으로는 풍요로울지 모르지만 성개방이 만연하고 도덕적으로는 퇴폐적이다'. 반대로 사회주의국가는 '물질적으로는 풍족하지 않지만, 도덕성이 확립되어 있어서 정신적으로는 건전하다'는 것이다. 자본주의 사회에서는 가족의 도덕성이 낮다고 비난하는 것으로써 사회주의 체제의 경제적 실패를 덮어 버린다. 가족이나 성의 도덕성을 강조하는 풍조는 경제가 정체되어 있는 현실의 반영이라는 명제가 성립하는 것이다.

경제가 정체되면 도덕성을 강조하여 역행할 수 없는 이데올로기로 사람들의 자유(경제, 언론, 표현 그리고 라이프스타일)를 봉쇄하고 '차별'을 정당화하여 '차별하는 측'의 우월감으로 사람들을 통제한다. 이러한 현상은 최근에 시작된 것이 아니다. 나치즘이나 일본의 군국주의 체제에서도 다양한 수준의 도덕성이 강조하였고 도덕성에서 벗어난 사람들을 탄압하였다. 그리고 이러한 체제가 더욱 민중의 지지를 받은 사례는 1930년대 대공황이라는 경제 정체기였다. 자신의 생활수준이 향상되는 것을 기대할 수 없게 되었을 때 타인의 행복을 부러워하는 선망이 발생한다. 자신이 불행할 때는 타인의 행복을 허용하기 어렵다. 그러나 자유주의, 민주주의를 표방한다면 타인이 '자신의 힘'으로 행복해지는 것을 비난할 수는 없게 된다. 바로 그 점에서 도덕성의 위력을 차용하려는 것이다.

대학의 강의에서 민법개정안을 설명하면서 "지금의 협의이혼제에서는 부부 중 한쪽이 반대하면 이혼하기가 매우 어렵다. 상대방이 싫어졌어도 이혼한 후에 상대방이 다른 사람과 재혼하여 행복하게 지내는 것을 막기 위해 이혼을 거부하는 경우가 많다. 즉 자신이 불행해졌으므로 상대방에게도 (재혼할 수 없다는) 불행을 맛보게 해야 한다는 의식이 '가정 내 이혼'을 증가시킨다"는 이야기를 한 적이 있다. 수업 후의 감상으로 어떤 학생이 "자신의 행복은 염두에 두지 않고 상대방이 행복해지는 것을 싫어하다니 마치 어린애 싸움 같다"고 썼는데, 바로 그런 사태가 일어나고 있다. 상대방이 행복해지는 것을 막기 위해서 '도덕성'이라는 정당화 근거까지 준비되어 있는 것이다. 이와 같은 가족원리주의는 경제가 정체된 결과인 동시에 경제를 정체시키는 원인으로 작용하기도 한다. 이것이 바로 내가 가족원리주의를 세기말 현상이라고 부르는 이유이다.

2) 일본가족의 안정성 유지 조건

가족원리주의가 왜 경제적 정체의 원인이 되는가를 설명하기 전에 전후부터 현재에 이르기까지 유지되어 온 일본가족의 '안정성'에 대해 설명하겠다. 일본에서 이혼, 혼인 외 출생자, 사실혼, 독거노인 등은 최근에 증가하고 있다고는 하지만, 다른 외국에 비하면 그다지 많지 않은 편이다. 또한 전업주부의 비율이 높고 남편은 일, 부인은 가사와 육아라는 성별역할 분업형 가족도 다른 외국에 비해 많은 편이다. 통계자료를 보면, 일본가족은 건전성을 유지하고 있다. 그렇기 때문에 '미국이나 유럽의 가족과 같이 되어서는 안 된다, 일본가족의 미덕을 지켜야 한다'는 민법개정 반대론자의 주장에 여론의 힘이 실리는 것이다.

그러나 여기에 멈추어 서서 다시 생각해 보자. 먼저 일본의 통계상에 나타난 가족의 건전성은 개인의 행복과 결합되어 있는 것일까? 『국민생활백서』(1995년판)에 있는 바와 같이 1인당 국민소득이 선진국들 중에서 최고 수준이 되어도 풍요를 실감할 수 없는 것이 일본인인 것이다. '가정 내 이혼'이나 동거로 인한 번거로움 등 가족의 건전성의 이면에 숨어 있는 구조적 억압성에 더욱 관심을 돌려야 할 것이다.

또 하나 지적할 사항이 있다. 일본가족의 건전성은 일본의 전통문화에 기인하는 것이 아니라, 전후 일본의 고도경제성장 체제가 가능하게 한 것이라는 점이다. 이러한 고도경제성장을 전제로 하는 다양한 구조는 석유파동 이후의 저성장시대에도 잔존하게 되었는데, 그것이 일본가족의 건전성으로 통계에 나타나는 것이다.

노구치 유키오가 『1940년 체제』에서 지적한 바와 같이, 전후 일본을 지탱해 준 경제 체제는 전쟁 중에 형성된 것인데, 그 하나로 '종신고용-연공서열'이라는 고용체제가 있다. 이 고용체제는 사실은 가족의 양상에서 중요한 의미를 갖는다. 남편-샐러리맨, 아내-전업주부라는 조합은 종신고용-연공서열이 광범위하게 보급되지 않았더라면 성립되지 못했을 것이다. 여성이 결혼과 출산으로 직장을 그만둔 후 안심하고 가사와 육아에 전념하기 위해서는, 가계를 지탱해 주는 남성의 고용이 안정되어 있어야 한다. 나아가 자녀가 성장함에 따라 지출이 증가하는 것을 고려한다면 수입은 해가 거듭될수록 늘어나야 할 필요가 있다.

이러한 가족의 양상은 부부 단위를 기본으로 하기 때문에, 어느 한쪽이 없다면 가족생활이 꾸려지지 않는다. 그러므로 어느 한쪽에 사정이 생기더라도 이혼을 할 수는 없다는 전제가 필요한 것이다. 전후의 고도경제성장으로 종신고용-연공서열이 화이트칼라 남성만이 아니라 블루칼라인 현장 노동자까지 확대되면서 전업주부가 증대하였다. 그리고 이와 동시에 이혼율은 저하하였다.

고도성장기에는 두 가지 의미에서 가족의 계층 상승이 발생했다. 하나는 부부 단위의 계층 상승이다. 가난한 시대에 성장한 두 사람이 결혼으로 부부가 되어 힘을 합쳐서 생활을 시작하면 남편의 연공으로 해가 거듭될수록 풍족해지는 것이 기대되었다. 또 하나는 세대 간의 계층 상승이다. 자녀는 부모보다 높은 학력과 생활수준의 획득을 기대할 수 있었다. 길게 보면 고도경제성장기는 연공서열을 감안하더라도 젊은 세대에게 유리하게 작용하였던 것이다. '장래 생활이 향상된다'면 부부도 부모-자녀도 희망을 가질 수 있기 때문에 가족관계가 안정되었다.

더욱이 감정의 문제도 순조로웠다. 전후에 부부나 부모-자녀 등 가족관계는 애정에 기초한 것으로 인식되었다. 고도성장기에는 애정에 기반한 연애결혼이 유행하였고 상대방을 선택하여 교제할 수 있게 되었다. 또한 결혼한 후에 아내는 전업주부로서 자녀양육에 전념하고 남편은 가족을 위해 장시간 일하였다. 연공서열과 고도경제성장 덕분에 생활수준은 향상되었고 자녀를 대학에 진학시킬 수 있게 되었다. 이것이 '애정 있는 가정'의 이상형이 되었다. 높은 경제성장 속에서 이러한 이상을 달성하고 '애정'을 실감하는 것은 어려운 일이 아니었다. 이렇게 하여 고도경제성장기에는 평범하게 결혼하여 남편-일, 아내-가사와 육아라는 성별역할분업 가족을 형성하기만 하면 경제적으로나 감정적으로 대체로 문제가 없었던 것이다.

3) 경제의 구조 전환과 가족의 운명

서유럽 및 미국가족의 전환기

1973년 석유파동으로 세계 경제는 커다란 타격을 받았다. 미국과 유럽의 선진국들에 심각한 불황이 덮쳐 왔다. 남성의 실질임금은 저하되었고, 고용 불안이 발생했다. 동시에 페미니즘 사상의 영향도 있어서 여성의 사회 진출 의식이 높아졌고 또한 가족법이 개정되어 이혼이 용이해졌다. 이 시기에 일본 이외의 선진국들은 커다란 가족 변동을 경험했다. 한마디로 하면 전업주부의 지위가 불안정해졌다는 말이다.

한편 일본에서는 사정이 달랐다. 석유파동 이후의 저성장시대를 경제의 구조 전환과 수출 증대로 극복하였고, '고용' 특히 중년 남성의 고용을 보장하였다. 현재 상태의 고용뿐 아니라 종신고용-연공서열 시스템을 유지하였던 것이다. 대기업 화이트칼라라면 한직이어도 상당한 고임금을 받을 수 있었다. 중하계층에서는 남편 임금의 감소분은 자녀양육 후에 주부의 시간제 취업이라는 형태로 보완되었다. 이혼에 관한 법개정이 없었기 때문에 전업주부의 지위는 무사태평이었다.

종신고용-연공서열이 유지되었기 때문에 20세기 말 일본가족에서는 일종의 '기득권' 또는 '특권'이 발생했다. 기득권을 가진 층은 연공은 있지만 공헌이 적고 능력이 떨어지는 중년 남성사원 및 그의 처인 전업주부였다. 전업주부 우대세제(배우자공제)가 그러한 특권을 더욱더 확고하게 하는 것이었다. 손해를 보는 사람은 유능한 젊은 남녀, 한 번 직장을 떠났던 중년 여성이었다. 그들은 연공이 있어도 능력이 부족한 남성 밑에서 그것도 저임금으로 노동을 해야만 했다.[7)]

이러한 현상의 외상 청구서는 '미혼화'와 '저출산'이라는 형태로 돌아오게 되었다. 반복해서 언급하지만, 미혼화와 결혼난의 원인은 아버지의 고수입으로 결혼 적령기 여성의 생활수준이 향상된 것에 있다. 저출산은 미혼화와 더불어서 경제 저성장기의 자녀양육 부담감으로 인해 발생한 현상이다.

일본가족의 정체

나아가서 가족(특히 부부)의 '정체' 상황이 발생한다. '가정 내 이혼'이나 '아내들의 사추기', '불륜 열풍' 등이 유행어가 된 것은 1980년대, 연애결혼 커플이 중년에 접어든 시기였다. 부부가 경제단위로 기능하였고 게다가 법적인 이혼은 쉽지 않았다. 끊임없이 상대방을 붙잡아 두려는 노력을 하지 않아도 상관이 없었다. 그래서 감정적 보살핌을 소홀히 하는 가운데 문제가 누적되고 어느 순간에 관계의 파탄이 드러나게 되었다.

그래도 이혼할 수 없다면 결국에는 '가정 내 이혼'이나 '불륜'밖에 다른 방법이 없다. 매력이 있어도 재혼할 수 없는 사람은 손해를 보고, 이혼해도 재혼할 가능성이 없는 사람에게는 '기득권'이 발생한다.

이렇게 고찰해 보면, 가족원리주의가 가족에서 다양한 기득권(경제력이나 성적 매력이 없는 부부를 지켜 주는 권익)을 유지하기 위한 명목으로 도덕성을 이용하는 이유를 알 수 있을 것이다. 적어도 일본에서는 가족원리주의는 기득권을 옹호하는 동시에, 유능한 젊은이와 여성의 노동력 참가를 배제하는 방향에 놓여 있다고 할 수 있다.

기업의 구조조정이 진행되는 가운데 종신고용-연공서열 시스템이 비판받고 있다. 종신고용-연공서열 시스템이 붕괴되고, 민법개정으로 이혼의 규제완화가 이루어지면 가족의 불안정화(전업주부의 소멸)는 필연적 결과로 나타날 것이다. 그 대신에 경제의 활성화와 가족(부부)관계의 활성화도 동시에 실현될 것이다.

정체인가? 활성화인가?

'가족'에 관한 정책 과제는 ① 제도적 가족의 안정, ② 경제 및 가족의 활성화라는 거래조건 관계에 있는 두 가지 정책 사이의 균형 유지에 달려 있다. 제도적 가족(특히 부모-자녀관계)의 안정화를 목표로 하면, 경제의 정체 및 부부관계의 권태감이 증대된다. 경제 및 가족(부부)를 활성화하기 위해 고용이나 부부의 유동화를 추진하면 부모-자녀관계를 포함한 가족의 불안정화는 피할 수 없다. 레이건 시대의 미국이나 대처 시대의 영국이 가족의 가치를 강조하면서 ② 를 추진한 것은 흥미롭다. 명분상으로는 가족불가침 원칙을 고수했지만, 추진되었던 경제정책은 가족의 불안정화를 초래하는 결과를 초래했다(레이건 대통령과 대처 수상 둘 다 재혼부부였다는 점이 영향을 미쳤을지도 모른다).

그런데 오늘날의 일본에서는 ① 에 기울어져 있는 것이 분명하다. 가족원리주의는 사실상 기득권 옹호의 이데올로기로 기능하고 있다. 특권에서 소외된 층을 의기소침하게 하면 일본경제와 일본가족은 정체되게 된다. 이런 현상을 막으려면, 고용의 불안정화와 이혼의 증대를 감수하더라도 민법개정안에 나타난 가족의 규제완화를 먼저 추진하고 그 다음에 ① 과 ② 의 균형점을 논의해야 할 것이다. 정체되어 있지만 안정된 사회인가? 불안정하지만 활기찬 사회인가? 오늘날, 이 시대에 우리는 어느 하나를 선택해야만 한다.

3장 가족의 구조조정

1) '표준가구모델'은 허구

가족의 구조조정이라는 말을 껄끄럽게 느끼는 독자도 있을 것이다. 요즘 '구조조정'과 '인원 정리'가 같은 의미로 사용되는 경우가 많기 때문에, '가족의 구조조정'이라고 하면 좋은 인상을 가질 수 없을 것이다. 가족이란 자연스럽고 깊은 애정이 있는 관계이므로 '구조조정'과는 가장 거리가 먼 곳에 있다는 것이 보통의 감각일 것이다.

언제부터인가 구조조정이 '해고' 또는 '가혹'이라는 마이너스 이미지를 띠게 되었지만, 제대로 따져보면 구조조정은 '구조의 재편'이라는 의미이다. 본래는 경제 패러다임의 전환에 동반되어 필연적으로 발생한 환경의 변화와 그에 적응하기 위한 구조 개혁을 나타내는 전향적인 말이었다.

이제 고도경제성장기에서 저성장·제로성장 사회로 경제·사회시스템이 변화되면서 대규모 경제 패러다임의 전환이 진행되고 있다. '가족'이라는 영역도 이와 관련이 없지 않다. 가족도 사회시스템의 일부를 차지하고 있으므로 가족의 구조 변화를 피할 수 없게 된 것이다.

그러나 지금까지 사회정책 논의에서는 가족도 사회시스템의 일부이고 사회환경이 변화하면 그에 따른 영향을 피할 수 없다는 시스템론적 시점이 누락되어 있었던 것 같다.

예를 들면, '표준가구모델'이라는 설정이 있다. 규제나 연공제도 개혁이 논의될 때 남편-샐러리맨, 아내-전업주부, 자녀 2명인 가구를 모델로 설정하고, 세제가 어떻게 되는가, 연금액이 어떻게 변화하는가 하는 계산을 하였다. 이 모델의 어떤 성격이 '표준'인가를 생각해 보면, 너무나도 이상한 점이 많다. 현재 기혼여성의 50%는 취업을 하고 있다. 자영업가구도 많다. 3세대가구의 비율도 아직 높다. 또한 근년에 이혼율도 상승하여 결혼건수의 1/3에 달하고 있는 데도 이혼 당시의 연금 계산방식 등은 거의 눈에 띄지 않는다. 이혼뿐 아니라 미혼이나 사별 등에 의한 1인 가구의 비율도 상승하고 있다. 오늘날의 일본에서는 '표준가구모델'에 해당되는 가구는 전체적으로 보면 소수파인 것이다.

양적인 문제뿐만이 아니다. '표준가구모델'을 유지해 주는 경제·사회제도가 안정되어 있는 시대에는 이것이 상대적 소수라고 할지라도 모델로서는 유효성이 있었고 그렇지 않은 가구는 예외이므로 '개별적'으로 처리하면 되었다. 그러나 경제시스템이 계속 변화하고 있는 현재는 사정이 좀 다르다. 시스템에 의한 후광효과는 이제 붕괴되어 버렸고, 오늘날의 '표준가구'가 어떻게 변화할 것인지는 예측하기 어렵게 되었다.

경제학 용어를 빌리면, 가족을 상수(정수)나 '외생변수'가 아니라, '내생변수'로 취급해야 한다는 것이다. 즉 경제의 변화가 가족의 양상을 변화시키고 가족의 양상 변화가 경제의 전제를 변화시키는 상호의존적 변동에 대한 분석이 필요하게 되었다. 표준가구모델을 전제로 한 경제 분석이나 예측을 계속한다면 잘못된 결론에 빠질 우려가 있다는 것이다.

2) 고도경제성장형인 '샐러리맨-전업주부' 가족

생산 노동과 재생산 노동의 분업

'표준가구모델'은 오늘날에는 시대착오가 되었지만, 경제성장의 호조가 계속되던 시대에는 실로 잘 적용되었다. '표준가구모델'로 대표되는 종래의 가족 양상은 경제성장을 전제로 하는 것인 동시에 경제성장을 촉진하는 요인이기도 했던 것이다.

고도경제성장기에 가족의 최대 특징은 샐러리맨과 전업주부를 표준으로 하는 가족형태에 있다. 그렇기 때문에 가족을 중심으로 본 고도경제성장기 일본사회의 양상을 '샐러리맨-전업주부' 가족이라고 명명하기로 하자. 한 가지를 덧붙인다면 '샐러리맨-전업주부' 가족을 단순히 '남편-아버지'는 일, '아내-어머니'는 집에서 가사와 육아를 맡는다는 가족 내부의 성별역할분업으로 정리하지 말았으면 한다. 부부의 성별역할분업은 이들 가족의 특징 중의 하나일 뿐, 전부를 의미하는 것은 아니다. 특히 '전업주부'는 경제를 포함한 사회제도의 양상, 그리고 사람들의 '삶의 보람'을 비롯한 가치관, 심리, 소망이 응축된 존재라고 할 수 있다. 이 두 가지 측면에서 고도경제성장과 '샐러리맨-전업주부' 가족의 상호의존관계를 살펴보기로 하자.

먼저 경제·사회제도와의 관계이다. 지금이야 상식이 되어 가고 있지만, 남편-샐러리맨, 아내-전업주부라는 성별역할분업은 생산 사회(자본주의사회)의 요청으로 형성된 것이다. 산업화 이전의 사회에서는 농업 등 자영업이 중심이었고, 생산 노동과 재생산 노동(가사와 육아)의 구별은 없었으며, '여성'과 '아이'도 생산 노동의 중요한 담당자였다.

사회가 자본주의로 이행하고 산업이 발달하면서 '고용자화'가 진행되었다. 이것에 의해 직장과 생활이 분리되었다. 그래서 '남편은 밖에서 일, 아내는 가사와 육아'라는 성별역할분업 및 부모가 일방적으로 자녀를 돌보고 자녀는 공부에 전념한다는 '부모-자녀 분업'도 성립되었던 것이다.

이러한 부부의 분업 및 부모-자녀의 분업은 자본주의의 발달에 기여하였다. 한편 어제보다 오늘이, 오늘보다 내일이 풍족해지는 것이 자본주의 사회의 이념이라고 한다면, 이를 위해서는 부단한 '경제성장'이 필요하게 된다. 경제성장에는 '생산의 고도화'와 '노동력의 고도화'가 둘 다 필요하다. 부부의 분업 덕분에 남편은 자신의 노동력을 상품화(시장화, 자유화)하는 것이 가능해졌고, 공장이나 회사 등에서 생산 활동에 효율적으로 종사할 수 있었다. 또한 부모-자녀의 분업으로 자녀는 '양질의 노동력'으로 키워졌다. 이를 위해서 남성 고용자에게는 처자식을 부양하고 자녀의 교육비를 충당하는 임금이 지불되었다.

이렇게 하여 '샐러리맨-전업주부' 가족과 자본주의의 발전은 각각 서로를 지탱해 주고 있었던 것이다. 선진국들에서는 공통적으로 산업화에 의한 경제성장기에 전업주부가 증가하였다. 일본의 특징으로는 고도경제성장의 시작 시기가 비교적 늦은 대신, 성장 속도가 빨랐다는 점을 들 수 있다. 더욱이 대기업이나 관공서에서 종신고용-연공서열의 고용 관행이 확립되어 있었다. 실업의 위험성이 없는 데다 소득은 해마다 높아졌고, 자녀의 성장에 따라 고액의 교육비를 지출할 수 있는 구조가 확립되었다. 요컨대 고도경제성장기의 가족은 사회의 산업화에 아주 적합성이 높았던 장치였던 것이다.

체제에 의한 가치관의 지배

그러면 심리적 측면을 살펴보기로 하자. '샐러리맨-전업주부' 가족은 사람들의 가치관과 살아가는 목표까지도 규정한다. 이것을 ① 가족생활, ② 부모-자녀관계, ③ 남녀관계로 나누어서 고찰하기로 하자.

가족생활의 목표는 '풍요로운 생활'이다. 신혼 당시에는 가난해도 '가족을 위하여' 남편은 밖에서 열심히 일하고 아내는 가사와 육아에 전력을 다해, 힘을 합쳐서 생활수준을 향상시킨다. 공통의 목표에 의한 성별역할 수행은 가족의 유대감을 만들어 내었다. 그러나 이면을 들여다보면 가족의 행복을 자극으로 삼아 근면하게 일하는 남녀야말로 시대의 파도를 타는 경제성장의 담당자임에 틀림없었다. 바로 가족의 '사는 보람'과 고도경제성장의 경제시스템은 상호 의존관계에 있었다고 할 수 있다.

다음으로 부모-자녀관계를 보면, 고도경제성장기는 '자녀를 위해서'라는 이데올로기가 침투되었던 시기이다. 자녀에게 양질의 교육을 시키고 풍요로운 생활을 보장한다는 전망을 갖도록 하는 것, 즉 '자녀를 더 잘 키우는 것'이 부모로서의 삶의 보람이 되었다.

이것도 시대의 파도를 타고 달성되었다. 1975년에 이르자 고교 진학률은 90%를 넘었고, 남성의 대학 진학률도 50%에 달했다. 자녀는 학력으로 부모를 넘어서고 더 조건이 좋은 직업, 더 규모가 큰 기업에 취직하는 것이 가능해졌다. 이것은 부모보다도 잘 살 수 있다는 예측이 가능하다는 것을 의미한다. 이와 같이 경제의 고도성장은 자녀가 부모보다 풍족하게 된다는 세대 간 계층 상승을 가능하게 하였고, 부모의 삶의 보람을 지탱해 주는 것이었다.

남녀관계를 보면, 일본에서는 미국 같은 로맨틱한 부부관계는 발달하지 않았다. 두 사람이 함께하는 시간을 즐기는 것보다도 자기희생적으로 역할을 분담하면서 물질적인 생활수준을 구축하고 자녀를 키우는 것이 부부의 목표, 아니 부부의 애정이라고 생각되었기 때문이었다.

고도경제성장기의 안정적 가족

이 시기는 경제의 고도성장을 배경으로 하여 경제·사회시스템, 성별역할 분업을 기반으로 한 가족 형태, 사람들의 심리 등이 상호 작용을 하면서 원만하게 기능하였다. 고도경제성장기를 보면 가족에 관한 통계자료의 수치는 안정도가 높았다. 초혼연령은 낮았고, 합계출산율은 2.2 정도로 안정되었다. 전업주부의 비율도 상승하였다. 여성은 젊었을 때 결혼하여 전업주부가 되고 2~3명의 자녀를 낳아 키우는 유형이 일반화되었던 것이다. 안정적 가족에 만족하는 사람이 많았다는 것은 낮은 이혼율이 증명해 준다. 이러한 것들은 경제가 성장하고 있었기 때문에 가능한 현실이었다.

그리고 이런 유형의 가족은 미국과 서유럽 국가들에서도 1960년경까지는 일반적인 가족형태였다. 영국과 미국 등은 일본보다 전업주부의 비율이 높았었다. 일본과 서유럽, 미국에서 가족 유형에 차이가 생긴 것은 경제가 저성장으로 전환되었기 때문이다.

3) 고도경제성장형 가족의 붕괴

경기침체가 초래한 미혼화

점점 상승하는 경제 성장, 이를 전제로 한 종신고용 등의 경제·사회시스템, 가족의 생활수준 상승, 사람들의 사는 보람 실감 등등. 한동안 너무나 잘 기능하였던 것들의 상호 의존관계가 드디어 붕괴의 때를 맞이하였다. 그 계기가 된 것이 석유파동이었는데, 근본적인 원인은 경제적으로 더 이상의 경제성장이 어렵게 되었던 것에 있다고 생각된다.

고도경제성장기의 경제성장률은 실질 연비율이 10%에 달하였다. 즉 해마다 10%의 속도로 생활수준이 향상되었던 것이다. 그러나 석유파동을 경계로 하여 성장률은 연평균 2% 정도까지 저하되었다. 1980년대 후반부터 수년간 소위 거품경제로 들끓었던 시기가 있었는데 그래도 성장률은 연비율 4% 정도였다. 그 후에는 거품경기의 반동으로 제로성장에 가깝게 되었다.

경제의 저성장 이후에 고도경제성장을 전제로 하였던 다양한 경제·사회시스템이 부득이하게 구조 변혁을 하게 되었다는 것은 각 방면의 연구에서 많이 밝혀졌다. 여기에서는 가족에 미친 영향을 경제적·심리적 측면으로 나누어서 고찰하기로 하자.

먼저 경제적으로는 '샐러리맨-전업주부' 가족이 점차 유지되기 어렵게 되었다. 아내가 전업주부인 상태로는 풍족한 중류생활을 유지할 수 없게 되었다. 그래서 기혼여성의 취업률이 상승하였다. 일본의 경우는 '자녀양육 후의 재취업'이라는 형태로 나타났다. 일단 직장을 떠났던 여성들은 저임금·단시간 노동을 할 수밖에 없었으므로 연수입을 100만 엔 이내로 억제하였고, 남편의 부양공제 한도 내에서 취업을 하였다. 남편의 임금을 보충하는 정도만 일하는 것이었다.

더욱이 중요한 문제로 일본에서는 미혼화가 진행되었다. 젊은 남성의 임금이 낮아서 결혼한 후에 아내가 전업주부가 되면 중류생활을 유지할 수 없었기 때문이었다. 장래의 임금 상승분 전망도 불투명하여 점차 풍족하게 되는 것은 꿈도 꿀 수 없게 되었다. 그렇다고 맞벌이하는 조건이 정비되었던 것도 아니다.

또한 일본의 미혼 젊은이의 대부분(여성 80%, 남성 60%)은 부모와 동거하고 있다. 결혼하여 독립을 하면 생활수준이 낮아진다. 그래서 현재의 풍족한 생활을 포기하고 싶지 않기 때문에 좀처럼 결혼하려 하지 않는다.

이러한 상황이므로 젊은이들은 결혼을 주저하게 되었다. 성별역할분업을 유지하면서 중류생활을 하고, 점차 풍족해질 거라는 '고도경제성장기의 가족'을 성립시킨 경제적 기반이 상실되었기 때문이다.

없어져 버린 삶의 보람

다음으로 심리적 측면은 어떨까? 예전에는 경제생활이 풍족해지는 것이 '삶의 보람'이 되었지만, 이제 중년부부는 풍족한 가족생활은 이미 달성하였고, 거품경제기에 풍족하게 자란 젊은이는 그 이상의 풍족한 생활을 결혼을 통해 얻을 수 없게 되고 있다. 경제적으로 풍족하지 않은 자녀양육 세대의 부부는 현재 상태의 생활수준을 유지하는 것이 고작인 상황이다. '남편은 직장일, 아내는 가사와 육아를 성실하게 하면 앞으로 풍족한 생활을 이룰 수 있다'는 꿈은 이미 그것을 달성한 가족에게는 더 이상 '삶의 보람'이 될 수 없고, 실현하지 못한 가족에게는 이런 불황 속에서 비현실적인 것이 되어 버렸다.

'자녀를 위해서'라는 삶의 보람도 마찬가지이다. 지금은 부모 자신이 이미 고학력이므로 부모보다 자녀를 고학력으로 키우려면 상당한 노력이 필요하다. 또한 취업난 속에서 자녀가 부모보다 반드시 좋은 직업을 갖게 되는 것도 아니다. 딸도 아버지 이상의 경제력을 갖춘 남성의 아내가 될 수 있을지 알 수가 없다. 생활수준의 세대 간 상승이 어렵게 되자 '자녀를 위해서' 해줄 수 있는 것을 실감할 수 없게 되는 것이다. 이와 같이 장래의 '삶의 보람'은 경제의 상승을 전제로 하는 것이었기 때문에 오늘날의 현실에서는 거의 실현 불가능한 것이 되어 버렸다.

가족의 생활이 풍족한 상태이고 경제가 저성장으로 전환되었기 때문에 가족의 연대성을 보증해 주는 '지금보다 더 풍족하게 될 것'이라는 목표가 상실된 것이다. 1980년대 이후 가족문제의 원인은 바로 여기에 있는 것이다. '가정 내 이혼'이나 중년 이혼, 불륜 열풍 등 부부의 위기를 나타내는 현상이 증가하고 있는 것은 부부의 새로운 목표를 발견할 수 없기 때문이다. 빈번히 발생하는 중류가정 출신 청소년의 범죄도 '부모보다 잘 되어야 한다'는 부담감에 기인한 점도 크다.

4) 가족의 구조조정 필요성

미국과 서유럽에서는 달러 위기, 석유파동 후의 경제 불황에 적응하기 위해서 여성의 직장 진출이 시작되었다. 전업주부와 풍족한 생활의 양립이 불가능하게 되었기 때문이다. 일본과 달리 아내의 수입은 가계 보조가 아니라 가족의 풍족함을 성립시키는 하나의 기둥이 되었기 때문에 남편도 가사를 분담하게 되었다. 그러므로 성별역할분담이나 풍족한 생활에 대한 꿈이 아니라, 커뮤니케이션을 기반으로 한 애정으로 부부는 결합되어 있다. 직장이나 자원봉사, 취미 등 좋아하는 영역에서 각자의 꿈을 추구하고 자녀에게는 압력을 가하지 않는다.

이와 같이 '가족을 풍족하게' 하는 것 이외의 목표를 가지고 있기 때문에 가족관계가 활성화된 것이다. 부부관계가 원만하지 않으면 이혼하고, 애정을 느낄 수 있는 새로운 상대를 찾는다. 미국이나 서유럽에서 이혼이나 동거가 많은 것은 가족이 붕괴되는 징조가 아니라 서로 참으면서 인생을 살 필요가 없어졌다는 증거이다.

가족을 형성한 다음에 각자가 꿈을 추구하면서 애정에 기반한 부부관계를 구축한다. 이를 위해 여성이 차별을 받지 않고 남성과 동등한 수입을 얻을 수 있는 직장 환경(주로 미국)이나 어머니가 안심하고 일할 수 있는 사회보장제도(북유럽 국가 등)가 정비된 것이다.

일본가족에 감돌고 있는 정체 분위기의 원인은 남편의 수입이 가족생활 수준을 결정한다는 '샐러리맨-전업주부' 가족이 뿌리 깊다는 점, 성인 자녀가 부모와 동거하면서 풍족한 생활을 보낸다는 현상에 있다. 원흉은 여성 차별적인 직장 환경과 성인 자녀를 집에서 내보내지 않는 부모의 태도인 것이다.

일본가족이 활성화되기 위해서는 '아내는 전업주부, 남편의 고수입에 의한 풍족한 가족생활'이라는 비현실적 꿈을 버려야 한다. 말하자면 '샐러리맨-전업주부' 가족의 구조조정이다. 그 전제로 남녀평등적 직장 환경과 젊은 세대를 위한 사회보장제도가 정비되어야 할 것이다.

맺음말_가족의 자유·공정성·효율성

일본사회는 가족의 구조조정을 추진해야 하는 시기를 목전에 두고 있다. 현재의 '가족 양상'이 개인에게나 사회에게나 '자유·공정성·효율성'이라는 관점에 비추어 보아 불합리하다고 판단되기 때문이다. 현대 일본사회에서 자유롭고 공정하고 효율성 높은 가족의 양상이란 어떤 것일까? 이 주제를 탐구하는 것이 이 책의 시도인 것이다.

*　　*　　*

'자유·공정성·효율성'이란 키워드는 케인스에서 빌려 온 것이다. 나는 경제학자가 아니기 때문에 케인스의 경제 이론을 충분히 이해한다고 말할 자신은 없다. 그러나 좋아하는 사회과학자가 누구냐고 묻는다면 곧바로 떠오르는 사람이 케인스이다.[1]

자유주의 경제의 위기인 대공황에 직면했을 때, 많은 학자가 연구해 온 대처 방식은 고전적인 자유방임주의의 고집이나, 안이하게 사회주의를 주장하는 것, 또는 파시즘으로 도피하는 것이었다. 그런 가운데 케인스는 경제 위기를 구제하고, 사회를 발전시키기 위한 새로운 길을 모색했다.

그의 경제사상에서 나는 다음의 주제를 갈파하였다. 개인이 행복을 자유롭게 추구하는 것을 존중하면서 자유에 의해 발생하는 폐해를 제거하려면 어떻게 하면 좋을까? 이 문제를 현재의 경제적·사회적 조건을 전제로 하여 풀어 본다. 여기에서 자유, 공정성, 효율성이라는 원칙이 나온다. 이 세 가지 원칙을 가지고 현재의 경제체제를 분석하고 부자유, 불공정성, 비효율성을 균형 있게 제거하려는 노력을 기울인다. 이것이 케인스의 궁극적 목표였다고 볼 수 있을 것이다.

물론 세 가지 원칙이 모순되는 교환관계의 경우도 있다. 그보다는 모순은 필연적이라고 생각하는 것이 맞을 듯하다. 자유를 추구하면 공정성이 손상되고, 공정성에 집착하다 보면 효율성이 낮아진다. 따라서 효율적으로 경제를 운영하기 위해서는 경제적 자유를 제한해야 한다.

이 딜레마에 봉착했을 때 어떤 원칙을 우선해야 하는가를 생각하는 것보다는, 상황에 따라 적절히 대응해야 한다고 케인스는 가르쳐 주고 있다. 대불황기에는 완전고용이라는 효율성을 달성하기 위해 경제적 자유를 일부 희생시킬 필요가 있다. 그러나 완전고용이 달성되면 더 이상 자유로운 경제 활동을 저해해서는 안 된다.

케인스의 사상은 '자유'를 절대시하는 자유방임주의자, '공정성'을 절대시하는 사회주의자, '효율성'을 절대시하는 파시스트(?)와는 질적으로 다르다. 그는 어디까지나 현실의 사회적·경제적 조건 속에서 일단 어떤 원칙을 우선할 것인가를 선택해야 한다고 생각하는 현실주의자였다(이 의미에서 케인스주의가 후세에 케인스 본인의 의도와는 다른 의미로 사용된 것은 아닌가 걱정된다. 예를 들면 마르크스주의와 같이).

케인스가 경제 영역에서 제시한 방법을 가족의 영역에 적용시키면 어떨까? 즉 가족에서 개인이 행복을 자유롭게 추구하는 것을 존중하면서, 자유로운 추구에서 발생하는 폐해를 최소한으로 제한하는 가족의 양상을 모색하는 방안 말이다.

'가족은 이래야 된다'는 이데올로기를 접어 두고 가족에서 '자유·공정성·효율성'의 균형을 맞추는 방법을 강구한다. 이러한 입장에 서서 나는 이 책의 고찰을 이끌어 왔다.

* * *

오늘날 가족의 위기를 주장하는 소리가 많다. 저출산, 고령화, 이혼의 증대, 불륜 열풍, 자녀 학대, 부성의 복권 등이 다양한 곳에서 논의되고 있지만, 이러한 문제들은 아무래도 이데올로기적으로 논의되는 경우가 많다. 즉 '가족은 이래야 된다'(혹은 '가족을 해체해야 한다')는 이데올로기가 먼저 있고 그것에 근거하여 현상을 평가하는 입장이 우세하다.

사회주의 국가가 연이어 붕괴되었고 이데올로기 부재 시대라고들 하지만, 유독 가족에 관해서 이데올로기적 언설이 넘쳐나고 있다. '이혼은 안 된다', '부성의 복권·모성의 상실', '보육시설은 안 좋다', '전업주부는 필요 없다', '자녀양육에 대한 푸념은 철없는 짓이다', '남성이 자녀양육을 하지 않는 것은 이상하다' 등, '가족은 이래야 한다'는 주장이 도처에서 난무하고 있다. 그런데 내가 바라는 것은 '가족은 이래야 한다'는 이데올로기를 접어두고 대안을 논의하는 것이다. '더 좋은 가족의 모습'은 사회 상황에 따라 변화한다고 생각하기 때문이다.

여기에서 다시 케인스를 떠올리는데, 그는 공공사업 등 정부에 의한 유효수요 창출을 제안하였다. 그러나 그 정책이 반드시 옳다고 주장하는 것은 아니다. 대불황으로 거리에 실업자나 유휴 공장이 넘쳐나는 '조건'을 감안한 주장인 것이다. 조금 더 가까운 예를 들어 보면, 요즘 일본은 대불황이고 미국은 호황인 상황에서 일본형 경제시스템에 대한 비난이 쏟아지고 있다. 동일한 시스템이 고도경제성장기에는 일본의 경제를 발전시키는 데 아주 적합하였다는 것은 사실이다. 그런데 예전의 '우수한' 시스템이 오늘날에도 적합하다는 보장은 없다. 경제 성장률이 둔화되고 경제가 글로벌화하는 가운데 일본형 경제시스템이 재검토되는 것은 당연한 일이다.

가족에도 같은 논리를 적용할 수 있다. 과거에 이상적이었던 가족의 형태가 사회 상황이 변화한 후에도 '이상적'인 것은 아니다. 이전의 가족에 계속 집착한다면 현재의 사회 상황에서 모순이 발생하고, 상당한 부자유, 불공정성, 비효율성이 발생할 수밖에 없는 것이다.

가족의 양상과 현대 일본의 사회상황의 연관성을 분석하고 나아가 자유·공정성·효율성의 시점에서 점검하고, 현재 시점에서 개인의 행복을 최대한으로 자유롭게 추구할 수 있는 가족의 양상을 제시한다. 이것이 가족을 둘러싼 평론 및 학문에 요구되는 과제일 것이다.

그렇다고 해도 이러한 가족에 대한 접근 방법은 가족에 관한 이데올로기적 입장에게는 환영받지 못한다. 이 책은 잡지나 신문 등에 발표했던 논문과 원고를 모은 것인데, 처음에 글을 썼을 때에는 신문의 논단이나 시평에서 호의적 반응을 받기도 했고, 또한 공격적인 비판도 있었다. 나의 견해는 좌우 양쪽, 아니 보수파의 논객과 급진주의자의 쌍방에서 비판을 받는다. 보수파에서는 '가족 내의 자유'라는 사고를 비판하고, 급진주의자로부터는 이상적인 가족의 모습을 명시하지 않는다고 비난한다.

'가족의 자유·공정성·효율성'이라는 접근방식을 차용하고 있기 때문에, 보수파의 입장에서는 전통을 경시한다고 비난할 것이다. 그러나 나는 전통이 반드시 지켜져야 하는가 하는 점도 자유·공정성·효율성의 관점에서 재검토되어야 한다고 생각한다. 또한 급진주의자로부터 궁극적 이상형을 제시하지 않는다고 비난받는 것도 당연하다. 나는 어떤 사회 상황에나 적용되는 이상적인 가족의 모습이란 것은 존재하지 않는다고 생각한다.

'가족은 이래야 된다' 또는 '오늘날 가족은 이렇게 해야 한다'는 결론을 기대하는 분에게는 나의 주장은 뭔가 부족하다고 생각될 것이다. 하지만 이제까지 나와 같은 현실주의적인 접근방법으로 가족을 논한 책은 거의 없었다.

* * *

마지막으로 가족에 관한 나의 기본적인 견해를 제시해 보기로 한다. 가족은 사람들이 행복을 추구하는 하나의 수단이다. 사람들은 가족이라는 제도를 통해서 행복의 실현을 도모한다.

가족에는 두 가지 측면이 있다. 하나는 생활공동체라는 측면이다. 다른 하나는 애정의 장소라는 측면이다. 두 가지 의미를 갖고 있기 때문에 가족문제는 복잡해진다. 일반적으로 사람들은 가족이라는 생활공동체에서 경제생활을 영위하고 있다. 여기에서 목표가 되는 것은 '경제적으로 풍족한 가족생활'이다. 누구나 생활수준은 낮은 것보다 높은 것이 좋다고 생각한다. 가족은 생활 단위이기 때문에 가족생활을 경제적으로 풍족하게 하는 것으로써 자신의 생활수준을 향상시키는 것이다.

또한 사람들은 가족에서 정서적 커뮤니케이션을 하고 있다. '정서적으로 만족할 수 있는 생활', '애정이 넘치는 생활'이 목표이다. 누구나 자신이 좋아하는 사람과 함께 있기를 원하고, 싫어하는 사람과 가까이 하고 싶지 않다고 생각한다. 가족은 가장 빈번하게 커뮤니케이션하는 관계이므로 가족의 인간관계가 양호하면 정서적 만족이 높아지는 구조로 되어 있다.

좋아하는 사람과 함께 풍족한 생활을 보낸다, 이것이 가족의 목적이라고 할 수 있다. 이 목적은 현대 일본의 가족에서 순조롭게 달성될 수 있을 것인가? 만약 달성되지 않는다면 사회상황의 어떤 점과 가족 양상의 어떤 점이 모순적인가?

이상과 같은 견해를 기초로 하여, 이 책에서는 민법개정 문제에서 시작하여 저출산, 미혼화, 고령자 개호 그리고 기생적 싱글(부모에게 기생하는 미혼자녀) 등 일본가족에서 발생하고 있는 다양한 문제를 살펴보았다. 그 하나하나가 '가족의 구조조정'의 필요성을 시사하고 있다.

일본가족의 모습이 근본적으로 변화한(구조조정된) 것은 과거에도 몇 번인가 있었다. 예를 들면 메이지유신 시기에는 개국과 자본주의(제국주의라고 해야 할 것이다)에 순응하기 위해 종래의 전통적이고 공동체적 가족을 파괴하고 '이에제도'를 형성하였다. 그리고 패전 후에는 사회의 산업화에 대응하기 위해 정착되어 있던 이에형 가족을 해체하고, '샐러리맨-전업주부' 가족 구조를 구축하였다.

그리고 오늘날은 평화시기임에도 불구하고 일본사회를 동요시키는 경제시스템의 변동과 함께 고도경제성장형인 '샐러리맨-전업주부' 가족의 구조조정이 필요한 시기에 접어든 것이다.

어느 방향으로 구조조정되어야 하는가? 구조조정을 할 때 어떤 대책이 필요한가? 이런 문제들을 해결하기 위한 실마리를 염두에 두면서 이 책을 읽어 주면 좋겠다.

감사의 말

이 책은 지난 5년간 잡지나 신문 등에 발표했던 가족에 관한 평론에 현시점의 통계자료를 추가하여 가필·수정하여 정리한 것입니다. 이 책이 나오기까지 많은 분들의 도움을 받았습니다. 재수록을 흔쾌히 허락해 준 출판사, 지자체, 신문사, 기관들에 감사 인사를 드립니다. 특히 문예춘추『제군!』諸君 편집부 여러분들에게는 각별한 도움을 받았습니다. 1994년 미국에서 귀국하여『근대가족의 행방』近代家族のゆくえ을 출판한 저에게 관심을 보여주시고 서평을 비롯한 여러 편의 글을 게재할 기회를 주셨고, 감사하게도 좋은 반응을 얻을 수 있었습니다. 당시의 편집자인 미우라 유코는 주제를 제안해 준 적도 있었고, 난삽한 나의 문장을 일반인들이 읽을 수 있도록, 즉 '시장판'으로 수정하도록 귀중한 조언을 해주었습니다. 또한 후지종합연구소『fai』편집부의 무라야마 가에,『니혼게이자이신문』생활가정부의 히라타 고지는 발표 기회를 여러 차례 주셨습니다. 마지막으로 단행본 출판을 쾌히 승낙해 주신 신요시新曜社의 여러분들, 특히 세 권째 함께 작업을 한 오다 아사코 그리고 와타나베 미호에게 정말로 많은 도움을 받았습니다. 이 지면을 통해 감사 인사를 드립니다.

1999년 8월 4일

야마다 마사히로(山田昌弘)

후주

제1부 가족의 규제완화

1) 「どう考える? 民法改正」(연재 특집 기사), 『朝日新聞』, 1994년 8월 6일~12일(총 4회).

2) 당사자끼리 이혼에 합의하는 것이 협의이혼이다. 가정재판소를 매개로 하는 조정, 심판, 재판이혼의 절차에 대해서는 이 책 제5부 3장 「가족의 구조조정」을 참조하기 바란다.

3) 落合恵美子, 『二一世紀家族へ』, 有斐閣, 1994, 97쪽(『21세기 가족에게: 일본의 가족과 사회』, 이동원 옮김, 양서원, 2004).

4) '가정 내 이혼'은 林郁, 『家庭內離婚』, 筑摩書房, 1985를 통해, 아내들의 사추기(妻たちの思秋期)는 斎藤茂男의 르포 『妻たちの思秋期: ルポルタージュ 日本の幸福』, (斎藤 茂男 編集, 共同通信社, 1982)를 통해 확산된 표현이다.

5) 總理部 廣報室 編, 『月刊世論調査』, 1993년 5월호 수록. 1995년 조사에서도 찬성율은 더욱 높아져서 응답자의 54%(1992년, 44%)가 찬성하였다. 『月刊世論調査』, 1998년 4월호.

6) 이러한 가족의 이중성에 대해서는 山田昌弘, 『近代家族のゆくえ: 家族と愛情のパラドックス』(『근대가족의 행방: 가족과 애정의 패러독스』), 新曜社, 1994를 참고하길 바란다.

7) 인용순으로 山崎哲, 『週間読売』, 1994년 12월 11일호; 福島章, 『週間朝日』 1994년 12월 9일호; 『週間新潮』기사, 1994년 12월 8일자호.

8) 감정의 사회학적 분석에 관해서 岡原正幸·山田昌弘·安川一·石川准, 『感情の社会学』, 世界思想社, 1997을 참조하시오.

9) 상세한 내용은 山田昌弘, 『近代家族のゆくえ: 家族と愛情のパラドックス』를 참조하시오.

10) 1998년에는 1.94로 이혼율이 상승하였다. 미국(1995년, 4.44), 영국(1995년, 2.97)에 비하면 낮은 편이지만, 프랑스(1996년, 1.90)이나 독일(1996년 2.07)과 거의 비슷한 수준이다.

11) 林郁, 『家庭內離婚』.; TV 드라마 「金曜日の妻たちへ」(금요일의 부인들에게), 鎌田敏夫 각본, TBS, 1983년 방영; 그 후에 鎌田敏夫, 『金曜日の妻たちへ』(금요일의 부인들에게) 上·下, 角川文庫, 1986으로 출간되었다.

12) 파레토의 최적 이론(Pareto optimum)이란 경제학자 빌프레도 파레토(Vilfredo Pareto)가 제시한 균형에 관한 인식 방법이다. 다른 사람의 만족도 저하가 허용되지 않는다는 조건하에서 만족을 최대로 하는 균형점이 있다는 것이다. 현 상태에 불만족하더라도 그것을 타개할 선택지로 다른 사람의 만족도를 저하시키는 방법밖에 없을 경우에는 현 상태에서 벗어나지 못하게 된다는 것이다. 이러한 상태를 파레토는 최적(optimal)이라고 하였다.

13) 일본민법 770조에 의하면, 이혼소송은 다음과 같은 사유가 있는 경우에 한하여 제기할 수 있다. 상대방의 문제로서는 ① 부정행위, ② 악의적 유기, ③ 3년 이상의 생사불명, ④ 중증 정신병으로 치료 가능성이 희박한 경우, 그리고 부부 쌍방의 문제로는 ⑤ 기타 혼인을 지속하기 어려운 중대한 사유가 있는 경우이다. 최근에는 파국을 초래한 책임보다도 파탄 사실을 중시하게 되어, ⑤가 적용되는 기회가 증가하고 있다.

14) 1994년 7월에는 대도시 4개 대학 대학생 673명을 대상으로 조사를 실시하였다. 山田昌弘, 『現代日本フツーの恋愛』, ディスカヴァー·トゥエンティワン, 1996에 수록되어 있다.

제2부 점차 없어지는 전업주부

1) 후생성 인구문제연구소, 『제10회 출산동향기본조사』 1992년 실시; 국립사회보장·인구문제연구소, 『제11회 출산동향기본조사』 1997년 실시(이하 '출산동향조사'라고 약칭). 이 두 조사를 참조하였다. 또한 이 책을 처음 출판했을 때는 1992년 조사만 이용했었는데, 1997년에 실시한 조사의 결과가 1999년에 보고서로 나왔다. 그것에 따르면 완결출생아 수(결혼 후 15~19년 경과한 부부의 출생아 수)는 1972년 이래 거의 2.2로 변화하지 않았다.

2) 1992년 출생동향조사에서는 미혼자 중에서 '언젠가는 결혼할 생각'이라고 응답한 사람이 남성 90.0%, 여성 90.2%, '결혼할 생각이 없다'고 답한 사람은 남성 5.1%, 여성 4.6%였다. 1997년 출생동향조사에서는 '언젠가는 결혼할 생각'은 남성 85.9%, 여성 89.1%로 조금 감소하였고, '결혼할 생각이 없다'는 남성 7.8%, 여성 6.0%로 조금 증가하였다.

3) 1997년 출산동향조사에서는 양립 코스를 이상으로 하는 여성이 27%로 많이 증가하였고, 전업주부를 이상으로 하는 여성은 21%로 역전되었다. 이것은 불황 때문에 전업주부 상태로는 생활하기가 경제적으로 어렵다는 의식이 침투되어 있는 것이라는 생각이 든다.

4) 1997년 출생동향조사에서는 '교제하고 있는 이성이 있다'는 응답이 남성 23.3%, 여성 31.6%로 거의 변화가 없었음에도 불구하고, '교제하고 있는 이성이 없다'는 응답은 남성 49.8%, 여성 41.9%로 증가했다.

5) TBS, 1994년 9월 22일 방송.

6) 『朝日新聞』, 1996년 1월 23일자.

7) 上野千鶴子, 『家父長制と資本制』, 岩波書店, 1990. 특히 10장 「가부장제와 자본제 제3기」 참조.

8) 1992년 출생동향조사 통계자료.

9) Pierre Bourdieu, *La Distinction : Critique sociale du jugement*, Minuit, 1979(『ディスタンクシ

オンⅠ』, 石井洋二郎 譯, 藤原書店, 1990). 특히 2부 4장「상징투쟁」참조.

10) 落合恵美子, 『二一世紀の家族へ』; 八代尙宏, 『結婚の経済学』, 二見書房, 1993 참조.

11) 総理府, 「男女共同参画に関する世論調査」, 1995년 7월 실시. 総理府広報室 編, 『月刊世論調査』 1995년 12월호 수록.

12) 袖井孝子, 「なぜ少子化なのか」, 『週刊社會保障』, 1999년 1월 18일호.

13) 松原惇子, 『クロワッサン症候群』, 文藝春秋社, 1988.

14) 小倉千加子, 「新·專業主婦志向」, 『厚生白書』, 1998, 33쪽.

15) Stephanie Coontz, *The Way We Never Were : American Families and the Nostalgia Trap*, Basic Books, 1992(『家族という神話』, 岡村ひとみ 譯, 筑摩書房, 1998).

제3부 저출산과 기생적 싱글

1) 厚生省 統計情報部, 「人口動態統計」.

2) 家計經濟硏究所, 「靑年期の親子關係と經濟調査」, 1991~1992년. 결과는 宮本みち子·岩上真珠·山田昌弘, 『未婚化社會の親子關係』, 有斐閣, 1997년에 정리된 것을 참조 바람.

3) 總理部 廣報室 編, 『月刊 世論調査』, 1995년 12월호, 65쪽 참조.

4) 厚生省 人口問題硏究所, 『第二回 人口問題に關する意識調査』, 1995년.

5) 年金福祉綜合硏究機構, 『少子化の社會·心理的要因に關する調査硏究報告書』, 1997. 이하의 기술도 같은 자료에서 인용하였다.

6) 湯澤雍彦·川崎末美, 「未婚男性勤勞者の結婚觀の要因」, 『家族硏究年報』 15호, 1990.

7) 山田昌弘, 『結婚の社會學』, 丸善, 1996, 5~6장 참조.

8) 總務廳 通計局, 「國勢調査」; 國立社會保障·人口問題硏究所 編, 『人口通計資料集』, 1998 참조.

9) 厚生省 監修, 『厚生白書』 1999년판, ぎょうせい, 1998, 105쪽 참조.

10) 자세한 내용은 山田昌弘, 『結婚の社會學』을 참조 바람.

11) 目黑依子 外, 『少産化時代の母親意識に關する總合的硏究』, 1995; 目黑依子·矢澤澄子 編, 『少子化時代のジェンダ·母親意識』, 新曜社, 2000.

12) Stephanie Coontz, *The Way We Never Were : American Families and the Nostalgia Trap*(『家族という神話』, 岡村ひとみ 譯, 39쪽 참조).

13) 小倉千加子, 「新·專業主婦志向」, 『厚生白書』, 33쪽.

14) 25~34세 미혼여성, 『厚生白書』, 1998, 37쪽.

15) 家計經濟硏究所, 「靑年期の親子關係と經濟調査」, 1991~1992년에서. 상세한 것은 宮本みち子 외 3인 공저, 『未婚化社會の親子關係』를 참조.

16) 總務廳 統計局, 「國勢調査」에서.

17) 예를 들면, 谷村志穗, 『結婚しないかましれないヨ症候群』, 主婦の友社, 여성판(1990)과 남성판(1996)에 그려져 있는 싱글을 비교해 보기 바란다.

18) Simone de Beauvoir, *Deuxième sexe* : *Les faits et les mythes*, Gallimard, 1949(『第二の性』, 生島遼一 譯, 新潮文庫, 1959).

19) Nancy Chodorow, *Femininity, Masculinities and Sexualities*, University Press of Kentucky, 1994.

제4부 개호·가사·육아에 지금 필요한 것

1) 『厚生白書』, 1996, 117쪽.

2) 같은 책, 117쪽.

3) 有吉佐和子, 『恍惚の人』, 新潮文庫, 1982(『꿈꾸는 사람』, 김욱 역, 지훈, 2006).

4) 落合惠美子, 『二一世紀家族へ』, 2장 참조.

5) 旭化成工業·共働き家族研究所, 「家事の行方調査」, 1994.

6) 『犯罪白書』 1997년판, ぎょうせい, 1997.

7) 竹內洋, 『立志·苦學·出世』, 講談社, 1991에 자세한 내용이 있다.

8) 日本女子社會教育會, 『圖說 變わる家族と小·中學生』, 1993 참조.

9) 日本女子社會教育會, 『家庭教育に關する國際比較調査』, 1995의 결과 참조.

10) 山田昌弘, 『近代家族のゆくえ』, 222~223쪽 참조.

11) 126쪽 〈도표3〉 참조.

12) 이것이 현대 결혼난의 원인이다. 山田昌弘, 『結婚の社會學』 참조.

13) 山田昌弘, 『パラシト、シングクの時代』, ちくま, 1999 참조.

제5부 일본가족의 향후 전망

1) 有地亨·老川寬 編, 『離婚 比較社會史』, 三省堂, 1992 참조.

2) Karel van Wolferen, 『人間を幸福にしない日本というシステム』, 篠原勝 譯, 每日新聞社, 1994; 野口悠紀雄, 『1940年体制 : さらば '戦時経済'』 참조.

3) 근대가족의 기본적 성격에 관해서는 山田昌弘, 『近代家族のゆくえ』, 44~47쪽 참조.

4) 戶田正三, 『家と家族制度』, 羽田書店, 1944(복간판은 クレス출판, 1990).

5) 山田昌弘, 「身體的コミュニケ·ションの實證硏究」, 1994~1995년, 文部省科學硏究費·硏究成果報告書, 1996.

6) 여기에서 '전통'과 근대가족의 사고방식에 관해서는 山田昌弘, 『近代家族のゆくえ』; 『結婚の社會學』 참조.

7) 野村正實, 『雇用不安』, 岩波新書, 1998. 노무라 마사미는 석유파동 이후에 선진국 중에서 일본의 고용이 악화되지 않고 근년까지 낮은 실업률이 유지되었던 것은 여성의 노동력을 주변화했기 때문이라고 분명히 서술하고 있다.

이 책 각 부의 원(原) 출처

각 부와 관련된 글들이 처음 실렸던 문헌 목록을 붙인다. 모든 글은 대폭 수정했으므로, 원형이 남아 있지 않은 것도 적지 않다.

제1부 가족의 규제완화

- 「'夫婦リストラ' が始まる」,『諸君!』, 一九九四年 一〇月号, 文藝春秋.
- 「中流の恋愛結婚危ない」,『諸君!』, 一九九五年 三月号, 文藝春秋.
- 「離婚の規制緩和で始まる夫婦のリストラ」,『fai』, 一九九伍年 一月号, 富士総合研究所.
- 「家族不確実性の時代がやってきた」,『fai』, 一九九五年 一二月号, 富士総合研究所.
- 「'結婚制度' の今とこれから」,『NOMAプレスサービス』 第五四二号, 日本経営協会, 一九九六年.
- 「離婚保険はできないか」,『経済往来』, 一九九五年 一二月号, 経済往来社.

제2장 점차 없어지는 전업주부

- 「結婚難と経済成長」,『諸君!』, 一九九四年 一二月号, 文藝春秋.
- 「一般職廃止と就職超氷河期」,『諸君!』, 一九九六年 四月号, 文藝春秋.
- 「専業主婦に高いリスク」,『北海道新聞』, 一九九六年 四月一日.
- 「専業主婦が消えざるをえない日」,『女性教養』 第五二四号, 一九九六年六月, 日本女子社会教育会.
- 「非現実的な夢は捨てよう」,『VOICE』, 一九九九年 五月号, PHP研究所.

제3부 저출산과 기생적 싱글

- 「少子化が進んだ都市—経済·社会学的な側面から」,『研修のひろば』 第八四号, 特別区教員研修所, 一九九七年.
- 「これを '少子化不況' となぜ言わぬ」,『諸君!』, 一九九八年 八月号, 文藝春秋.
- 「増殖する寄生シングル」,『日本経済新聞』, 一九九七年 二月 八日.

- 「増えるシングル男女の生き方ミスマッチ」,『fai』, 一九九七年 一月号, 富士総合研究所.
- 「育児をする父, しない父」,『産経新聞』, 大阪版, 一九九九年 四月 一二日.

제4부 개호·가사·육아에 지금 필요한 것

- 「男に高齢者介護はできない？」,『諸君!』, 一九九五年 一〇月号, 文藝春秋.
- 「家事は妻の'愛情表現'!?」,『日本経済新聞』, 一九九五年 五月三一日.
- 「変わる家族と小·中学生—子育てプレッシャー増大の中で」,『女性教養』 第五五〇号, 一九九八年 八月, 日本女子社会教育会.
- 「家族·親·子」,『ゆりかもめ』 第六二号, 東京都生活文化局, 一九九七年.
- 「子育て家庭支援 いま地域でなすべきこと」,『えるぶ』 第五二号, 中野区地域センター部, 一九九四年.

제5부 일본가족의 향후 전망

- 「近代家族の東と西の果て—家族の感情の自由をめぐって」,『海燕』, 一九九六年 六月号, ベネッセコーポレーション.
- 「家族の世紀末」,『神奈川大学評論』 第二四号, 一九九六年.
- 「近代家族のリストラクチュアリング」,『ECO—FORUM』 第一八巻第一号, 統計研究会, 一九九九年.

찾아보기

【ㄱ】

【ㄴ·ㄷ·ㅁ】

【ㅂ · ㅅ】

【ㅇ】

【ㅈ·ㅊ·ㅋ】

【ㅌ · ㅍ · ㅎ】